EDITION KLEINE ZEITUNG

KARL PLOBERGER/HELENA WALLNER

Woche für Woche durchs Gartenjahr

Lektorat: Karin Schuhmann, TRAUNER Verlag
Layout: Bettina Victor, TRAUNER Verlag
Gestaltung: Bettina Victor, Mag. Wolfgang Kraml, TRAUNER Verlag
Covergestaltung: Lisa Thalhammer, m4!
Herstellung: TRAUNER Druck GmbH & Co KG Linz
ISBN 978-3-902819-02-4

Woche für Woche durchs Gartenjahr

Inhaltsverzeichnis

Woche für Woche durchs Gartenjahr

Garteln – der Volkssport Nummer Eins!

Blickt man auf die Quoten von Fernseh- und Radiosendungen über Gartenthemen im ORF, analysiert man die Besucherzahlen von Vorträgen, Messen oder Gartenschauen, dann sieht man ganz klar die Ergebnisse der neuesten Umfragen bestätigt: Garteln ist zum Volkssport Nummer Eins geworden.

Seit meiner Kindheit beschäftige ich mich mit Blumen und Garten, seit mehr als zwanzig Jahren gebe ich meine gesammelten Erfahrungen in Sendungen, Büchern und in vielen Hunderten Zeitungsartikeln an die Gartenfreunde weiter. Das alles ist keine Einbahnstraße. Im Gegenteil: Viele Tipps, die ich von erfahrenen Gärtnerinnen und Gärtnern bekommen habe, brachten auch mich auf neue Ideen, wie man das eine oder andere im Garten verbessern oder erleichtern oder wie man Probleme auf naturnahe, giftfreie Art und Weise lösen könnte.

Eines hat sich in den letzten Jahren stark gewandelt: Gab es in den 70er- und 80er-Jahren das Einheitsgrün mit Thujenbegrenzung, so sind die Gärten nun vielfältiger geworden: Bachläufe, Quellsteine, Schwimmteiche und das alles naturnah gepflegt. Der Kompost – von mir als wichtigster Bestandteil eines Gartens angesehen – gehört mittlerweile in acht von zehn Gärten zur Grundausstattung. Und ein Trend ist in den letzten Jahren bemerkbar. Der Gemüse-, Beeren- und Obstgarten nimmt wieder einen fixen Platz bei der Gestaltung ein. Man will einfach erleben, wie Tomaten wachsen, wie Himbeeren reifen oder wie köstlich die Äpfel vom eigenen kleinen Baum sind. Nicht nur für uns selbst ist das ein Erlebnis, sondern vor allem für die Kinder und Enkelkinder. Es gibt nichts Köstlicheres als Erdbeeren frisch vom Beet zu ernten. Genau dieses unvergleichliche Erlebnis wollen immer mehr Menschen erleben.

Dieses Buch ist die Zusammenfassung der besten Tipps. Ein großer Dank gilt dabei Helena Wallner, die in mühsamer Kleinarbeit die vielen Berichte sichtete, ordnete und so zusammenfügte, dass ein buntes Miteinander zustande kam. 52 Wochen garteln – darauf freuen sich alle Gartenbegeisterten!

Auch weiterhin gibt es die besten und neuesten Tipps und Tricks in ihrer Zeitung zu lesen und regelmäßig wird im Radio und in „Natur im Garten“ (Sonntagnachmittag in ORF 2) dem liebsten Hobby der Österreicher breiter Raum gegeben.

Ich wünsche Ihnen mit dem Buch viel Freude, genießen Sie den Garten und haben Sie eines:

Viel Spaß beim Garteln

Karl Ploberger

Übrigens: Über Tipps, Anregungen und ganz persönliche Erfahrungen von Ihnen freue ich mich. Schreiben Sie mir einfach ein E-Mail: karl.ploberger@orf.at

Vom richtigen Zeitpunkt

Der phänologische Kalender hilft im Takt der Natur zu garteln.
Mit den vier Jahreszeiten finden Gärtnerin und Gärtner nicht das Auslangen. Frühling, Sommer, Herbst und Winter sind nicht genau genug, um den richtigen Zeitpunkt für bestimmte Gartenarbeiten festzulegen. Es hätte wenig Sinn, den Schnitt eines bestimmten Strauches im März zu empfehlen, denn der März im Alpenvorland unterscheidet sich erheblich von jenem im tiefen Süden Österreichs. Zudem sind Lage und Kleinklima sowie Wetterbedingungen ausschlaggebend, wann bestimmte Arbeiten erledigt werden können.

Die Natur hält sich nicht an den Jahreskalender. In manchen Jahren blühen die Schneeglöckchen Ende Jänner, ein andermal kämpfen sie sich noch Anfang März mühsam durch den Schnee. Ein Phänomen, das schon seit Jahrhunderten beobachtet wird. Der kaiserliche Hof in Japan, wo die Blüte der Kirschbäume ein ganz wichtiges Ereignis darstellt, lässt bereits seit dem achten Jahrhundert Jahr für Jahr aufzeichnen, wann sich die Blüten tatsächlich öffnen. Auch hier gibt es große Schwankungsbreiten.

Solche Naturbeobachtungen sind für Hobbygärtner ganz wichtig, denn die Tätigkeiten im Garten müssen mit den vorherrschenden Verhältnissen im Einklang sein. Eine Orientierungshilfe bietet die Phänologie, sie erforscht die Zusammenhänge zwischen dem Lebens- und Wachstumszyklus der Pflanzen und dem Wechsel der Witterung. Der phänologische Kalender kennt für die Vegetation zehn Jahreszeiten, Zeigerpflanzen sagen uns, wann was zu tun ist:

Der Vorfrühling: Er startet mit dem Blühbeginn der Schneeglöckchen und der Haselnuss und endet mit der Blüte der Salweide und der Kornelkirsche. Für Gärtner etwa die Zeit der beginnenden Bodenbearbeitung.

Der Erstfrühling: Er tritt ein, wenn die Buschwindröschen und Forsythien blühen und endet mit dem Öffnen der Kastanienknospen. Jetzt werden zum Beispiel die Rosen geschnitten.

Der Vollfrühling: Da setzt die große Blütezeit ein – Apfel, Kastanie und Flieder stehen am Beginn dieser phänologischen Jahreszeit, die Goldregen- und Eberescheblüte am Ende. Jetzt wird im Garten durchgestartet: Mulchen, Aussäen und Pflanzen stehen an.

Der Frühsommer: Den Anfang macht die Blüte des Holunders, das Ende die Blüte von Sommerlinde oder Liguster. Für den Hobbygärtner ist das die Zeit der ersten Ernten.

Der Hochsommer: Kalendarisch befinden wir uns im Juli. In der Natur blüht die Wegwarte und die Ribiseln werden reif. Gartler legen neue Erdbeerbeete an, schneiden abgeblühte Stauden zurück und säen Gründünger aus.

Der Spätsommer: Die roten Früchte der Eberesche zeigen den Start der sechsten Jahreszeit im phänologischen Kalender an, die Blüte der Herbstzeitlosen und die ersten Frühäpfel signalisieren das Ende. Die abgeernteten Himbeerruten werden jetzt geschnitten, Koniferen gepflanzt und den Hecken wird der Sommerschnitt verpasst.

Der Frühherbst: Zu Beginn ist der Holunder zu ernten und wenn Kornelkirschen und Kastanien reif sind, dann ist das Ende des Frühherbstes da. Im Garten werden bereits Blumenzwiebeln für das nächste Jahr gepflanzt.

Der Vollherbst: Er beginnt mit der Laubfärbung der Rosskastanie und endet, wenn die Eicheln reifen. Der Garten wird nun eingewintert und die Winteräpfel werden geerntet.

Der Spätherbst: Zuerst wirft die Rotbuche die Blätter ab, am Ende der neunten Jahreszeit nach dem phänologischen Kalender setzt der generelle Laubfall ein. Schwere Böden werden jetzt umgegraben, die letzten Kübelpflanzen eingewintert und die beste Pflanzzeit für alle Gehölze bricht an.

Der Winter: Die zehnte und letzte Jahreszeit bringt Gärtnerin und Gärtner die Winterruhe. Der kalendarische Zeitrum umfasst die Monate Dezember bis Februar.

JÄNNER

Die Natur im tiefen Winterschlaf, die Gärten sanft in Schneedecken gehüllt – Schaffenspause für die Hobbygärtner, möchte man meinen. Aber in ihren warmen Stuben geht es im wahrsten Sinne kunterbunt zu. Da türmen sich Gartenkataloge, die Angebote wetteifern mit den Lieferungen, die Paketdienste bereits vor das Gartentor gekarrt haben. Farbenfrohe Samensäckchen allerorten und jede Menge Gartenmagazine. Bei so vielen Anregungen für Neugestaltungen, will das Planen, Umzeichnen und Verwerfen kein Ende nehmen. Und erst die Vorfreude auf das Ende des Winters, die von all den Druckwerken geweckt wird!

Grüne Heilmittel
gegen den endlosen Winter

Wem der Winter schon zu lange dauert, der findet hier sieben Tipps, wie bereits jetzt der Gartenlust gefrönt werden kann.

1. **Kräuter auf die Fensterbank.** Viele lassen sich bereits jetzt bequem ziehen, besonders geeignet dafür sind Schnittlauch, Petersilie und Rosmarin. Basilikum, das Lieblingskraut der letzten Jahre, gedeiht ebenfalls. Hier heißt es allerdings aufpassen, dass man es beim Transport nach Hause nicht „verkühlt“, also gut einpacken. Die Kresse lässt sich im Handumdrehen selbst ziehen, sogar in einer Schale mit feuchtem Küchenkrepp keimen die Samen für die Salatwürze und für das Butterbrot innerhalb weniger Tage.

2. **Frühlingsblüten im Haus.** Keine andere Pflanze symbolisiert so sehr den Frühling wie die Primel. Dazu gesellen sich noch kleine Topfnarzissen, Hyazinthen und – für den, der etwas ganz Besonderes haben möchte – Duftveilchen. Diese vorgezogenen, stark duftenden Frühlingsboten bevölkern bereits die Gärtnereien. Im kühlen Wintergarten halten sie sich ein bis zwei Wochen.

3. **Blütenzweige für die Vase.** Normalerweise schneidet man Kirschzweige zu Barbara, also am 4. Dezember, aber zum Blühen kommen sie auch jetzt. Holen Sie also Forsythien-, Kirsch- oder Mandelblütenzweige ins Zimmer und stellen Sie sie in lauwarmes Wasser. Nach wenigen Tagen öffnen sich die ersten Blüten.

4. **Bücher und Zeitschriften.** Die Regale in den Buchhandlungen sind voll mit Dutzenden Neuerscheinungen, die neue Gartenideen und Stoff zum Träumen liefern. Viele Zeitschriften für Garten und Wohnen befassen sich jetzt mit Neu- und Umgestaltungen. Das Gute liegt oft nah: Wetten,

dass auch in Ihrem Bücherregal ein Gartenbuch steht, das Sie schon lange nicht mehr durchgeblättert haben?

5. **Saatgut sortieren und vorziehen.** Das ist bei fast allen Gärtnerinnen und Gärtnern gleich: In einer Schachtel oder einer Lade hat sich Saatgut angesammelt, meist vom Vorjahr übrig geblieben oder gekauft und noch nicht verwendet. Nutzen Sie die Zeit und sortieren sie den Samenschatz. Erste Keimproben zeigen auch gleich, ob der Packungsinhalt noch verwendbar ist. Dazu zehn Korn auf ein Blatt feuchte Küchenrolle streuen. Keimt weniger als die Hälfte, kann das Saatgut zwar verwendet werden, erfordert aber wesentlich dichteres Säen als üblich.

6. **Die Gartenwelt im Internet.** Das ist ein Gartenreich mit schier unendlicher Fülle. Wer einmal einen Abend lang Schlagwort für Schlagwort „googelt" und durch die angezeigten Seiten surft, wird rasch entdecken, welche Möglichkeiten sich hier eröffnen. Viele Seiten bieten auch einen seriösen Online-Shop. Beachten Sie aber die Versandkosten und denken Sie daran – Ihr Garten war ja eigentlich schon im Vorjahr bis auf das letzte Fleckerl gefüllt.

7. **Planen, planen und noch einmal planen.** Das Ergebnis der endlos scheinenden Wintertage könnten Pläne für neue Blumenbeete, für neue Gartenbereiche oder Sitzplätze sein. Ein Ruinengarten oder ein künstlicher Bachlauf haben auch in Ihren Garten Platz. Bei einem Spaziergang durch den winterlich verschneiten Garten zeigt sich, wie groß Ihr kleines Paradies eigentlich ist. Haben Sie den Entschluss gefasst, dann stellen Sie bereits jetzt mit den Landschaftsgärtnern den Terminplan auf. Das Frühjahr bringt immer viel Hektik.

Gärtnern im Takt der Natur

Zeit zum Beobachten

Gießen im Winter. Pflanzen im Freien vertrocknen oft, das wird dann im Frühjahr fälschlich als „erfroren" ausgelegt. Also, bei Temperaturen über null Grad auch im Winter gießen – vor allem die immergrünen Pflanzen. Auch die Wurzelballen von Kübelpflanzen dürfen nicht austrocknen.

Vogelfütterung. Wer mit der Winterfütterung der Gartenvögel einmal begonnen hat, darf damit nicht mehr aufhören. Die gefiederten Helfer der Gärtner merken sich nämlich ihre Futterplätze und verschwenden Energie, wenn sie diese leer vorfinden.

Schneelast. Die Äste immergrüner Sträucher können unter zu großer Schneelast brechen, daher nach Schneefällen die weiße Pracht mit Besen oder Rechen abschütteln. Generell lassen sich bruchgefährdete Sommersträucher schützen, indem man die gesamte Krone mit einem dünnen Seil locker zusammenbindet.

Zum Staunen. Beobachten Sie die Natur auch im Winter aufmerksam. Es blühen Zaubernuss, Schneerosen, Duftschneeball und Winterjasmin.

Ein robuster **Schadstoffkiller**

Die Sansevieria erlebt eine Renaissance und erobert allerorten die Fensterbank zurück.

Früher fand man sie auf allen Blumenfenstern. Im Wirtshaus wie auch in vielen Büros fristeten sie ein eher kümmerliches Dasein, ab und zu blühten sie sogar und parfümierten die Luft: Zum Sterben zuviel, zum Leben zuwenig war das Leitmotiv für die Sansevieria alias Bajonettpflanze, Bogenhanf oder – so ungewöhnlich es auch klingen mag – alias Schwiegermutterzunge. Die Länge der Blätter und vor allem das spitze Ende sollen der Grund für die wenig schmeichelhafte Bezeichnung sein.

Entdeckt wurde das aus dem tropischen Westafrika stammende Gewächs von einem schwedischen Botaniker und Arzt schon im 18. Jahrhundert, er hat sie nach einem italienischen Gelehrten, den Fürsten von Sansevero benannt.

So alltäglich diese Pflanze früher war, so nachhaltig ist sie still und heimlich verschwunden. Und das, obwohl sie absolut robust ist, weder trockene Luft noch wochenlanges Austrocknen kann der Sansevieria etwas anhaben. Einzig ein Zuviel an Wasser macht ihr den Garaus.

Aber alles kommt offenbar wieder, und auch der Bogenhanf (die Fasern der Pflanzen dienten den Eingeborenen in Afrika als Bogensehnen) erlebt eine echte Renaissance. Freilich nicht nur in den seinerzeit üblichen Sorten mit den grüngelben Blättern, sondern in den unterschiedlichsten Formen und Farben.

Mit ein Grund für die Wiederkehr der Sansevieria könnte die Tatsache sein, dass diese Pflanze als höchst erfolgreicher Schadstoffkiller für Wohnräume gilt. Versuche haben gezeigt, dass die Schwiegermutterzunge Luftbelastungen durch Benzol oder Trichlorethylen zu reduzieren vermag.

Fragen an den Biogärtner im Jänner

Wann schneide ich Zwetschken, Thujen, Feigen und Rhododendren?

PLOBERGER: Zwetschken ab Februar an frostfreien Tagen, Thujen zwischen April und August, Feigen so wenig wie möglich und Rhododendren nur im äußersten Notfall, dann aber unmittelbar nach der Blüte.

Ich wünsche mir einen Rosengarten. Wann ist die beste Zeit, diesen anzulegen?

PLOBERGER: Herbst und Frühwinter eignen sich, sie sind die beste Pflanzzeit für Rosen. Im zeitigen Frühjahr können wurzelnackte Rosen ebenfalls gepflanzt werden, als Standort einen sonnigen Platz wählen, den Boden lockern, etwas Kompost zumischen – niemals Torf verwenden.

Ich habe einen japanischen Fächerahorn, dem die Schneelast die Äste brach; nun wächst er wieder zaghaft, wann und wie soll ich ihn schneiden?

PLOBERGER: Japanischen Fächerahorn am besten gar nicht schneiden, auch dieser arg in Mitleidenschaft gezogene Strauch wird wieder in Form kommen.

Unser Elefantenfuß ist 24 Jahre alt und 50 Kilo schwer, darf ich ihn schneiden?

PLOBERGER: Gratulation zum Prachtexemplar, ein Rückschnitt ist leider nicht möglich. Da gibt es nur zwei Möglichkeiten, entweder Ausbauen oder an einen botanischen Garten verschenken.

Kann ich Rosmarin und Lorbeer im unbeheizten Gewächshaus überwintern?

PLOBERGER: Ich würde es nicht wagen, denn bei lang anhaltender Kälte friert es auch in ein solches Gewächshaus.

Meine alten Oleander haben jetzt im Keller plötzlich nur noch braune Blätter.

PLOBERGER: Vermutlich haben Sie die Pflanzen zuwenig gedüngt, vielleicht auch zuwenig gegossen. Ich würde im Frühjahr umtopfen und dann ab Mai wöchentlich kräftig düngen.

Mein Zitrusbaum hatte viele Blüten, die sind nun alle abgefallen. Was habe ich falsch gemacht?

PLOBERGER: Da gibt es zwei Möglichkeiten: zu viel gegossen (vor allem jetzt im Winterquartier) oder im Sommer zuwenig gedüngt. Zitruspflanzen benötigen viele Nährstoffe. Bei mir werden sie ab April zweimal in der Woche gedüngt.

FEBRU

Erstes zartes Blühen unter kahlen Bäumen. Jeder Farbtupfer, den Winterling, Leberblümchen oder Schneeglöckchen auf den nackten Boden zaubern, wird begeistert begrüßt. Ein klarer, sonniger Himmel und feine Düfte locken ins Freie, doch noch heißt es für den Gartenliebhaber Geduld haben. Zum Trost und als Vorfreude auf den Frühling draußen holt man sich bunte, blühende Grüße ins Haus.

Das Rätsel des **Blumenfreundes**

Am Tag des heiligen Valentin herrscht in der Gärtnerwelt Hochbetrieb.

Dabei sollte Valentin seit der Reform des römischen Generalkalenders 1970 gar nicht mehr aufscheinen. Das hatte wohl seinen Grund, denn die Quellenlage ist alles andere als sicher. Zwar wurde seit dem Altertum der heilige Valentin verehrt, die historische Beweisführung für die Existenz dieser Person ist aber äußerst kompliziert und fußt auf höchst unterschiedlichen Theorien.

Im Laufe von Jahrhunderten haben sich Ereignisse und Vermutungen fast unentwirrbar miteinander verbunden. Eines steht jedoch fest: Anfang des 4. Jahrhunderts bestand in der Via Flaminia in Rom ein frühchristliches Grab, über das Papst Julius I. eine Basilika errichten ließ, später verehrten Pilger hier die Gebeine des heiligen Valentin.

In Berichten über diesen Märtyrer heißt es im 6. Jahrhundert, dass er ein römischer Priester gewesen sei, der unter Kaiser Claudius II. an einem 14. Februar (um 270 n. Chr.) hingerichtet wurde, weil er junge Liebespaare traute, die im damaligen Rom eigentlich nicht hätten heiraten dürfen. Ferner soll er an Liebende Blumen aus seinem Garten verschenkt haben. Das ist freilich der einzige Anhaltspunkt für den „Blumenrausch" heutzutage.

Je später die Legenden über den heiligen Valentin, desto farbiger wurden sie ausgeschmückt. Im 13. Jahrhundert weiß man bereits zu berichten, dass Valentin die blinde Tochter eines Vertrauten des Kaisers geheilt habe und sich daraufhin alle im Haus haben taufen lassen. Die Enthauptung war die Folge. Eine andere obskure volkstümliche Version spinnt gar noch eine Liebesgeschichte zwischen dem Mädchen und dem Kirchenmann hinein.

Und dann ist da noch der heilige Valentin als Bischof von Terni, der in Rom enthauptet wurde und dessen kultische Verehrung seit dem 4. Jahrhundert belegt ist. Er scheint auch bei einigen Vorbehalten der Heilige zu sein.

Reliquien von ihm werden etwa in Kiedrich im Rheingau und in Worms gehütet. Worms spielt übrigens in der Verehrung des heiligen Valentin von Terni seit dem Mittelalter eine zentrale Rolle in Deutschland. Auch bei uns wird dem „Starken“, dem Patron der Verlobten und Ehestifter, an 27 Stätten Verehrung zuteil, vor allem in Oberösterreich und Kärnten.

Blumentag

Der 14. Februar ist der Tag der Liebenden. Nicht erst die Floristen und Gärtner haben diesen Tag erfunden, sondern er geht vermutlich auf britisches Brauchtum zurück, das über Amerika nach dem Zweiten Weltkrieg nach Europa zurückgekehrt ist. Freilich, dann begann die Werbung der Blumenhändler und machte den Tag zu dem Tag, der er heute ist: ein Festtag der Blumenfreunde, der sich neuerdings auch bei jungen, westlich orientierten Chinesen steigender Beliebtheit erfreut.

An die Töpfe, fertig, los!

Auf der Fensterbank wird es lebendig, auch die Zimmerpflanzen sind startklar für den Frühling. Zeit, ihnen Gutes zu tun; sie danken es mit satten Blättern und prächtigen Blüten.

Wissenswertes und wichtige Tipps zum Umtopfen

Auch wenn es draußen noch winterlich ist, der aufmerksame Pflanzenliebhaber merkt, dass sich bei seinen Blumenstöcken etwas tut. Die ersten neuen Blätter schieben sich aus den Knospen – Auslöser dafür ist das Licht. Jetzt ist der richtige Zeitpunkt zum Umtopfen gekommen.

Warum Umtopfen?

Topfpflanzen müssen mit relativ wenig Erde auskommen. Im Laufe von zwei, drei Jahren füllen die Wurzeln den Topf, wachsen im Kreis und laugen die Erde aus.

Wann wird umgepflanzt?

Das Frühjahr ist der ideale Zeitpunkt dafür, denn nun beginnt neues Wachstum.

Wie entfernt man den Topf?

Die Pflanze aus dem Topf heben. Falls das nicht mehr geht, den Tontopf notfalls zerschlagen oder den Plastiktopf aufschneiden. Verfaulte, vertrocknete und abgestorbene Wurzeln werden herausgeschnitten. Den Ballen insgesamt lockern und dann noch mit einem scharfen Messer etwas verkleinern.

Welche Topfgröße nimmt man?

Die Faustregel sagt, dass der neue Topf zwei bis drei Zentimeter größer als der alte sein sollte. Bei sehr großen Pflanzen kann die Größe auch beibehalten werden, nur müssen die Wurzeln reduziert werden. Falls möglich werden große Exemplare insgesamt zurückgeschnitten.

Was gibt man in den Topf?

Qualitäts-Gartenerde ist der ideale Boden für prächtiges Gedeihen. Beachten Sie aber, dass es Pflanzen gibt, die Spezialerde benötigen (siehe Infobox). Besonders wichtig: Die Erde muss alle Hohlräume ausfüllen, daher mehrmals rütteln.

Wann wird gedüngt?

Die Dauerdünger, die seit einiger Zeit angeboten werden, sind auch für Topfpflanzen geeignet und können direkt beim Umtopfen beigemischt werden. Biogärtner streuen aber auch gerne Hornspäne in die Erde. Auch etwas Kompost, falls vorhanden, belebt.

Wie wird gegossen?

Nach dem ersten kräftigen Schluck zum Einschlämmen wird erst dann wieder regelmäßig zur Gießkanne gegriffen, wenn sich neues Wachstum zeigt.

Stichwort Blumenerde

Orchideen dürfen niemals in normale Erde gepflanzt werden. Um zu gedeihen, benötigen sie ein Spezialsubstrat aus Rinde und Torfmoos.

Azaleen oder Kamelien brauchen unbedingt eine kalkfreie Erde, wie sie zum Beispiel auch im Moorbeet verwendet wird.

Kakteen wiederum benötigen ein mineralisches Substrat – also viel Kies, Splitt und Sand.

Gärtnern im Takt der Natur

Erste Handgriffe zum Aufwärmen

Schnitt. Sträucher und Bäume nur an frostfreien Tagen schneiden. Der Obstbaumschnitt kann bis weit in das Frühjahr fortgesetzt werden. Spät blühende Gehölze werden jetzt geschnitten. Nicht nur die Triebe kürzen, sondern auch alte Äste herausschneiden, das bringt dem Strauch Luft und Licht. Schere weg von früh blühenden Sträuchern wie Forsythie oder Flieder: Werden sie geschnitten, gibt es keine Blüte, da bereits Knospen angesetzt sind. Sofern nicht im Herbst erledigt, ist jetzt Zeit für den Frühjahrsschnitt bei Kübelpflanzen.

Im Glashaus. Es beginnt die Aussaat von Freilandgemüse im Glashaus. Das Erdreich zuvor mit Urgesteinsmehl bestreuen und einarbeiten, das beugt Pilzerkrankungen vor.

Balkonblumen. Im Winterquartier schnuppern die Balkonblumen erste Frühlingsluft. Pelargonien & Co. zunächst an einen hellen und warmen Ort bringen und die Stöcke dort austreiben lassen. Dadurch wird die Wurzelbildung angeregt und die Pflanzen wachsen nach dem Umtopfen gleich kräftig weiter.

Fensterbank. Die ersten einjährigen Sommerblumen werden unter Glas oder in Schalen auf der Fensterbank ausgesät. Die Aussaaten rechtzeitig pikieren.

Gärtnerwerkzeug. Gerätschaften und Rasenmäher warten, jetzt ist noch genug Zeit dafür.

Fragen an den Biogärtner im Februar

Wann ist der Rhododendron zu düngen, wann Clematis und Kletterrose?

PLOBERGER: Rhododendren düngt man immer sechs bis acht Wochen vor der Blüte und gleich danach noch einmal, die anderen Pflanzen im Frühjahr.

Wie kann ich Würmer bei Stein- und Kernobst verhindern?

PLOBERGER. Apfelwicklerfallen für Kernobst, für das Steinobst gibt es etwa Pflaumenwicklerfallen, Würmer bei Kirschen können mit Gelbtafeln eingedämmt werden. Das Reinigen des Stammes mit einer Wurzelbürste ist sinnvoll.

Muss ich meine Buchskugeln im Topf schon gießen?

PLOBERGER: Unbedingt, die Immergrünen verdunsten auch bei kühler Witterung Wasser. Auch im Winter sollte an frostfreien Tagen gegossen werden.

Wie kann ich Schneeglöckchen vermehren?

PLOBERGER: Schneeglöckchen und Frühlingsknotenblumen können nach der Blüte ausgegraben, geteilt und so vermehrt werden.

MÄRZ

Launenhaft kann sich der März zeigen, wenn Schneegestöber die prächtigen Erstfrühlingstage durchkreuzt oder schneidender Wind die Frühlingsboten niederhält. Man sehe und staune, bei der ersten Garteninszenierung führt ganz allein die Natur Regie. Weiße Blütenwolken legen sich über die Sträucher. Oder ist der Frühling angesichts des duftenden Seidelbasts doch rosa? Und zu ebener Erd' läuten gelbe Narzissen den Lenz ein.

Die Aussaat
auf der Fensterbank

Schritt für Schritt geht es in die neue Gartensaison: Tipps und Tricks rund um die Pflanzen für das eigene grüne Paradies.

Es ist wieder da, das Kribbeln in den Fingerspitzen der Gärtner. Und so holen sie Saatschalen, Aussaaterde und die Kiste mit den alten Samensackerln hervor und machen Inventur. Diese Schachtel ist bei mir fast wie ein ungeschriebenes Gartentagebuch: Gelbe Zucchini – die waren hervorragend! Bei den Kürbissen haben uns 'Hokkaido' und 'Baby Bear' am besten geschmeckt. Bei den Gewächshausgurken werden wieder 'Futura F1' und 'Flamingo F1' angebaut. Ihr Ertrag und die große Widerstandsfähigkeit gegen Mehltau und andere Krankheiten sind enorm.

Ja, und dann finden sich in dieser Samenkiste noch eine ganze Reihe von selbst geernteten Samen: Tagetes, Ringelblumen und natürlich die ganz hohen Sonnenblumen!

Auch wenn bei Ihnen die Gartenlust wieder voll entflammt ist, seien Sie geduldig. Viele der vorgezogenen Pflanzen werden genau so schön, wenn nicht sogar schöner, wenn sie erst Mitte März ins Freie kommen.

Bei einigen Pflanzen, wie zum Beispiel den Ringelblumen, lohnt sich übrigens die Vorkultur im Zimmer nicht. Im Gegenteil: Diese verweichlichten Pflänzchen würden sehr rasch von den ersten Schnecken verspeist, während die im Freien Gekeimten völlig unberührt bleiben.

Trotzdem müssen einige Pflanzen vorkultiviert werden: Paradeiser, Artischocken und natürlich viele Blumen für Balkon und Beet: Petunien, Geranien (aus Samen gezogen!) gehören dazu, ebenso wie die Duftwicken, die alljährlich bei mir auf der Terrasse einen phantastischen Duft verbreiten.

Am besten verwendet man fertig abgepackte Aussaaterde, kleine Torftöpfe und Glasplatten zum Abdecken. Mein Tipp: Lassen Sie die Saaten nicht auf der Fensterbank keimen, denn dort ist es meist zu kalt. Zum Angießen hat sich Schachtelhalmtee bewährt. Schachtelhalm oder Zinnkraut verhindert nämlich Pilzerkrankungen. Den Tee können sie ganz leicht selber herstellen: Fünf Dekagramm auf einen Liter Wasser, über Nacht stehen lassen, dann einmal aufkochen, auskühlen und über die Pflanzen gießen.

Die Saatschale muss unbedingt mit einer Glasplatte abgedeckt werden, so bleibt es darunter feucht und die Samen keimen schnell. Die ersten Tage stehen sie am Heizkörper. Erst nachdem sich die Keimblätter geöffnet haben, kommen sie ins volle Licht und so nahe zum Fenster, wie nur möglich. Um die Kälte von unten abzuschirmen, legen Sie eine dicke Styroporplatte unter.

Nach einigen Tagen wird bereits pikiert – also vereinzelt. Sind dann erste warme Frühlingstage, werden die Kisten tagsüber ins Freie gestellt, damit die Pflanzen später gut abgehärtet ausgepflanzt werden können.

Im Freien erfolgt die Aussaat je nach Sorte und Gegend Ende März/Anfang April. Beachten Sie aber immer die genauen Hinweise auf den jeweiligen Packungen. Niemals zu tief säen. Und noch etwas ist wichtig: Säen Sie immer erst dann, wenn das Erdreich sich erwärmt hat. Dies können Sie noch unterstützen, indem Sie ein Vlies auf die Erde auflegen. Beginnen dann die Pflanzen zu wachsen, kann dieses luft- und wasserdurchlässige Gewebe als Schutz über den Pflanzen liegen bleiben. Allerdings immer darauf achten, dass das Vlies locker auf den Blättern liegt.

Bewährt hat sich auch, wenn in den ersten Tagen nach der Aussaat nasses Zeitungspapier auf die Erde aufgelegt wird. Allerdings nicht einlagig, sondern gleich ganze Zeitungen. Aufpassen: Spätestens beim ersten Keimen von Saatgut müssen die Zeitungen entfernt werden. Zwischen den Saatreihen wird dann bereits gemulcht, zum Beispiel mit Grasschnitt oder Brennnesselblättern.

Nicht vergessen: Etiketten schreiben. Wer keine daheim hat, kann sie aus alten Joghurtbechern herstellen, nach unten zugespitzte, 1,5 Zentimeter breite Streifen der Länge nach aus dem Becher schneiden. Und zum Gießen haben sich Gummiballons mit einem Gießkopf bewährt. Damit kann dosiert die richtige Menge Wasser zu den Pflänzchen gegeben werden.

Pflanze der Woche

Der gelbe Startschuss

Der **Winterling** *(Eranthis hyemalis)* aus der Familie der Hahnenfußgewächse ist ein strahlend gelber Startschuss ins Gartenjahr. Und er ist ein Liebling der Bienen, liefert er doch als eine der ersten Pflanzen im Jahr Nektar und Pollen. Die ursprüngliche Heimat liegt in Südeuropa, wo der Winterling vor allem in feuchten Laubwäldern oder auch in Gebüschen und Weinbergen wächst. Gepflanzt werden die kleinen Knollen entweder im Herbst, oder man setzt jetzt im Frühjahr die in Gärtnereien und Gartencenter erhältlichen Töpfe mit den schon blühenden Pflanzen. Die Frühjahrsblüher bilden rasch Samen aus, die dann im kommenden Frühjahr keimen und zwei Jahre später blühen. Nach wenigen Jahren breiten sich dichte Blütenteppiche unter Bäumen und Sträuchern aus.

Alle wollen **garteln**

Die Tage werden länger, die Sonnenstrahlen wärmen zusehends, es geht wieder aufwärts.

Da wird die Gartenlust geweckt. Tatsächlich lässt es sich an sonnigen Vorfrühlingstagen perfekt garteln. Man kann sogar Dinge erledigen, für die in einem normalen Frühjahr kaum Zeit bleibt. Hier Tipps für alle Hobbygärtnerinnen und Hobbygärtner, die schon in den Startlöchern stehen:

1. **Kompost verteilen.** Er ist das Gold des Biogärtners und darf in keinem Garten fehlen. Frischer (nach Walderde riechender) Kompost, wird jetzt auf den Beeten dünn verteilt, und zu Bäumen und Sträuchern gegeben (so es nicht schon im Herbst passiert ist). Auch für selbst gemischte Blumenerden (ein Drittel Packungserde, ein Drittel Kompost, ein Drittel Sand und Gartenerde) benötigt man diese Bio-Kraftnahrung für Pflanzen.

2. **Rasen ausrechen.** Überall dort, wo keine Schneeglöckchen, Krokusse oder Winterlinge blühen, kann man den Rasen vorsichtig ausrechen. Keinesfalls darf jetzt schon vertikutiert werden! Erst nach dem ersten oder noch besser nach dem zweiten Mähen wird das erledigt. Dann erst haben die Gräser genug Wurzeln gebildet,

Pflanze der Woche

Buntes Glückshormon für alle

Primula vulgaris, die **Primel,** das bunte Glückshormon für alle, denen die kalte Jahreszeit schon viel zu lange dauert. Sie gehört zu den meistgekauften Frühlingsblühern. In jahrzehntelanger Arbeit ist es gelungen, die jetzigen bunten „Gärtner"-Primeln zu züchten. Je kühler ihr Standort, desto länger blühen sie. Regelmäßig gießen, niemals austrocknen lassen, etwas düngen, und nach dem Abblühen lassen sich viele nach Frostende in den Garten pflanzen. Am besten überleben die gelben, sie sind die nächsten Verwandten unserer Schlüsselblume.

um nicht von den scharfen Stahlbürsten ausgerissen zu werden.

3. **Erste Unkräuter entfernen.** Eine Arbeit, die sich lohnt und dennoch für diese Jahreszeit ungewöhnlich ist. So wie viele Zierpflanzen beginnt auch das Unkraut zu sprießen. Jetzt lässt es sich aber ganz leicht entfernen, da es noch wenige Wurzeln hat. Dennoch vorsichtig vorgehen und nur mit den Händen arbeiten, denn unter der Erde schlummern so manche Pflanzen, die beim Arbeiten mit Geräten verletzt werden.

4. **Frühbeete startklar machen.** Bei frühlingshaften Temperaturen kann man die selbst gebauten oder fertig gekauften Frühbeetkästen mit frischer Komposterde füllen. Wer es ganz genau machen will, der gibt zuerst Pferdemist ins Mistbeet. Dieser sorgt für Wärme. Salate, Radieschen und Kohlrabi lassen sich unter dem Schutz von Glas und Folie vorziehen. Wichtig: Bei Sonnenschein tagsüber lüften, sonst verbrennen die kleinen Pflänzchen. Am Abend nicht vergessen, die Frühbeete wieder zu schließen!

5. **Teichufer vorsichtig reinigen.** Noch sind keine Kröten unterwegs, daher kann man ganz vorsichtig die Teichuferpflanzen abschneiden und das letzte Herbstlaub beseitigen. Keine übertriebene Ordnung an den Tag legen, denn gerade diese Mulchschicht ist voller Leben und sorgt dafür, dass das Wasser rasch wieder klar ist.

6. **Den Frühling pflanzen.** Genau das sollte man an schönen Vorfrühlingstagen tun – Narzissen, Tulpen, Hyazinthen, Primeln und viele andere Frühlingsboten gibt es jetzt im Topf. Im Handumdrehen lassen sich Schalen und Blumenkästen damit bepflanzen. Diese Topfpflanzen halten einige Frostgrade aus. Wird es aber noch einmal sehr kalt, sollte man die bunte Pracht geschützt aufstellen. Nach dem Abblühen die Pflanzen in den Garten setzen, die meisten dieser Zwiebelblumen und Frühjahrsblüher kommen dann im nächsten, spätestens aber im übernächsten Jahr wieder.

Gärtnern im Takt der Natur

Erste Handgriffe im Freien

Auch wenn am 17. März der Namenstag der heiligen Gertrud ist – das ist traditionell jener Tag, an dem die Gartenarbeit beginnt – sollte man sich unbedingt nach den regional unterschiedlichen Witterungsverhältnissen richten.

Säen und Pflanzen. Salat kann schon ab Anfang März ins Freiland gepflanzt werden, ebenso Kohlrabi. Ausgesät werden Radieschen, Schnittsalate sowie viele Kräuter.

Schädlinge. Es mag manchen verfrüht erscheinen, aber wer rechtzeitig auf Schnecken achtet, erspart sich viel Ärger. Die erste Generation absammeln oder das umweltfreundliche Schneckenkorn Ferramol aufstreuen. Im Winterquartier der Balkonpflanzen Blattläuse mit „sanften" Spritzmitteln (Schmierseifenwasser) vernichten.

Düngen. Kräuterbeete leicht mit Kompost düngen.

Freie Wahl für den **Traumgarten**

„Dumme rennen, Kluge warten, Weise gehen in den Garten", lautet ein von Nobelpreisträger Rabindranath Tagore überlieferter Spruch. Nur, welcher ist der absolute Traumgarten? Hier eine kleine Entscheidungshilfe.

Der Naturgarten. Ihn ziert eine Wildsträucherhecke mit Holunder, Traubenkirsche, Schlehe, Sanddorn und Dirndlstrauch. Das Biotop umrahmt mit einer dichten Uferbepflanzung aus Binsen, kleinen Rohrkolben, Sumpfdotterblumen und vielen anderen Gewächsen. Die Blumenwiese, die nur zweimal im Jahr gemäht wird, ist übersät mit den schönsten Wiesenblumen. Und natürlich gehören Obstbäume und jede Menge Beerenobst dazu. Das sind die Zutaten für einen Naturgarten. Rasentrimmer, Laubsauger oder Hochdruckreiniger sind in einem solchen Reich verpönt.

Der Designgarten. Da herrscht eine klare Struktur mit geordneten Verhältnissen. Meist sind die Wasserbecken streng geometrisch, die Pflanzen haben eine doppelte Funktion, ihre Form unterstreicht die klare Architektur. Diese Gewächse dominieren nicht, sie sind meist formiert und stehen in Säulen- oder Kugelform streng in Reih und Glied. Hecken sind exakt geschnitten. Glas, Edelstahl und Steinplatten putzen einen solchen Garten auf. Und natürlich der exakte und perfekte Rasen.

Der Genießergarten. Hier dominieren die Wohlfühl- und Naschecken. Sitzplätze an allen Ecken, zum Frühstück im Osten, zum Abendessen im Westen und für die Frühlings- und Herbsttage noch einer in der prallen Sonne. Dazu, falls Platz vorhanden, noch ein großer Schwimmteich – mit Bachlauf, versteht sich. Und ganz wichtig: die großen Staudenbeete, die so gestaltet sind, dass sie wenig Mühe machen. Hecken gibt es, aber sie dürfen frei und ungeschnitten wachsen. Viele Blütensträucher sind

Pflanze der Woche

Blütenteppiche unter der Hecke

Die ersten **Leberblümchen** sind schon da und damit beginnt das schönste Farbenspiel in Blau, das der Laubwald erlebt. Das Leberblümchen ist eine mehrjährige, überwinternd grüne, krautige Pflanze, die Wuchshöhen zwischen zehn und 25 Zentimeter erreicht. *Hepatica nobilis* aus der Gattung der Windröschen fühlt sich aber auch unter einer Laubhecke im Garten wohl. Neben den blauen Blüten gibt es rote, weiße und sogar (sehr teure) gefüllt blühende Sorten.

zu finden und dazu natürlich duftende Rosen, so richtig zum Hinsetzen und Genießen.

Der Familiengarten. Kein „Bitte, aufpassen!“ ist in so einem Garten zu hören. Vom Baumhaus schallt das Kinderlachen. Bei der Schaukel herrscht Gedränge und in der großen Sandgrube üben sich die künftigen Baumeister. Stärkung gibt es bei den Naschsträuchern. Himbeeren, Brombeeren, Ribiseln und Erdbeeren laden ein zum Verkosten. Aber nicht nur die Kinder kommen in so einem Garten auf ihre Rechnung, sondern die ganze Familie: Hochbeete für Oma und Opa, der Blumengarten für die Mama, und der Papa übt sich als Gemüsegärtner.

Der Sammlergarten. Der kommt meist mit dem Alter. Plötzlich, aus heiterem Himmel sozusagen, entwickeln sich Vorlieben für Pflanzenarten. Beim einen sind es die Funkien, bei einem anderen die Taglilien. Oder doch die Rosen? Ausgesprochen interessant ist auch die Vielfalt beim Obst. Und wie schaut es mit den Gehölzen aus? Lebkuchenbaum und Zimtahorn warten schon. Im Nu ist man süchtig, entdeckt die enorme Vielfalt, erkennt, dass sich von einer einzigen Art gar nicht alles sammeln lässt und findet Gefallen an der nächsten.

Die Spezialtypen. Neben den Großgruppen warten freilich noch viele Spezialtypen auf begeisterte Gärtner, etwa der Barockgarten mit großzügigen, geschwungenen und üppig bepflanzten Beeten. Oder vielleicht doch der Alpengarten mit vielen Raritäten aus den Bergen? Wie wäre es mit dem Japanischen Garten? Hier wird im Zen-Stil mit wenig Mitteln der Versuch gemacht, Ruhe, Entspannung und geistige Befreiung zu erleben. Aber das ist längst noch nicht alles: Da bietet sich auch noch der Sumpfgarten an, auch ein Kübelpflanzen-Garten kann reizvoll sein. Und schließlich ließe sich noch die Anlage eines Bonsaigartens überlegen.

Gärtnern im Takt der Natur

Die Blüte der Schneeglöckchen

Die weißen Glocken läuten den Frühling ein. Im Garten darf noch nichts übereilt werden, aber sobald es trocken ist, können die Beete vorbereitet werden. Ein wichtiger Stichtag war immer der 19. März – „zu Josefi wird der Zwiebel gesteckt“. Freilich nur dann, wenn es die Witterung zulässt.

Düngen. Rhododendren und Rosen benötigen schon die erste Portion Bio-Dünger, zum Beispiel Hornspäne oder fertige Mischungen. Auch Zwiebelgewächse bereits düngen, damit sie Kraft für das kommende Jahr sammeln.

Vortrieb. Wer Rhabarber im Garten hat, sollte einmal das Vortreiben versuchen: schwarze Plastikkübel darüber stülpen und schon wachsen darunter die zarten Stangen.

Im Zimmer. Nun sollten alle Zimmerpflanzen wieder gedüngt werden. Südfenster sind nun für die meisten Topfbewohner zu heiß, Ost- und Westfenster der ideale Platz.

Der Traum von einer **Naturwiese**

Blumenwiesen sind eine Augenweide, sie entstehen aber nur langsam. Die Geduld, die man dafür aufbringt, wird mit einem blühenden Paradies belohnt. Ein paar Regeln sollte man aber unbedingt einhalten.

Über Blumenwiesen ist schon viel berichtet worden. Viele Firmen bieten komplette Saatgutmischungen für Blumenwiesen an. Doch die meisten Gärtnerinnen und Gärtner sind mit dem Ergebnis nicht zufrieden. Im ersten Jahr noch viele Blüten, in den Jahren danach nur Gräser. Daher hier sieben Tipps, wie man das größte Blumenbeet im Garten richtig anlegt, jetzt im Frühjahr ist nämlich die beste Zeit dazu:

1. **Standort.** Die sonnigste Stelle ist die beste. Eine Blumenwiese hat nur dort Platz, wo weder gespielt wird noch die Gartengarnitur steht. Nicht vergessen: Von Beginn der Saison an immer Rasenpfade ausmähen, so kann man die Blumenwiese auch wirklich betreten und genießen.

2. **Neuanlegen.** Je magerer der Boden ist, desto besser. Daher am besten die Radikalmethode anwenden und mit einem kleinen Bagger die gesamte Humusschicht entfernen und Sand einfräsen.

3. **Umwandeln.** Ab sofort den Rasen nie mehr düngen. Außerdem sollte beim jährlichen Vertikutieren Sand aufgetragen werden (je mehr, desto besser) und der Boden belüftet werden. Staunässe mögen die meisten Wiesenblumen nicht.

4. **Saatgut.** Das kauft man am besten beim Fachmann. Saatgutmischungen enthalten meist sehr

Pflanze der Woche

Das Vitamin C des Frühlings

Das **Scharbockskraut** *(Ranunculus ficaria)* ist im Frühjahr in vielen Gärten zu finden. Zunächst bildet es grüne Blätterteppiche unter Bäumen und Sträuchern, aber auch in vielen Staudenbeeten taucht es auf. Zu diesem Zeitpunkt kann das Kraut auch in der Küche verwendet werden, denn es enthält sehr viel Vitamin C. Sobald die Blüten erscheinen, ist es aber in größeren Mengen genossen giftig. Das Kraut vermehrt sich durch kleine Wurzelknollen. Es zieht nach der Blüte im Mai völlig ein – bis zum nächsten Frühjahr.

viele Gräser (die sind billig) und Blumen, die nur im ersten Jahr blühen. Lieber das Saatgut extra kaufen (das ist teurer) oder sich eine Blumenmischung speziell für den eigenen Boden zusammenstellen lassen.

5. **Mähen.** Blumenwiesen darf man nur zweimal im Jahr mähen. Am besten mit einer Sense, das hat selbst der Laie mit ein wenig Übung bald geschafft. Motorsensen sind zwar ganz praktisch, aber teuer und sehr laut. Gemäht wird Ende Juni und im September. Ganz wichtig: Das Heu auf der Wiese abtrocknen lassen, mehrmals wenden – nur dann fallen alle Samen der einjährigen Kräuter aus.

6. **Blütenvielfalt.** Diese erreicht man durch Geduld. Oder man greift zu einem Trick, den die Engländer anwenden: „Blumenwiesen sind die verlängerten Blumenbeete“, heißt es da und es werden viele Blumenzwiebel in die Wiese gesetzt, die ab dem Frühjahr blühen: Schneeglöckchen, Cyclamen, Krokusse, Mininarzissen, großkronige Narzissen, Zierlauch und Herbstzeitlose.

7. **Geduld.** Diese ist bei Blumenwiesen unbedingt erforderlich. Der Lohn dafür ist, dass es jedes Jahr schöner blüht. Die Durststrecken kann man damit überbrücken, dass man intensiv beobachtet, denn es gibt nur wenige Gartenbereiche, wo sich Schmetterlinge & Co so gerne tummeln.

Gärtnern im Takt der Natur

Wenn die Forsythie blüht

Der Erstfrühling ist im Land. Das ist zu tun, wenn die Forsythien blühen:

Im Garten. Jetzt kommt die Zeit für den Rosenschnitt. Kletter-, Strauch- und Wildrosen nur wenig schneiden, Beetrosen, die krank waren, stärker schneiden. Clematis, die im Sommer blühen, um die Hälfte einkürzen. Jene, die erst im Herbst ihre Blüten öffnen, werden ganz zurück geschnitten. Frühjahrsblühende Clematis schneidet man überhaupt nicht.

Auf dem Balkon. Kräuter können jetzt ins Freie wandern. Auch Olivenbäumchen, Lorbeer, Oleander und Hanfpalme kann man ausräumen, aber Vorsicht vor zu viel Sonne. Und Vlies bereithalten, es schützt vor Frost.

Im Zimmer. Stets die Zimmerpflanzen im Auge behalten. Meist kommt um diese Zeit die erste Frühjahrsinvasion der Wollläuse, Rapsölpräparate anwenden.

Nützliche Helfer,
die gratis arbeiten

Sie lassen sich tagsüber kaum sehen, verschwinden blitzschnell und arbeiten im Untergrund: Nützlinge nehmen dem Gärtner viel Arbeit ab.

Nützlingshotel

Was führen manche Hobbygärtner mit ihrem Schnittgut auf: Da wird tagelang geschnitten und gehackt und alles, was halbwegs in den Häcksler passt, wird klein gemacht. In vielen Fällen ist das nur unnütze Schwerarbeit.

„Mit der Natur und nicht gegen die Natur", lautet die Devise für intelligente Faule und deshalb lassen sie „die anderen" arbeiten. Alles bis zur Stärke eines „Männerdaumens" kommt auf den Kompost, die stärkeren Äste können entweder als Brennholz genutzt werden oder sie kommen auf einen Totholzhaufen. Klingt irgendwie gefährlich, ist es aber gar nicht: Irgendwo im Garten, an einer Stelle, die nicht so einzusehen ist, werden all die Holzteile aufeinander geschichtet, die die Natur zerkleinern soll: Wurzelstöcke, Äste und als „Würze" Laub und Reisig.

In diesen Haufen, der gar nicht groß sein muss, stellt sich Natur pur ein: Der Igel wird bald dieses neue Haus beziehen, Laufkäfer werden damit beginnen, das Holz zu zernagen. Blindschleichen und viele andere Reptilien werden darin Unterschlupf finden und – als Dankeschön – dem Gärtner in Zukunft viel Arbeit abnehmen.

Alle diese neuen Bewohner gehören nämlich in die Gruppe der „Nützlinge", der Helfer im Garten, die dafür sorgen, dass solche Lästlinge wie die Schnecken gar nicht erst überhandnehmen.

Ähnlich hilfreich sind alle größeren Steine. Sie werden aus den Beeten entfernt und zu einem Steinhaufen am Rand des Gartens aufgeschichtet. Er hat eine ähnliche Funktion wie die Trockenmauer, ist also Unterschlupf für viele Nützlinge.

Für gar manchen Gärtner der alten Schule sind Brennnesseln das Symbol für Unkraut. Gärtner von heute wissen aber, dass sie ganz wichtige Pflanzen in einem naturnahen Garten sind. Einerseits zeigen sie uns, dass der Boden in Ordnung ist – Brennnesseln wachsen nur, wo es viel Humus gibt. Andererseits liefern die Blätter Nahrung für Schmetterlingsraupen, können zum Mulchen verwendet werden, und schließlich sind Brennnesseln als Jauche das Lebenselixier für viele Pflanzen.

Marienkäfer als Blattlaustiger, Schwebfliegen mit großem Appetit auf Schädlinge und dazu noch Florfliegen, die auch die Läuse zum Fressen gerne haben. Wie bringe ich diese Tierchen nur in den Garten? Intelligente Faule machen es sich leicht – sie errichten ein Hotel! Keine Baugenehmigung, kein Antrag beim Gemeindeamt, nur ein Stück Hartholz (Buche, Eiche, Akazie etc.) ist nötig. In das werden mehrere Löcher im Durchmesser von ein bis zehn Millimeter gebohrt. Die Löcher sollten mindestens fünf und höchstens zehn Zentimeter tief sein.

Innerhalb weniger Tage werden sich die ersten Helfer im Garten einfinden und die Löcher besiedeln. Für andere Nützlinge ist eine gut ausgewaschene und trockene Konservenbüchse, in die Strohhalme gefüllt werden, ein gutes Quartier.

Und die Florfliegen wollen am liebsten einen Unterschlupf zum Überwintern: in Stiegenhäusern und auf Dachböden. Also keine Panik, die zarten, manchmal als „Motten“ bezeichneten Tierchen sind extrem nützlich und lieben Blattläuse.

Wenn das Frühjahr ins Land zieht, dann sind sie die lautstarken Boten des neuen Gartenjahres: unsere Singvögel. Doch nicht nur der Gesang ist es, der uns beglückt, die gefiederten Freunde sind auch Schädlingsvertilger. Ob erste Blattläuse an den Obstbäumen oder Raupen an den Rosen – die Vögel halten die Tierchen in Schach.

Pflanze der Woche

Die Schneerose des Frühlings

Lenzrosen *(Helleborus orientalis)* sind die Schneerosen des Frühlings. Während die heimischen Schneerosen oft schon im Winter ihre Blüten öffnen (und deshalb Christrosen genannt werden), sind die Lenzrosen prachtvolle und langlebige Stauden unter Bäumen und Sträuchern. Möglichst ungestört sollte man sie wachsen lassen, dann öffnen sie alljährlich ihre roten, rosa, weißen oder auch gestreiften, einfachen oder auch gefüllten Blüten. Halbschattig unter Laubbäumen gedeihen sie am besten. Nur etwas Kompost geben, dann bilden sich mit den Jahren große Blütenhorste.

Gärtnern im Takt der Natur

Noch immer die Zeit des Abwartens

Es gilt nach wie vor: Nichts übereilen. Noch blühen in weiten Teilen des Landes die Schneeglöckchen. Forsythien öffnen nur da und dort ihre Blüten und wo noch Schnee liegt, heißt es abwarten.

Im Garten. Vorerst ist nur der Rückschnitt der Rosen angesagt. Beete kann man ein wenig ausputzen. Den Kompost, so es nicht zu nass ist, im Gemüsegarten verteilen. Zwei bis drei Zentimeter oberflächlich einarbeiten. Den Rasen noch nicht vertikutieren, erst wenn er richtig im Wachstum ist.

Am Balkon. Balkonblumen, die überwintert wurden, heller stellen. Geranien zurückschneiden, wenn sie dann frische Blätter zeigen, umtopfen. Robuste Kübelpflanzen, wie Oleander, Lorbeer und Hanfpalme, kann man, wenn sie sehr kühl überwintert wurden, schon ins Freie räumen. Zuerst schattig stellen, zu viel Sonne verbrennt die Blätter!

Im Zimmer. Sofern noch nicht geschehen, ist Umtopfen und Düngen angesagt. Auf Schädlinge achten und Blätter von Gummibaum & Co mit verdünnter Milch oder mit Bier reinigen.

Fragen an den Biogärtner im März

Was kann ich gegen diese lästigen Erdmücken in den Zimmerpflanzen machen?

PLOBERGER: Sie gießen zu viel von oben. Nasse Erde ist eine ideale Brutstätte für die Gelege der Trauermücke. Daher: von unten gießen und vor allem zwischendurch die Erde abtrocknen lassen. Und noch ein Tipp: Topfoberfläche mit Kies oder Tongranulat zwei bis drei Zentimeter dick abdecken.

Wie vertreibe ich Maulwürfe und Wühlmäuse?

PLOBERGER: Maulwürfe stehen unter Schutz und können nur durch Lärm und Geruch vertrieben werden – zum Beispiel mit schräg eingegrabenen Bierflaschen oder Wasserleitungsrohren, die immer wieder angeschlagen werden. Wühlmäuse am besten mit Fallen bekämpfen. Stauden und Blumenzwiebeln in einem Gitterkorb setzen, das wirkt garantiert.

Bitte sagen Sie mir etwas über Schnitt, Düngung und Pflege von Kirschlorbeer.

PLOBERGER: Der Schnitt erfolgt wie bei allen Immergrünen zwischen A und A (April und August). Gedüngt wird mit Kompost und Hornspänen im Frühjahr, Mulch auf die Erde geben. Im August Herbstdüngung mit Kali betontem Dünger, damit ist die Frostfestigkeit gesichert.

Wir wollen Himbeerstöcke pflanzen.

PLOBERGER: Die besten Himbeeren sind die herbsttragenden der Sorte 'Autumn Bliss', sie sind robust und leicht zu pflegen, da sie komplett abgeschnitten werden. Zudem haben sie keine wurmigen Früchte. Südseite wählen, Kompost und Hornspäne in die Pflanzlöcher und fertig.

Welche Zimmerpflanze eignet sich für einen extrem sonnigen Standort?

PLOBERGER: Ich würde aus der großen Palette der Sukkulenten wählen: Von Aloe bis Kaktus gibt es eine große Auswahl.

Bitte um Auskunft über Rindenmulch. Stimmt es, dass man Kiefernrinde überall nehmen kann, Fichtenrinde nur für robuste Sträucher?

PLOBERGER: Das stimmt im Prinzip. Faustregel: Alle gut eingewurzelten Bäume und Sträucher kann man mit jeder Rinde mulchen. Sommerblumen und Stauden besser mit Rasenschnitt.

Die frisch ausgetriebenen Blätter meines Wandelröschens werden schwarz.

PLOBERGER: Ich fürchte, Sie gießen zuviel. Achten Sie aber auch auf Schädlingsbefall – Spinnmilben (Rote Spinne), Blattläuse und die Weiße Fliege vernichten oft die ersten Blätter.

APRIL

Jetzt gibt es kein Halten mehr, die Hochzeit der Blüten und Düfte bricht an. Apfel, Flieder, Holunder im Blütenrausch und dazwischen wiegen sich die langen, gelben Trauben des Goldregens. Veilchen duften mit den weißen Dichternarzissen um die Wette. Schon bei Eduard Mörike nachzulesen und Jahr um Jahr bestätigt: „Frühling lässt sein blaues Band wieder flattern durch die Lüfte, süße, wohlbekannte Düfte streifen ahnungsvoll das Land ...“

Hitparade
der Gartenfragen

Gerade im Frühling häufen sich auch bei Gärtnerin und Gärtner die brennenden Fragen. Hier die auf vielen Messen, bei Veranstaltungen und bei Vorträgen von Gartenliebhabern am häufigsten vorgebrachten Anliegen an den Biogärtner:

1. **Moos im Rasen.** Schatten, verdichtete Böden und Nährstoffmangel sind die Ursachen für vermooste Rasenflächen. Gegen den Schatten kann man schwer etwas tun, aber bei verdichteten Böden die Grabgabel in die Erde stechen und die Löcher mit Sand auffüllen. Außerdem sollten Sie nach dem ersten Mähen vertikutieren und auch da (Rasen-)Quarzsand aufstreuen. Ganz wichtig ist aber ausreichende Düngung: Organischen Rasenlangzeitdünger oder mineralischen Langzeitdünger aufstreuen und gut angießen.

2. **Algen im Teich.** Zu viele Nährstoffe, Fische, zu wenig Pflanzen und zu sonnig, das sind die Hauptursachen für die Algen im Teich. Gerade im Frühjahr kann es für einige wenige Tage in fast allen Teichen zu Algenproblemen kommen, weil die Pflanzen erst zu wachsen beginnen und noch nicht so viele Nährstoffe aus dem Wasser verbrauchen. Fische haben in einem Biotop nichts verloren. Wasserpflanzen sind die wichtigste Filteranlage, je dichter das Ufer und die Flachwasserzone bepflanzt sind, desto besser wird die Wasserqualität.

3. **Schildläuse am Oleander.** Der lange Winter im Keller zeigt seine Spuren – neben den Schildläusen sitzen nun auch noch die Blattläuse in großer Zahl auf den Blättern und Ästen des Olean-

Pflanze der Woche

„Tête à tête“ im Kleinformat

Die kleine **Narzisse** „Tête à tête“ gehört zu den meistverkauften Zwiebelblumen im Topf. Die gelben Blüten, die bei kühler Witterung im Freien wochenlang halten, sind ein züchterisches Zufallsprodukt, das nun millionenfach gepflanzt wird. Wichtig ist, dass sie ungestört wachsen können, auch wenn sie nicht mehr blühen. Wöchentlich (flüssig) düngen und das Laub erst abschneiden, wenn es vertrocknet ist.

ders. Daher mit den Pflanzen ins Freie. Notfalls die Pflanze mit Schmierseifenwasser (ein Esslöffel Schmierseife auf einen Liter Wasser) einsprühen und nach zwei bis drei Stunden mit klarem Wasser abwaschen. Als Biospritzmittel bieten sich zahlreiche Produkte auf (Raps-)Ölbasis an.

4. **Wollläuse an den Orchideen.** So wie beim Oleander nehmen wir auch hier fertige Spritzmittel, die auf Ölbasis aufgebaut sind. Sie sind bedenkenlos im Zimmer verwendbar.

5. **Dickmaulrüssler.** Der Käfer ist gleich zweimal lästig und gefährlich. Für uns meist als erstes sichtbar sind die angefressenen Blattränder bei Rhododendren, Kirschlorbeer, Efeu, Kamelien und vielen anderen mehr. Daher Käfer in den Abendstunden absammeln oder absammeln lassen – von Singvögeln, die wir mit Nistkästen in den Garten gelockt haben. Auch Spitzmäuse (Laub unter den Sträuchern liegen lassen) und Laufkäfer (leben auch in der Laubmulchdecke) sind behilflich. Die noch größere Gefahr geht aber von den Larven aus, die im Boden die Wurzeln beim Stamm radikal abfressen. Nematoden sind hier die wirksamste Waffe (zum Beispiel erhältlich unter www.biohelp.at). Ab 15 Grad Bodentemperatur können die für Mensch und Haustiere ungefährlichen und mikroskopisch kleinen Fadenwürmer ausgebracht werden.

6. **Wühlmäuse im Garten.** Manche Gartenflächen sehen nach dem Winter wie ein Acker aus. Es gibt nur eine wirklich wirksame Bekämpfungsmethode: Fallen. In unterschiedlichen Varianten sind sie im Handel erhältlich – ob traditionelle Drahtfallen, Kastenfallen oder auch neue, zylinderartige Fallen.

Gärtnern im Takt der Natur

Lauern auf Sonnentage

Das Aprilwetter macht es dem Gärtner nicht leicht, aber das ist jedes Jahr so. Daher die sonnigen Tage nutzen, wenn es die Zeit erlaubt.

Beete. Damit das Unkrautproblem nicht zu groß wird, sofort mulchen – Holzfaser (Toresa) im Gemüsegarten, im Staudenbeet Holzhäcksel oder Rindenhumus etc.

Düngen. Zwiebelblumen wie Narzissen, Krokusse, Tulpen düngen. Am besten mit einem rasch wirkenden Biodünger. Blätter erst abschneiden, wenn sie gelb geworden sind, die Samenkapseln aber gleich entfernen. Rhododendren düngen, sechs Wochen vor der Blüte brauchen sie die ersten Nährstoffe, gleich nach der Blüte noch einmal.

Rasen. Dieser wird demnächst das erste Mal gemäht. Die Messer schärfen lassen, und aufpassen, nicht zu niedrig mähen, Stufe 3 bis 4 ist ideal.

Eine Schnecke,
die duftet

Kaum eine Gartenidee hat so eingeschlagen wie die Kräuterspirale oder, wie sie auch heißt, die Kräuterschnecke. Sie schafft die besten Wachstumsbedingungen für eine Vielzahl von Kräutern, und das auf relativ kleinem Raum. Folgendes ist beim Bau und bei der Bepflanzung zu beachten:

Standort. Der sonnigste Platz im Garten ist ideal, denn alle Kräuter sind Sonnenkinder. Die Dimensionen der Anlage nicht zu klein wählen, je größer sie ist, desto besser gedeiht alles und desto leichter ist sie auch zu pflegen.

Baustoffe. Die Mauern können aus den unterschiedlichsten Materialien errichtet werden. Natursteine oder doppelte gebrannte (Klinker-)Ziegel sind aber am dekorativsten. Kleine Anlagen gibt es bereits im Bausatz aus Kunststoffelementen zu kaufen.

Als Erde benötigt man vom schottrig-sandigen Material bis zu einem humosen, feuchteren Substrat alles, um ganz unterschiedliche Bodenverhältnisse zu schaffen.

Aufbau. Zunächst wird der Boden, auf dem das Mauerwerk errichtet wird, ausgegraben und ein Fundament aus Sand und Kies errichtet. Das Material gut verdichten und das Mauerwerk nach dem Prinzip der Trockenmauern aufschichten. In den Zwischenräumen befinden sich also nur Sand und Erde. Den obersten Teil der Kräuterschnecke mit sandig-schottrigem Material auffüllen, je weiter man nach unten kommt, desto humoser wird die Erde.

Pflanzen für Trockenbereiche. Alle mediterranen Kräuter werden im obersten, trockeneren Teil der Kräuterschnecke angelegt: Salbei, Thymian, Rosmarin und Lavendel. Pflanzen in

Pflanze der Woche

Die Schöne aus dem Morgenland

Tulpen gelten als die Pflanze des Frühlings. Seit mehr als 400 Jahren ziehen sie die Menschen in ihren Bann. Eine der ersten Tulpen blühte, damals aus der Türkei kommend, am kaiserlichen Hof in Wien. Erst danach kam sie nach Holland, wo sie eine „Tulpomanie“ mit enormen Spekulationen auslöste. Die Niederlande sind nach wie vor das Tulpenland der Welt. Milliarden von Zwiebeln werden dort Jahr für Jahr kultiviert. Tulpen lieben durchlässige Böden, die vor allem im Sommer trocken sind. Zu nasse Böden lassen die Zwiebel nicht ausreifen und es bilden sich bloß Blätter im Jahr darauf. Bei solch feuchten Böden ist es besser, die Zwiebel aus der Erde zu nehmen und in einem trockenen, kühlen Keller bis zur Neupflanzung im Herbst zu lagern.

Gruppen setzen und unbedingt auch die Steinfugen nutzen – zum Beispiel für die unterschiedlichsten Sorten von Thymian. Auch Basilikum kann hier gesetzt werden.

Pflanzen für humose Zonen. In den mittleren Bereich der Kräuterschnecke, wo die Erde humoser ist, kommen alle typischen Kräuter, die im Gemüsegarten zu finden sind: Oregano, Petersilie, Estragon, Koriander und auch das Maggikraut findet hier Platz.

Pflanzen für Feuchtgebiete. Im unteren Bereich der Kräuterschnecke befindet sich die Feuchtzone. Hier sind alle Minzen, Melissen aber auch der Schnittlauch zu finden. Ein ganz wichtiger Tipp, um Ordnung zu halten: Alle Minzen in große Tontöpfe setzen und diese bodeneben eingraben. Minzen neigen zum Wuchern, in Töpfen können sie im Zaum gehalten werden.

Pflege und Ernte. Um den Aufwand für die Kräuterspirale möglichst gering zu halten, sollte die gesamte Erde mit Mulchmaterial bedeckt werden. Im oberen (trockenen) Bereich wird Splitt, im mittleren Teil Grasschnitt und im unteren Bereich grober, verrotteter Kompost verwendet. Gedüngt wird mit organischem Langzeitdünger (Hornspäne) beziehungsweise mit Kompost. Auch im kiesigen Abschnitt wird dieser Humus alljährlich eingearbeitet und anschließend wieder mit Splitt abgedeckt. Haupternte für die Kräuterschnecke ist im August, Küchenkräuter werden aber laufend genommen.

Gärtnern im Takt der Natur

Die Zeit der Aussaat

Wir sind nach wie vor im Erstfrühling, die Zeigerpflanze dafür ist die Forsythienblüte oder die Blattöffnung der Rosskastanie.

Aussaat. Im April werden viele Sommerblumen ausgesät: z. B. Sommeraster *(Callistephus)*, Scabiose etc. Robuste Sommerblumen kann man in milden Klimalagen auch schon auspflanzen. Gurken und Zucchini im Warmen vorziehen und im Mistbeet abhärten. Aussaat ins Freie: Erbsen, Lauch, Karotten, Radieschen, Rettich, Zwiebeln, Salate und Mangold werden im Freien ausgesät, Erdäpfel legen.

Pflanzung. Dahlien und Gladiolen kann man bereits in die Erde pflanzen. Bis die Triebe erscheinen, besteht keine Frostgefahr mehr.

Balkon. Bei Blumen in Kästen und Töpfen nichts übereilen! Die Faustregel, dass erst nach den Eisheiligen der große Blumen-Einzug auf Balkon und Terrasse beginnt, gilt nach wie vor. Es bleibt Zeit für Vorbereitungen wie der Wahl der richtigen Pflanzerde.

Das bequemste Beet
im Garten

Das Hochbeet ist mit Sicherheit das innovativste Beet, das in jüngster Zeit immer mehr Freunde gefunden hat. Aus gutem Grund: Hier wird beim Garteln der Rücken geschont, die Pflanzen wachsen besonders kräftig und die Ernte beginnt durch die raschere Erwärmung des Bodens früher. Und so wird es gebaut:

Alle Vorteile auf einen Blick

Neben der bequemen Arbeitshaltung bietet das Hochbeet einen weiteren entscheidenden Vorteil: Der Boden erwärmt sich durch die isolierenden Seitenwände und durch die Rottevorgänge im Inneren, daher keimen Samen im Frühjahr schneller als im „normalen" Beet. Auch bei ungeeignetem Gartenboden kann ein Hochbeet Abhilfe schaffen, weil es unabhängig vom Untergrund ist. Zudem können Bioabfälle, Kompost und Schnittgut in einem Hochbeet wunderbar verarbeitet werden. Durch den langsamen Rottevorgang werden kontinuierlich Nährstoffe frei, die den Pflanzen zur Verfügung stehen. ein solcherart aufgebautes Beet enthält genug Kompost für zwei Jahre und braucht nicht gedüngt werden. Im ersten Jahr empfiehlt sich gar der Anbau von stark zehrendem Gemüse.

Das Hochbeet

1. Lage

Der sonnigste Platz ist, so wie für jedes andere Gemüsebeet auch, der beste. Steht kein anderer Standort zur Verfügung, eignen sich aber auch halbschattige Bereiche.

2. Größe

Die hängt vor allem vom Platz ab, der zur Verfügung steht. Ideal ist eine Höhe zwischen 80 und 120 Zentimeter und eine maximale Breite von etwa 130 Zentimetern, denn so kann man von beiden Seiten problemlos zur Mitte greifen. Die Länge wird beliebig gewählt. Ideal ist aber eine Dimension von 200 bis 250 Zentimetern, denn da kann man beim späteren Ausgraben des Beetes im Hochbeet stehen und schaufeln.

3. Material
Hier ist die Palette beinahe unendlich: Holz (am besten Lärchenholz, Akazie oder Eiche), Ziegel (am besten doppelt gebrannt, also Klinker, nicht völlig dicht vermauert, sondern mit Luftschlitzen dazwischen), Kunststoff (gibt es bereits praktisch im Bausatz, hat aber eine begrenzte Lebensdauer) und schließlich Metall (von Edelstahl bis zu rostigem Eisen).

4. Untergrund
Der Rasen muss abgetragen werden, für Mauern müssen Streifenfundamente gebaut werden. Den Boden niemals betonieren, aber gleich als Schutz vor Wühlmäusen ein engmaschiges Gitter einbauen.

5. Aufbau
Ganz unten liegt grober Gehölzschnitt, darauf kommen die umgedrehten Rasensoden und darüber grober, noch nicht fertiger Kompost. Enthält letzterer sehr viele holzige Bestandteile, dann ein paar Handvoll Hornspäne einstreuen. Die vorletzte Schicht besteht aus reifem Kompost und darauf gibt man Gartenerde. Durch so einen Aufbau entsteht Verrottungswärme, die vor allem im Frühjahr einen zeitigeren Anbau ermöglicht.

6. Pflanzen
Im ersten Jahr sollten Starkzehrer gesetzt werden, das sind Gurken, Tomaten, Auberginen und – falls das Beet größer ist – auch Zucchini und Kürbis. Süßmais gedeiht ebenfalls prächtig. Zu Beginn auf Salate verzichten, sie würden im ersten Jahr zu viele Nitrate einlagern. Im zweiten Jahr werden dann Salate, Karotten und Radieschen gepflanzt.

7. Pflege
Im ersten Jahr ist das ausreichende Gießen das Um und Auf. In den Folgejahren wird immer mit Kompost und Gartenerde aufgefüllt, aufs Gießen darf nicht vergessen werden. Nach drei bis fünf Jahren wird das Hochbeet komplett ausgeräumt und neu aufgesetzt. Die alte Hochbeeterde ist hervorragend geeignet zur Bodenverbesserung im Ziergarten.

Gärtnern im Takt der Natur

Für Gartler geht es richtig los

Tag für Tag wird es ein Stückerl mehr Frühling und die Natur beginnt nun regelrecht zu explodieren. Im Garten geht es jetzt so richtig los:

Pflanzen. Wenn der Boden abgetrocknet ist, können alle Pflanzen gesetzt werden. Zum Auspflanzen sind bewölkte Tage zu bevorzugen. Wichtig vor dem Pflanzen ist die Wässerung der Wurzeln.

Säen. Viele einjährige Blumen können nun an Ort und Stelle gesät werden.

Rasen. Erste Pflegemaßnahmen beim Rasen: Frühjahrsdüngung mit organischen Düngern, Wässern, vertikutiert wird erst nach dem ersten Schnitt. Beim ersten Rasenmähen keinesfalls die Blätter der Frühjahrsblüher (Narzissen oder Krokusse) abmähen, die Blätter müssen erst einziehen.

Sträucher. Beerensträucher können jetzt vermehrt werden. Einzelne Triebe am Strauch werden herab gebogen, unter die Erde gebracht und nach erfolgter Bewurzelung abgenommen. Unter den Beerensträuchern eine Mulchschicht aufbringen.

Befruchtung. Die Blüten der Süßkirschen müssen von einer anderen Sorte befruchtet werden. Dazu den Ast einer Befruchtersorte in den Baum hängen.

Sumpfiges Paradies
vor der Tür

Wer sich daheim ein Moor zulegt, braucht Hingabe und Geduld. Und so erreichte Biogärtner Karl Ploberger sein Traumziel.

Ein alter, neuer Traum – das Moor im eigenen Garten. Moorlandschaften haben Karl Ploberger schon immer begeistert. Dieses unbändige Leben in einer völlig unwirtlichen Umgebung faszinierte ihn. Spannung pur garantierten schon allein die fleischfressenden Pflanzen. Und dann dieser federnde Boden.

Bereits bei einem Schulausflug hatte der Biologie-Professor, einer der „Mitverursacher" der Ploberger'schen Pflanzenleidenschaft, seinen Schüler für den Sonnentau begeistert. Seither suchte der Biogärtner immer wieder in Moorlandschaften nach dieser Pflanze.

Probeweise hatte er seinerzeit sogar auf seinem Linzer Balkon mit Venusfliegenfallen und Schlauchpflanzen aus einem Gartencenter ein Minimoor in einer Plastikwanne angelegt. Allerdings nur für wenige

Pflanze der Woche

Das große Blühen

Mandelröschen gehören zu den Frühlingsgehölzen. Wenn sie sich jetzt über und über mit Blüten schmücken, fällt es schwer, in Gärtnereien und Gartencentern nicht schwach zu werden und eine Pflanze zu erstehen. Damit die Mandelröschen auch im kommenden Jahr wieder blühen, heißt es, sie nach der Blüte sofort kräftig zurückschneiden, denn nur auf den neuen Trieben bilden sich auch wieder Blüten. An den Standort stellt das Bäumchen keine großen Ansprüche, humoser, durchlässiger Boden in Sonne oder Halbschatten – und das große Blühen findet jedes Jahr statt.

Wochen. Ein verlängertes Badewochenende ihres Meisters überlebten die Sumpfpflanzen auf dem Balkon nicht, sie trockneten aus.

Irgendwann war Zufall Nummer zwei zur Stelle. In einer Buchhandlung fiel dem Moorliebhaber das Buch „Das Moor im eigenen Garten“ von Erich Maier in die Hände. Das war der Startschuss für die Planung. Eine Woche später fuhr der Minibagger im Garten auf und hob ein Loch aus, das gut 10 mal 8 Meter groß war. Tiefe: rund 130 Zentimeter. Anzulegen ist das Moor zu Beginn wie ein Gartenteich.

Moore „wachsen“ nicht von heute auf morgen. Hilft der Gärtner ein wenig mit, so entsteht nach drei bis vier Jahren ein naturnahes Paradies.

SIEBEN SCHRITTE ZU IHREM EIGENEN MOOR IM GARTEN

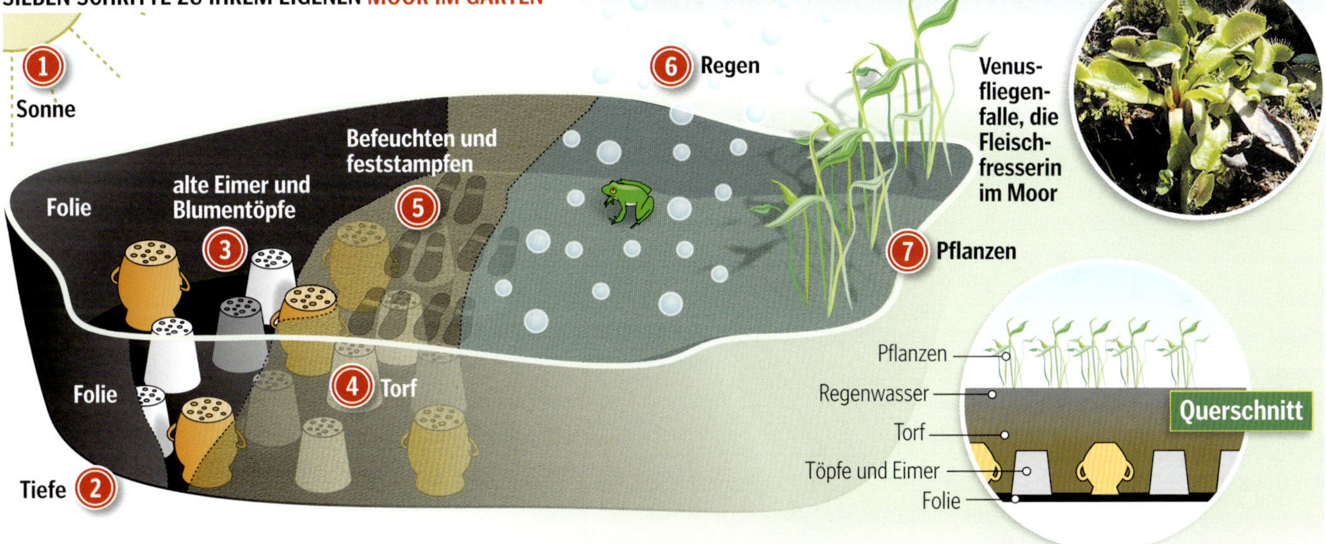

Schritt 1
Wählen Sie den sonnigsten Platz. Achten Sie darauf, dass später kein Oberflächenwasser in das Moor gelangt.

Schritt 2
Je tiefer ein Moor angelegt ist, desto stabiler wird es. So übersteht diese Naturoase ohne Gießen selbst lange Trockenperioden.

Schritt 3
Als Wasserspeicher eignen sich neben alten Eimern auch große Blumentöpfe.
Die Gefäße werden verkehrt herum auf den Folienboden gestellt. Alle müssen gereinigt sein un der Boden der Kübel und Töpfe muss durchlöchert sein, damit sie sich mit Wasser füllen.

Schritt 4
Als Substrat eignet sich besonders grobfasriger Torf. Je mehr Kübel sich darunter befinden, desto weniger Torf wird benötigt, denn als Naturschützer schmerzt freilich die Verwendung von Torf. Mit anderen Materialien funktioniert es aber leider nicht.

Schritt 5
Torf mit Regenwasser anfeuchten und feststampfen. Besonders in den Zwischenräumen zwischen den Kübeln muss der Torf stark verdichtet werden. Später wird hier wie bei einem Löschpapier das Regenwasser hochgesogen.

Schritt 6
Moore werden mit absolut kalkfreiem Wasser befüllt. Daher am besten auf natürlichen Niederschlag warten.

Schritt 7
Bepflanzen Sie schrittweise und nur mit passenden Pflanzen. Niemals Pflanzen aus der Natur entnehmen. Sie wachsen meist nicht. Holen Sie die Moorgewächse aus Spezialgärtnereien.

Grafik: SILKE ULRICH, Fotos: PLOBERGER (5) KLEINE ZEITUNG

Gärtnern im Takt der Natur

Wenn die Kastanien blühen

Die schönste Blütenzeit des Jahres beginnt. Wenn die Kastanien und Apfelbäume blühen, dann ist im Garten Folgendes zu tun:

Rasen. Rasenneuanlagen oder ergänzende Aussaaten im Rasen vornehmen.

Teich. Wasser- und Sumpfpflanzen in das Teichwasser pflanzen, das sich nun allmählich erwärmt.

Zwiebelblumen. Diese ganz einziehen lassen, erst dann die vertrockneten Blätter entfernen. Nur so haben Narzisse & Co. auch für die Blüte im nächsten Jahr ausreichend Kraft zur Verfügung.

Beete. Im Gemüsegarten den Boden zwischen den Saatreihen immer wieder mit Rasenschnitt dünn mulchen, das hält ihn locker. Als Alternative zum Mulchen eignen sich für Zwischensaaten Kresse oder Spinat.

Schutz vor letzten Frösten. Spindel- und Spalierobstbäume sollten mit Vlies vor den letzten Frösten geschützt werden. Auch blühende Erdbeeren sind gefährdet. Alternative bei leichtem Frost: Am Abend mit Wasser besprühen, das bietet bei Minusgraden Schutz.

Obstgarten. Dürre Äste bei Marillen (Aprikosen) und Weichseln abschneiden und bei Moniliabefall verbrennen. Ohrwurmhäuschen gegen Blattläuse in den Obstbäumen aufhängen.

Naschhecke. Johannisbeer- und Stachelbeersträucher blühen und benötigen ausreichend Feuchtigkeit. Vorsichtig gießen und gut mulchen – mit Rasenschnitt oder Rindenhumus.

Fragen an den Biogärtner im April

Ab wann kommen Canna ins Blumenbeet?

PLOBERGER: Erst nach den Eisheiligen Mitte Mai, darum die Pflanzen in Töpfen im Haus vortreiben, sie kommen dann schneller zur Blüte.

Welche Hilfe gibt es gegen Apfelwickler?

PLOBERGER: Am besten Apfelwickler-Fallen aufhängen, gibt es im Fachhandel.

Wozu ist Zitronengras gut?

PLOBERGER: Das grasartige Gewürz mit frischem Zitrusaroma ist vor allem in Fernost heimisch. Bei uns wird Zitronengras als Zimmerpflanze angeboten, die sehr viel Wärme braucht. Sie darf erst nach den Eisheiligen ins Freie.

Hilfe, meine Kaiserkronen setzen keine Blüten an. Was kann ich tun?

PLOBERGER: Sie haben Hunger. Mit Kompost und Hornspänen düngen, Kaiserkronen brauchen extrem viele Nährstoffe.

Meine Bartschwertlilien werden im Knospenstadium von einem unsichtbaren Schädling zerstört.

PLOBERGER: Ihre Pflanzen wurden vom Irisbohrer heimgesucht. Ein heimtückischer Schädling, der biologisch eigentlich nicht zu bekämpfen ist. Entweder entfernen Sie die betroffenen Knollen oder Sie verwenden ein chemisches Insektizid (was den Biogärtner schmerzt), zweimal im Frühjahr damit behandeln.

Ich leide so unter dem Giersch im Garten. Gibt es Rat?

PLOBERGER: Unter den Sträuchern, wo sonst nichts wächst, die Kartonmethode anwenden. Dicken Verpackungskarton auflegen und dann Rindenmulch darübergeben. Der Giersch erstickt darunter.

Wann schneidet man Buchsbaum?

PLOBERGER: Von A bis A, also von April bis August. Vorsicht wegen des zunehmenden Pilzbefalls, niemals bei Regen oder Tau schneiden, das Schneidewerkzeug zuvor mit Alkohol gründlich reinigen.

MAI

Kein anderer Monat wird so gepriesen wie dieser fünfte im Gregorianischen Kalender. Er ist für Dichter, Sänger und Liedermacher seit jeher der Wonne- und Liebesmonat, für Gläubige der Marienmonat. Für Gartler wiederum ist er der Blumenmonat schlechthin, in dem sich Vollfrühling und Frühsommer in einem Meer von Grün, Duft und Blüten die Hand reichen. Wen mag es da wundern, dass eine Vielzahl von Fest- und Feiertagen just in den Mai fällt?

Comeback einer „Spießbürgerin“

Hortensien sind wieder gefragt und haben ihren Rang als bevorzugtes Muttertagsgeschenk zurückerobert. Anleitung zum Umgang mit der neuen Trendpflanze.

Sie gehören zum Muttertag, wie die Weihnachtssterne zum Advent – die Hortensien. Dabei waren sie schon auf dem Abstellgleis. Als „Spießbürgerpflanzen“ wurden sie vielfach bezeichnet, bis, ja bis die ersten Englandfans von ihren Gartenreisen zurückkamen und von den prachtvollen, oft haushohen Hortensiensträuchern schwärmten. Das Comeback war nicht aufzuhalten. Ob rosa, weiß oder blitzblau, ob tellerförmig oder mit attraktiven Farbzeichnungen, die Auswahl an Hortensien ist gewaltig und wird von Jahr zu Jahr größer.

Hortensien haben übrigens noch etwas mit dem Weihnachtsstern gemeinsam: Es sind nicht die Blüten, die wir bewundern, sondern die gefärbten Hochblätter. Die echten Blüten befinden sich zwischen den gefärbten Blättern und sind ganz klein.

Viele neuere Sorten der „Muttertagshortensien“ frieren zurück und bilden dann keine Blüten mehr. Ein Großteil dieser Pflanzen blüht nämlich nur auf den Trieben, die sie im Vorjahr gebildet haben. Vernichtet sie der Frost, gibt es keine Blüten. Besonders die als Muttertags-Hortensie bekannte Hydrangea macrophylla mit den großen und eindrucksvollen rosa, weißen oder blauen Blüten neigt dazu.

Pflanze der Woche

Mit Duft in den Mai

Es ist die Duftpflanze schlechthin und kommt wild in Europa, Kleinasien, China, Japan und Nordamerika vor – das **Maiglöckchen.** Die giftige Staude eignet sich vorzüglich als wuchsfreudiger Bodendecker im Halbschatten und Schatten. Kaum bekannt ist, dass es neben dem weißen, einfach blühenden Maiglöckchen auch eine gefüllte Form ('Plena') gibt. Noch seltener anzutreffen ist das rosa blühende Maiglöckchen ('Rosea') sowie verschiedene Sorten mit grün-weiß und grün-gelb gestreiften Blättern.

Ebenfalls ohne Blüten bleiben Hortensien, wenn sie falsch geschnitten werden: Niemals im Herbst oder Frühjahr die Triebe dieser Sorten einkürzen, Sie würden dadurch die Blüten wegschneiden.

Die neue Züchtung einer amerikanischen Gärtnerei bringt für unsere Gegend Abhilfe. Die Sorte 'Endless Summer' ist seit einigen Jahren im Handel und garantiert frostfest. Bis nahezu minus 30 Grad hält sie aus. Es gibt die „Endloser Sommer"-Blüten nur in den Farben Rosa, Blau und Weiß.

Blau blühen übrigens diese Pflanzen nur dann, wenn sie absolut kalkfrei stehen und auch nur mit Regenwasser gegossen werden. Kalkhaltiger Boden oder kalkhaltiges Leitungswasser färbt die Blüten zuerst schmutzig blau und später werden sie völlig rosa. Daher gilt – wie für alle Hortensien: Moorbeeterde. Also Torf, Torfersatzstoffe, Rhododendron-Erde oder Laub-Erde-Kompost (kann man, wenn man viel Laub im Garten hat, auf einem eigenen Komposthaufen ganz leicht herstellen).

Eine alte und besonders empfehlenswerte Sorte ist auch noch die Sorte 'Annabelle' *(Hydrangea arborescens)*, die noch anspruchsloser ist als die oben genannten. Sie blüht allerdings nur in einem cremefarbigen Weiß und benötigt eine andere Pflege: Sie wird im Frühjahr auf etwa 15 Zentimeter zurückgeschnitten, wächst dann stark, bildet die Blütenbälle, die bis zum Winter abtrocknen und dann auch noch mit Raureif geschmückt besonders dekorativ aussehen.

Liebhabern von Hortensien sind auch die Eichblatt-Hortensien zu empfehlen. Neben den kerzenförmigen Blüten sind hier die Blätter besonders attraktiv. Nur für wirkliche Experten eignen sich im Garten die Tellerhortensien, ihre Blüten sind besonders schön, aber leider sehr frostempfindlich. Im Topf gezogen und in einem Gewächshaus überwintert, gibt es aber keine Probleme.

Gärtnern im Takt der Natur

Die schönste Zeit bricht an

Blüht der Apfelbaum, dann ist der Vollfrühling ins Land gezogen. Es ist die schönste Zeit im Garten. Hier der Arbeitskalender für den Vollfrühling:

Im Nutzgarten. Beete mulchen (mit Rasenschnitt, etwa zwei bis drei Zentimeter stark). Schnecken bekämpfen – absammeln oder umweltfreundliches Schneckenkorn streuen. Nützlinge fördern. Obstbäume gleich nach der Blüte düngen.

Im Ziergarten. Samenkapseln von Tulpen und Narzissen abschneiden, sie benötigen viel Kraft. Falls noch nicht gedüngt, die Zwiebelblumen noch einmal flüssig stärken.

Auf dem Balkon. Vielerorts kann nun bereits die komplette Balkonbepflanzung erfolgen. Auch die Zitruspflanzen kommen nun ins Freie. Für den (Frost-)Notfall immer ein Vlies bereit halten.

Nach den Eisheiligen
geht es so richtig los

Klimaänderung hin oder her – die Eisheiligen sind nach wie vor eine gute Richtzeit, wie lange ganz empfindliche Pflanzen nicht ins Freie sollen.

Dazu gehören auch einige Gemüsearten wie Tomaten, Gurken, Zucchini, Kürbis, Paprika und die so beliebten Chili alias Pfefferoni. Werden die Grundregeln beachtet, steht einer erfolgreichen Ernte nichts mehr im Wege.

1. **Paradeiser** sollten an der wärmsten Stelle des Gartens gepflanzt werden. Seit einigen Jahren macht die Braun- oder Krautfäule diesen Gewächsen ziemlich zu schaffen. Sie tritt immer dort auf, wo die Blätter durch Regen, Gießwasser oder auch bloß durch Tau über längere Zeit nass bleiben. Daher für Regenschutz sorgen und die Erde immer gut mulchen, damit die Feuchtigkeit auch nicht aufsteigen kann.

2. **Geradezu ideal** ist eine Paradeiser-Topfkultur an der Hausmauer. Bei Tomaten, die wurzelecht aus Samen gezogen wurden, bewährt sich ein etwas tieferes Pflanzen, damit sich möglichst viele Wurzeln bilden. Anders ist das bei den neuen, seit einigen Jahren erhältlichen veredelten Pflanzen – sie sind auf besonders wuchskräftige Wildtomaten gepfropft. Diese müssen so gepflanzt werden, dass die Veredelungsstelle (ein

Pflanze der Woche

Blauer Favorit des Kaisers

Der **Blauglockenbaum,** *Paulownia tomentosa,* war der Lieblingsbaum von Kaiser Franz Joseph. Die eindrucksvolle Blütenpracht überrascht Jahr für Jahr Anfang Mai – noch ehe sich die ersten Blätter öffnen. In der Jugend ist der Blauglockenbaum nicht ganz frostfest, er wird aber gerne als Strukturpflanze im Staudenbeet verwendet, da die Blätter einen Durchmesser von bis zu 45 Zentimeter haben. Später ist der Baum, der meist in Parks und Botanischen Gärten zu finden ist, absolut frostfest und ein Blickpunkt in größeren Gärten.

kleiner Wulst) deutlich über der Erde bleibt. Auch das Mulchmaterial darf darf nicht zu nahe an die Paradeispflanze, damit die „Edel-Tomate“ keine Wurzeln bildet, sonst wäre es vergebens gewesen, die viel teureren Pflanzen zu kaufen. Es lohnt sich bei richtiger Pflege allemal, denn man kann sie mindestens zwei- wenn nicht gar dreistämmig ziehen und viel mehr Früchte ernten.

3. **Gurken** gehören ebenfalls zu den wärmeliebenden Pflanzen. In milden Gegenden werden sie im Freien gezogen, besser ist eine Kultur im Mistbeet oder im Kleingewächshaus.

4. **Zucchini** sind die robusteren Gewächse unter den Südländern. Ihr Platz ist auf dem Komposthaufen – gemeinsam mit den Kürbissen.

5. **Paprika und Pfefferoni (Chili)** benötigen ebenfalls viel Sonne, damit die Früchte süß oder besonders scharf werden. Gedüngt wird wie bei allen anderen Gemüsesorten mit Kompost, Hornspänen oder einem biologischen Langzeitdünger. Damit ist die Nährstoffversorgung gesichert und die Pflanzen wachsen gesund und kräftig. Paprika hat nur wenig Wurzelmasse, er muss daher regelmäßig mit Wasser versorgt werden. Passiert das nicht, werden Blüten und kleine Früchte abgestoßen. Der Scharfmacher bei Chili heißt Capsaicin. Um die Schärfe noch zu erhöhen, kann man in den Tagen vor der Ernte das Gießen ein wenig reduzieren.

Gärtnern im Takt der Natur

Alle stürmen ins Freie

Der Vollfrühling ist die dominierende phänologische Jahreszeit: Jetzt dürften die letzten Fröste endgültig vorüber sein, auch alles Empfindliche darf jetzt ins Freie.

Balkon. Nach den Eisheiligen haben die Balkonblumen endgültig Saison. Nicht vergessen: nur qualitativ hochwertige Erde verwenden. Ein Tipp: Je dunkler und feiner die Erde, desto schlechter ist sie, weil sie rasch verschlämmt und die Wurzeln keine Luft bekommen.

Zimmerpflanzen. Ficus benjamina, Gummibaum, Yucca und viele andere werden ebenfalls im Freien übersommert. Aufpassen: Die ersten paar Tage vor Sonne schützen – die Blätter bekommen sonst Sonnenbrand.

Gemüsebeet. Bohnen erst jetzt legen, sie wachsen dank der Wärme besonders rasch.

Rasen. Beste Zeit um Rasen nachzusäen oder neu anzulegen.

Blütenpracht
für viele Jahre – Stauden

Stauden bringen Farbe und Strukturen in die Beete. Sie sind der prächtige, blühende „Zuckerguss", der das Gartenbild vollendet.

Staudenbeete zählen zu den schönsten Blumenbeeten in einem Garten. Richtig angelegt blühen sie von Jahr zu Jahr üppiger. Stauden haben nichts mit den Sträuchern zu tun, die landläufig oft als „Staude“ (z. B. Hollerstaude) bezeichnet werden. Zu den Stauden gehören krautige, reich blühende Pflanzen wie Rittersporn oder Lupine, Sonnenbraut und Frauenmantel, Goldrute und Sedum, aber auch verschiedene Gräser eignen sich als Aufputz für das Staudenbeet. Stauden sind Pflanzen, deren Wurzelstock überwintert und deren Blätter und Stängel abfrieren.

So entstehen die schönsten Staudenbeete:

1. **Staudenbeete** gibt es für jeden Boden und jede Lage. Beachten Sie aber bei der Auswahl, ob die gewählten Pflanzen eher Sonne oder Schatten, feuchten oder trockenen Boden lieben. Kugeldistel oder Schafgarbe sind Sonnenkinder, für den Schatten empfehlen sich neben den Funkien Lungenkraut oder Elfenblume.

2. **Bereiten Sie den Boden** immer gründlich vor. Verdichtete Böden müssen zwei Spaten tief gelockert werden. Arbeiten Sie Kompost und Hornspäne, eventuell auch

Gärtnern im Takt der Natur

Das Ende des Vollfrühlings ist da

Goldregen, Eberesche und Weißdorn blühen, wir stehen am Ende des Vollfrühlings. Das ist jetzt im Garten zu tun:

Mulchen. Um sich die Plage mit „Unkräutern“ zu ersparen, alle Beete gut mit Rasenschnitt mulchen. Das hält die Wildkräuter zurück und den Boden feucht.

Düngen. Sowohl die Rosen als auch die Rhododendren gehören jetzt gleich noch einmal gedüngt.

Rasen. Ab nun regelmäßig mähen, aber nicht zu tief, damit die Gräser genug Kraft haben, sich gegen die Unkräuter durchzusetzen.

Schnitt. Buchs kann jetzt geschnitten werden, aber nicht an sonnigen Tagen, damit die Blätter, die die Sonne nicht gewohnt sind, keine Verbrennungen erleiden.

Pflanze der Woche

Bunte Elite unter den blühenden Sträuchern

Die Rhododendren und Azaleen gehören seit vielen Jahren zu den beliebtesten Pflanzen der Österreicher. Die ersten Blüten öffnen diese Pflanzen, je nach Sorte, schon Ende März. Hauptblüte ist dann im Mai.

Das allerwichtigste bei Rhododendren ist, dass Sie auf einem kalkfreien Boden stehen. „Moorbeet" wird dies genannt, obwohl es mit einem wirklichen Moor nichts zu tun hat. Denn eines können Rhododendren und Azaleen ganz und gar nicht ausstehen: Staunässe, und die wäre ja für ein Moor typisch.

Damit die kalkfliehenden Pflanzen in unseren Breiten gedeihen, sollte das Pflanzloch zumindest 80 Zentimeter im Durchmesser haben und gut 50 Zentimeter tief sein. Entfernen Sie die gesamte Erde aus dem Pflanzloch. Zunächst kommt als Drainageschicht Rindenmulch und dann wird mit kalkfreier Erde aufgefüllt. Entweder mit Torf oder mit Moorbeeterde. Wer aus Naturschutzgründen auf Torf verzichten will, kann Torfersatzstoffe wählen oder sich diese Erde selbst „erzeugen": Kompostieren Sie in Zukunft das Herbstlaub auf einem eigenen Haufen. Laubkompost ist der ideale Torfersatz.

Rhododendren benötigen sehr viele Nährstoffe. Das wird meist völlig übersehen. Und sie benötigen diese vor allem rechtzeitig. Denn kaum ist die Blüte vorbei, beginnt auch schon das Blattwachstum mit den Knospen für das kommende Jahr. Daher eine erste Düngergabe etwa vier bis sechs Wochen vor der Blüte verabreichen und gleich nach dem Blühen noch einmal düngen. Bei kleinen Sträuchern sollten die abgeblühten Blüten ausgebrochen werden, damit der Strauch nicht unnötig Kraft verbraucht: Vorsichtig mit Daumen und Zeigefinger den Blütenrest herausdrehen.

etwas Sand ein. Beseitigen Sie alle Wurzelunkräuter.

3. **Staudenbeete** können zu jeder Jahreszeit angelegt werden. Das Frühjahr und auch der Herbst sind ideal, die Pflanzen kauft man in kleinen Töpfen.

4. **Vergessen Sie nicht auf die Planung.** Stauden sollten sowohl farblich als auch nach Höhe abgestimmt werden. Beachten Sie auch den Blütenzeitraum, denken Sie daran, möglichst viele verschiedene Stauden so zu kombinieren, dass das ganze Gartenjahr über immer etwas blüht.

5. **Blumenzwiebeln pflanzen.** Jetzt im Mai können Gladiolen und Dahlien ins Beet kommen, die Farbe für den Spätsommer bringen. Im Herbst werden dann die Frühjahrsblüher Tulpen, Narzissen & Co. gesetzt.

6. **Staudenbeete** werden alljährlich mit Kompost versorgt: Das „schwarze Gold" entweder im Herbst – das ist am einfachsten – oder aber jetzt noch dünn zwischen die Pflanzen streuen.

7. **Wenn Phlox & Co.** in die Jahre kommen, ist Verjüngung angesagt. Der günstigste Zeitpunkt dafür ist unmittelbar nach der Blüte. Die Pflanzen mit einem scharfen Spaten oder mit der Hand teilen und dann wieder neu pflanzen. Den Boden mit Kompost aufbessern. Die Teilstücke finden einen neuen Platz im Garten oder sind ein nettes Geschenk für andere Gartenfreunde.

8. **Der Hochsommer** ist die üppigste Zeit im Staudenbeet. Wichtig ist es, Abgeblühtes regelmäßig zurückzuschneiden. Die Pflanzen werden dadurch buschiger und es bilden sich neue Blütenknospen. Manche Stauden blühen nach dem Rückschnitt ein zweites Mal, z. B. der Rittersporn. Er wird nach dem Abblühen bodeneben abgeschnitten. Mit Kompost und Hornmehl gedüngt, blüht er im September ein zweites Mal. Im Herbst dann die samentragenden Stauden nicht abschneiden. Die vertrockneten Stängel haben nicht nur Zierfunktion, sie sind auch feine Nahrung für unsere Vögel.

9. **Immer gut mulchen.** Auch im Staudenbeet leistet Mulch gute Dienste. Allerdings nicht mit Rindendekor, sondern mit Rasenschnitt, Rindenhumus (kompostierte Rinde) oder Piniendekor. Normale Rinde enthält nämlich Gerbsäure und bindet beim Verrotten Stickstoff. Säure und Nährstoffmangel bremsen dann das Wachstum der Stauden stark.

Mit List und Sex gegen **Schädlinge**

In der Schädlingsbekämpfung hat sich in den letzten Jahren vieles verändert: War früher „je giftiger, desto besser" das Motto, heißt es nun „mit List und Sex die Schädlinge austricksen".

Pheromonfallen sind seit einigen Jahren eine sehr wirksame Möglichkeit, den Apfelwickler oder den Pflaumenwickler zu bekämpfen: In kleinen Kunststoffhäuschen, die wie ein Futterkasten auf die Bäume gehängt werden, liegt nicht nur eine (ungiftige) Leimtafel, sondern auch eine Kapsel, die den Sexuallockstoff der Weibchen verströmt. Die Männchen unter den Apfel- und Pflaumenwicklern davon angelockt und bleiben auf der Leimtafel kleben. Aufgehängt werden die Fallen jetzt, wenn die Flugzeit der Schädlinge beginnt.

Nicht der Duft, sondern die Farbe lockt dagegen die Kirschfruchtfliege an. Dieser Schädling ist dafür verantwortlich, dass in den süßesten Kirschen die fettesten Würmer leben. Genau zu dem Zeitpunkt, wenn sich die Kirschen von grün auf hellgelb verfärben, legen sie die Eier ab, denn die Kirschfruchtfliege fliegt auf gelb. Der Gärtner macht sich das zunutze und hängt im Baum große gelbe, beleimte Kunststofftafeln auf. Um wurmige Kirschen generell zu verhindern, sollte der Boden um den Baum (die sogenannte Baumscheibe) im Herbst durchgejätet werden,

Pflanze der Woche

Zartes Herz in Weiß und Rosa

Filigrane Meisterwerke sind die Blüten des **Tränenden Herzens** *(Dicentra spectabilis)*, dieser traditionellen Bauerngartenpflanze. An den gebogenen Stielen hängen Blüten, die an kleine Herzen erinnern. Es gibt rosa und weiß blühende Sorten, die sich auf gleichmäßig feuchten, humosen Böden im Halbschatten am wohlsten fühlen. Außer kurz nach der Pflanzung reicht eine jährliche Kompostgabe als Düngerzufuhr für das Tränende Herz. Die Staude, die in Ostasien und Nordamerika beheimatet ist, verliert im August ihr Laub und zieht danach komplett ein. Das sollte bei der Gestaltung des Beetes berücksichtigt werden.

denn dort „schlafen“ bereits die Kirschfruchtfliegen des kommenden Jahres.

Nützlinge zur Bekämpfung der Schädlinge einzusetzen, wird seit einigen Jahren erfolgreich praktiziert: Perfekt funktioniert der Einsatz von Nematoden gegen Dickmaulrüssler, Maikäfer oder Maulwurfsgrillen. Man bestellt diese mikroskopisch kleinen Fadenwürmer, die dann immer „frisch“ in einem Pulver geliefert werden. (Hat man nicht gleich Zeit zum Ausbringen, werden sie in der Verpackung im Kühlschrank gelagert.) Das Pulver wird in Wasser aufgelöst und mit viel Wasser verdünnt auf den befallenen Flächen ausgebracht. Immer bei bedecktem Himmel oder nach Sonnenuntergang, am besten vor einem kräftigen Regen. Die Würmchen, die für Menschen und Haustiere völlig ungefährlich sind, töten dann die Schädlinge im Boden ab.

Apropos Nützlinge: Mit einem Nützling hatte man keinen großen Erfolg. Die Asiatischen Marienkäfer wurden vor etlichen Jahren in Belgien in Gewächshäusern eingesetzt, um Läuse zu bekämpfen. Die Tierchen breiten sich mittlerweile trotz der winterlichen Kälte in ganz Europa aus. Sie fressen Blattläuse, nisten sich aber auch in Weintrauben ein und verursachen beim Pressen einen unangenehmen Geschmack im Wein. Manchmal überlisten die Nützlinge die Menschen.

Gärtnern im Takt der Natur

Der Frühsommer ist da, jede Menge Arbeit auch

Mit der Holunderblüte beginnt der Frühsommer und auch das volle Wachstum. Das ist jetzt zu tun:

Zwiebelblumen. Narzissen, Tulpen und viele andere Zwiebelblumen dürfen noch immer nicht abgeschnitten werden. Jetzt sammeln sie die Kraft fürs nächste Frühjahr.

Gemüse. Regelmäßig Salat nachpflanzen. Achten Sie auf lausresistente Sorten, dann gibt es weniger Ärger mit den Blattläusen. Tomaten ausgeizen, also Seitentriebe entfernen und unbedingt einen Pfahl zum Aufbinden aufstellen.

Obst. Ausdünnen heißt es nun bei den Obstbäumen. So gibt es weniger, aber große Früchte. Die Erdbeerernte beginnt, die Früchte mit Holzwolle unterlegen, so faulen sie nicht.

Kübelpflanzen. Nun jede Woche ein- bis zweimal düngen. Vor allem Oleander und Zitrusgewächse benötigen sehr viele Nährstoffe. Oleander mit Leitungswasser gießen und bei heißem Wetter ein „Fußbad“ im Untersetzer gewähren. Zitruspflanzen mögen lieber Regenwasser.

Neue Heimstatt für **Libelle & Co**

Wasser im Garten für das besondere Schauspiel der Natur, hier die Kurzanleitung für ein neues Biotop.

Gartenteiche oder Biotope, wie sie nun meist genannt werden, gehören nicht von ungefähr zu den beliebtesten Gartenelementen: Ohne viel Zutun des Menschen rührt sich an allen Ecken und Enden ganz von alleine Leben.

Rechtzeitige Planung ist alles, deshalb sollten schon beim Hausbau auch die groben Erdarbeiten mit erledigt werden. Erde zu schaufeln und zu transportieren ist Schwerstarbeit. Wichtigster Grundsatz: Je intensiver man Teiche und Tümpel in der Natur beobachtet, desto erfolgreicher wird man bei der Planung und Errichtung eines Gartenteichs sein. Vor allem Biotope sollten immer im Halbschatten liegen. Nur so können übermäßige Erwärmung und damit ungezügeltes Algenwachstum abgewehrt werden.

Denken Sie beim Standort an die Tiefe des Teichs und die flachen Ufer. Sie werden beim Skizzieren schnell feststellen, dass selbst ein „Minisee“ viel Platz in Anspruch nimmt, wenn er möglichst naturnah angelegt wird.

Füllen Sie Sand als Schutzschicht ein, bei sehr steinigem Boden auch Geovlies. So ist der beste Schutz für die Folie gegeben. Die Teichfolie sollte erst nach dem Ausheben der Grube bestellt werden. An der breitesten und längsten Stelle wird eine Schnur exakt nach der Bodenform in den späteren Teich gelegt. So kann die Bodenform leicht berechnet werden. Als Überstand zählt man einen halben Meter je Seite hinzu. Kies, grober Schotter und große Steine sind das Füllmaterial. Verwenden Sie keine oder wenigstens kaum Erde.

Bepflanzen Sie den Teich möglichst vielfältig und naturnah. Zumindest eine Seite des Teichs darf ein wenig „wilder“ aussehen und einen Übergang zu Blumenwiesen oder einer Wildsträucherhecke bilden. Befüllen Sie den Teich, wenn irgendwie möglich, mit Regenwasser. Lässt sich das nicht machen, dann Leitungswasser beinahe drucklos einfüllen, damit nicht zu viele Schwebstoffe aufgewühlt werden.

Überlassen Sie den Teich sich selbst. Nur ganz große Algenteppiche werden abgefischt, der Rest verschwindet mit zunehmendem Pflanzenwachstum. Viele Tiere wie Libellen sind schon nach einigen Stunden am neu entstandenen Wasser. Die nützlichen Wasserschnecken werden meist mit den Pflanzen eingeschleppt, Frösche warten nur darauf, die neue „Eigentumswohnung“ zu beziehen.

Noch ein letzter Tipp für jene, denen die Schwerarbeit zu anstrengend ist: Nützen Sie die Erfahrung der Profis, für Gartengestalter ist mittlerweile das Teichbauen zum Alltag geworden.

Pflanze der Woche

Duftender Stammplatz im Kräutergarten

Der **Rosmarin** ist im Mittelmeerraum heimisch, wächst an Küsten, gehört aber zu den beliebtesten Kräutern im heimischen Garten. Da er nicht oder nur bedingt winterhart ist, wird er im Topf kultiviert. Er benötigt einen sonnigen Platz mit einer gut durchlässigen Erde. Das Substrat, in dem der Rosmarin in Gärtnereien gezogen wird, ist für eine dauerhafte Kultur nicht geeignet. Daher sollte man die Pflanze gleich nach dem Kauf aus dem Topf nehmen, möglichst viel (Torf-) Substrat entfernen und sie in ein Erdgemisch setzen, das aus einem Teil Gartenerde, einem Teil Sand und einem Teil Splitt besteht. Falls reifer Kompost vorhanden ist, kann davon etwas untergemischt werden. Als Dauerdünger verwenden Sie Hornspäne. In den ersten Tagen nach dem Umpflanzen geschützt aufstellen, später die Pflanze in die volle Sonne geben. Im Winter kühl, hell und eher trocken halten.

Gärtnern im Takt der Natur

Was im Frühsommer alles zu tun ist

Wir befinden uns mitten im Frühsommer, abwechslungsreiche Arbeit steht an.

Stauden. Jetzt ist das Wachstum am größten, daher heißt es nun aufbinden und stützen. Bambusstäbe, Staudenhalter und die Äste der Haselnuss sind die besten Utensilien, um Rittersporn & Co in Form zu halten.

Rasen. Der Rasen wächst kräftig. Um einen dichten Bewuchs zu erreichen, muss wöchentlich gemäht werden. Wer nicht gedüngt hat, kann das jetzt noch nachholen.

Rosen. Entweder blühen sie schon oder stehen kurz davor. Schon jetzt daran denken: Nur bei den mehrmals blühenden Sorten alles Abgeblühte entfernen. Immer auf ein Blatt zurückschneiden, das voll ausgebildet ist (meist hat es dann fünf Teilblätter) und nach außen zeigt. So bildet sich der Trieb mit Wuchsrichtung nach außen, das hilft stickige Luft verhindern und sorgt Pilzkrankheiten vor.

Teich. Algen abfischen und keine Panik aufkommen lassen, heißes Wetter begünstigt sie nun einmal.

Fragen an den Biogärtner im Mai

Ich habe bisher ohne Erfolg Bärlauch gesät.

PLOBERGER: Sie müssen etwas Geduld haben, Bärlauch keimt erst nach dem Winter und braucht humosen, leicht schattigen und im Frühjahr etwas feuchten Boden.

Die Hortensien hatten schöne Triebe, nun sind alle welk.

PLOBERGER: Ich denke, das war der Frost. Zurückschneiden und aufpäppeln, dann gibt es im nächsten Jahr wieder Blüten.

Die Wühlmäuse haben meine Rosen vernichtet, was tun?

PLOBERGER: Pflanzen Sie die Rosen im Gitterkorb, so retten Sie die edlen Gewächse. Es reicht ein Sechseck-Geflecht, wie es für Kaninchenställe verwendet wird, und schon sind die Wurzeln geschützt. Aber Achtung, nie an dieselbe Stelle pflanzen, wo schon Rosen standen.

Beim Vertikutieren fällt viel Moos an, darf man es auf den Kompost geben?

PLOBERGER: Ja, das ist kein Problem, einfach groben Gehölzschnitt dazwischen streuen.

Mein im Vorjahr angelegtes Staudenbeet macht einen sehr lückenhaften Eindruck, was ist zu tun?

PLOBERGER: Staudenbeete brauchen Zeit, um dicht zu verwachsen, anfangs gibt es oftmals noch Lücken. Mit Sommerblumen, die direkt ausgesät werden, lassen sich diese problemlos schließen. Cosmeen oder die bizarre Spinnenblume sind solche Pflanzen, besonders viele Blüten garantieren Studentenblumen und duftende Levkojen.

Jasminstrauch und Schlitzahorn sind verlaust.

PLOBERGER: Mit biologischen, ölhaltigen Mitteln spritzen und Ohrwurmhäuschen (verkehrter Tontopf mit Holzwolle) aufhängen, Ohrwürmer lieben Läuse.

Ich suche Blütenstauden für den Schatten.

PLOBERGER: Elfenblume, Goldnessel, Lungenkraut oder Schaublatt eignen sich gut. Immer mindestens drei Pflanzen einer Sorte zusammensetzen, damit sie richtig gut zur Geltung kommen.

JUNI

Ein Gefühl von Sommer. Die Tage, so lang wie sonst nie, lassen den Garten in vollen Zügen erleben, sei er auch noch so klein oder gar nur ein Fleckchen auf dem Balkon.
Alles dreht sich um die Rose – dank der Perser, die vermutlich vor 4 000 Jahren begonnen haben, diese Blume zu veredeln. Sich ein wenig Zeit nehmen, um die Pracht und den Duft dieser königlichen Blume zu genießen, steht jetzt auf dem Gartenfahrplan.
Apropos Genuss: Früchtchen in verführerischem Rot locken in den Naschgarten und machen das paradiesische Leben komplett.

Willkommen
im Rosengarten

Der Juni steht ganz im Zeichen der Rosen. Was Sie über die Königin der Blumen alles wissen sollten, von Pflege über Schnitt bis zur Sortenwahl – hier finden Sie es.

Rosen zählen weltweit zu den beliebtesten Kulturpflanzen. Seit Jahrhunderten werden sie in unzähligen Sorten gezüchtet. Ob als stolze Edelrose, als vielblütige Polyantharose, als Zwergrose oder als Kletter- und Strauchrose. Rosen gibt es für alle Gelegenheiten. Und auch heutzutage kommen immer neue Sorten dazu. Der Trend geht wieder zu den alten Rosen mit ihren großen Blüten und dem schweren Duft.

Rosen benötigen einen sonnigen Standort in luftiger Umgebung. Der Boden sollte tiefgründig sein, bei einem schweren Boden muss etwas Sand beigefügt werden. Kompostierter Rindermist als Humuslieferant gehört ebenfalls ins Pflanzloch, und auch Hornspäne als Startdünger für die ersten Monate sollten nicht fehlen.

Die beste Pflanzzeit ist der Herbst, aber auch jetzt können Rosen dank der Kultur in Töpfen gesetzt werden. Besonders beliebt in den letzten Jahren sind die sogenannten Ramblerrosen: Alte Obstbäume sind das Gerüst für diese extrem stark wachsenden Kletterrosen. 'Kiftsgate' gilt als die am stärksten wachsende. Hat sie sich gut eingelebt, dann bildet sie Triebe von bis zu zehn Meter pro Jahr. Im Nu wird ein Obstbaum zum Rosenbaum.

Beim Rosenschneiden scheiden sich die Geister: Die einen sagen, Rosen sind kleine Sträucher und sollten es auch bleiben, die anderen sehen sich durch neueste wissenschaftliche Untersuchungen bestätigt, die besagen: Je radikaler der Rückschnitt, desto gesünder sind die Pflanzen, sie „wachsen sich gesund".

Egal welcher Variante Sie zuneigen, eines gilt immer: Das oberste Auge muss außen liegen. Im Inneren des Rosenbusches sollte darauf geachtet werden, dass Licht und Luft hinein können. Das hilft Krankheiten zu vermeiden.

Nach dem Abblühen werden die Rosen auf ein voll entwickeltes Blatt – das ist ein Blatt mit fünf Teilblättern – zurückgeschnitten.

Die Königin der Blumen sucht Partner

Die Stars der Gärten brauchen einen blühenden Partner, denn das Beet soll das ganze Jahr bezaubern.

Im Frühjahr ist neben kleiner bleibenden Zwiebelblumen (Schneeglöckchen, Mininarzissen) vor allem das Veilchen ein idealer Partner. Es macht mit seinem betörenden Duft schon Lust auf die Rosenzeit. Anschließend ist das Purpurglöckchen als blühender Begleiter mit dabei.

Gleich nach der Rosenblüte kommen die Flammenblumen und der Phlox. Hier sollte man allerdings den Trick der Profigärtner anwenden und – so schwer es fällt – die ersten Blüten abschneiden. Der Neuaustrieb kommt mit neuen Blüten,

ist verzweigter und bildet deutlich später eine blühende Begleitung zu den Rosen. Sie passen perfekt zu Strauchrosen und Kletterrosen auf Obelisken.

Im Spätsommer und Herbst dagegen leuchten zwischen den Rosen die Astern mit ihren roten und violetten Blüten. Bei diesen Pflanzen ist auf die Wuchshöhe der Sorten zu achten. So manche blühende und kompakt gewachsene Pflanze im Topf, die man im Spätsommer zu kaufen bekommt, entpuppt sich im Jahr darauf als Riese. Die Wuchshöhe der Partner ist für das gesunde Wachstum der Rosen von großer Bedeutung, denn nur wenn, wie zum Beispiel bei Beetrosen, genügend Luft zu den Blättern gelangt, trocknen die Pflanzen rasch ab und es kommt nicht so leicht zu den gefürchteten Rosenkrankheiten Sternrußtau und Rosenrost.

Wählt man Begleitpflanzen, die gleichzeitig mit den Rosen blühen, dann muss man auf die passende Farbe der Blüten achten. Bei Kletterrosen sind Clematis als dankbare Ergänzung beliebt. Favorit ist dabei die *Clematis tangutica* mit ihren gelben Blüten und ihren silbrig behaarten Samenständen.

Immer attraktiv ist die Katzenminze, die es in unterschiedlichen Sorten gibt. Schneidet man sie nach der Blüte zurück, kommt es zu einer Nachblüte. So bleibt sie bis zum Herbst ein Blickpunkt.

Der schönste Begleiter

Jetzt fragen sich viele: „Und was ist mit dem Lavendel?“ Er ist mit Sicherheit der schönste Begleiter für Rosen. Einerseits, weil der Geruch des Lavendels die Blattläuse vergrämt, andererseits bilden das silbrige Laub und die dunkelblaue Blüte eine ideale Partnerschaft zu den Rosen.

Beachten Sie aber: Lavendel darf nie zu nahe an die Rosenstöcke heran gepflanzt werden und muss jedes Jahr kräftig zurückgeschnitten werden, am besten sofort nach der Blüte. Nur kompakte Stöcke sind ideale Partner. Sind sie zu groß, ersticken sie die Rosen. Ganz wichtig: Rosen lieben lehmigen Boden, Lavendel einen kiesigen. Daher sollte man, um seinen Ansprüchen gerecht zu werden, die Erde in den Pflanzlöchern mit Sand und Splitt durchlässig machen. Bewährt hat sich auch die Pflanzung auf kleinen Erdhügeln zwischen den Rosen, so kommt es zu keiner winterlichen Staunässe.

Pflanze der Woche

Sonnengelbe Neuerscheinung

Der Blumensprache nach ist die **Karl Ploberger Rose** ein Symbol für Freude, Dankbarkeit und Reinheit. Die etwa 120 bis 150 Zentimeter hohe Strauchrose mit dem ADR-Gütesiegel ist robust, resistent und besticht durch ihre sonnengelbe Farbe. Der Charme dieser Züchtung geht von den stark gefüllten Blüten und dem intensiven Rosenduft aus. Die Rose ist ideal für ein Staudenbeet, macht sich aber auch als Solitärpflanze im Garten ausgesprochen gut. Sternrußtau, Rosenrost und Mehltau treten bei ihr so gut wie nie auf.

Acht Schritte zu schönen Rosen

Ein prächtiger Rosengarten ist keine Hexerei, wenn wichtige Regeln beachtet werden.

1. **Der Standort** sollte warm, aber nicht heiß, luftig, aber nicht zugig sein. Rosen mögen einen tiefgründigen Boden ohne Staunässe. Die Erde mit Kompost verbessern. Niemals Rosen an einen Platz setzen, wo Rosen schon einmal gestanden sind, sie sind nämlich selbstunverträglich.

2. **Beim Pflanzen** Wurzeln schneiden, Triebe zurücknehmen. Die Veredelung sollte zwei Fingerbreit in den Boden. Sowohl bei der Herbst- als auch bei der Frühjahrspflanzung die Rosenstöcke zum Schutz unbedingt anhäufeln.

3. **Zweimal düngen** ist genug: Im Pflanzjahr nach der ersten Blüte, danach im April und nach der ersten Blüte. Keinesfalls später.

4. **Rosen nur beim Anpflanzen gießen** und im ersten Jahr nur bei sehr trockenem Wetter. Später können Sie das Wässern völlig vergessen.

5. **Schädlinge,** vor allem Blattläuse, mit nützlingsschonenden Spritzmitteln bekämpfen. Krankheiten durch richtige Sortenwahl verhindern. Sauberkeit bei Rosenrost und Sternrußtau: Im Herbst möglichst alle Blätter entfernen, aber nicht auf den Kompost geben, sondern vernichten. Vorbeugend mit Schachtelhalmtee spritzen.

6. **Beim Schnitt** im ersten Jahr nur das Verblühte entfernen. Später Beet- und Edelrosen stark (auf 15 bis 20 Zentimeter) zurückschneiden. Bei Strauchrosen etwa ein Drittel ausschneiden. Kletterrosen kaum schneiden.

7. **Für den Winterschutz** die Rosen nur anhäufeln. Reisig ist nicht unbedingt notwendig. Hochstammrosen werden am besten umgelegt und eingegraben.

8. **Ideal für Faule** sind Wildrosen: Apfelrose oder Hundsrose sind nur einige der Wildrosen, die keinerlei Pflege benötigen. In Randbereichen des Gartens sorgen sie alljährlich für ein Blütenfeuerwerk. Die Apfelrose verströmt dazu noch einen betörenden Duft.

Gärtnern im Takt der Natur

Aufbinden und stützen

Schnecken und Stauden bestimmen den Arbeitsplan Holunder und Robinien blühen – wir sind weiter im Frühsommer. Was ist jetzt zu tun?

Ziergarten. Aufbinden, stützen und abschneiden ist nun die Hauptbeschäftigung. Stauden sollten locker mit Bambusstäben und Bast aufgebunden werden. Nicht zu fest zusammenbinden. Störende Äste von Zierbäumen entfernen.

Gemüsegarten. Schneckenbekämpfung steht jetzt im Vordergrund. Am späten Abend ist die Fangquote am höchsten. Eisen-III-Phosphat-haltiges Schneckenkorn ausstreuen, das ist umweltfreundlich.

Zimmerpflanzen. Umpflanzen ist nun ideal. Die Pflanzen stehen im Wachstum. Regelmäßig düngen. Pralle Sonne meiden. Halbschattige Plätze im Freien sind für Palmen und Yucca ein idealer Sommerstandort.

Alle meine **Allium**

Zierlauch in der Blumenwiese, Blütenbälle, die über den Rosen schweben, blühender Schnittlauch als Beetbegrenzung – Allium all überall.

Vor mehr als zehn Jahren tauchten die herrlichen Blüten auf der Chelsea Flower Show in London auf. England wird seiner Rolle aus Trendsetter immer wieder gerecht. In diesem Fall war es Sir Christopher Lloyd, der mit seinem Garten in Great Dixter „die Blumenwiese zum verlängerten Blumenbeet machte".

Seither lässt der Zierlauch viele Gartlerinnen und Gartler nicht mehr los. *Allium giganteum* 'Globemaster' ist der absolute Star unter den Zierlauchgewächsen. Seine gewaltigen Blütenbälle auf den stabilen Stielen blühen viele Wochen – nicht zuletzt deshalb, weil die einzelnen kleinen Blüten steril sind und damit noch viel länger erhalten bleiben.

Gerade im hohen Gras einer Blumenwiese sehen diese Blumen nicht nur blühend sehr dekorativ aus, sondern auch dann, wenn sie vertrocknet sind. Im Juli wird solch eine Blumenwiese dann gemäht, im Jahr darauf kommt der Zierlauch wieder.

Gleich nach dem Austrieb im Frühjahr bekommen diese gewaltig wachsenden Gewächse eine Portion organischen Dünger, denn kaum erscheint die Blüte, beginnt die Pflanze schon einzuziehen. Daher den Lauch im Beet auch immer so platzieren, dass die vergilbenden Blätter von Frauenmantel oder Funkien abgedeckt werden.

Pflanze der Woche

Ein ungewöhnliches Gehölz

Nun öffnet er wieder seine Blüten – oder doch seine Taschentücher? Der **Taschentuch- oder Taubenbaum** *(Davidia involucrata)* zählt zu den ungewöhnlichsten Gehölzen, die in unseren Gärten und Parks zu finden sind. Die eigentlichen Blüten sind zwar relativ klein, doch die Blätter, die sie umschließen sind eindrucksvoll: wie Papiertaschentücher hängen sie an den Bäumen. Gärtner benötigen aber Geduld, der Baum beginnt oft erst nach zwölf bis 15 Jahren so richtig zu blühen. Er stammt ursprünglich aus China und wurde von Engländern entdeckt. Er wird in der Heimat bis zu 20 Meter hoch, bei uns sechs bis zehn Meter. In vielen historischen Parkanlagen ist der ungewöhnliche Baum zu finden, er sollte auch in einem größeren Garten nicht fehlen.

Eindrucksvoll sind auch die Blüten des *Allium christophii,* des Sternkugel-Lauchs, oder des *Allium schubertii,* des Igelkolbenlauchs. Die riesigen Blüten im Staudenbeet, eingebettet in Blattstauden, entwickeln eine ungeheure Wirkung.

Aber auch die allen bekannte Schnittlauchblüte kann in einem Blumenbeet beeindrucken. Rein weiß blühende Sorten, dicht an dicht gepflanzt, liefern eine fantastische Begrenzung, die ganz leicht zu pflegen ist: nach der Blüte wird zurückgeschnitten und schon treibt der Schnittlauch mit den schönen Blüten wieder aus. Leicht zu verwildern ist auch der Goldlauch *(Allium moly),* der essbar ist und sich bereitwillig aussät.

Wer in den herbstlichen Zwiebelblumenkatalogen blättert, ist überrascht, wie groß die Vielfalt ist: So zieht die Sorte 'Hair' alle Blicke auf sich. Wie ein Wuschelkopf steht sie hoch über anderen Blumen im Staudenbeet.

Insgesamt gibt es, je nach Zählweise, mehr als 700 Arten und Sorten. Alle lieben sonnige Standorte mit durchlässigen, humosen Böden. Staunässe ist für alle Zwiebelpflanzen ein Problem, daher sind Steingartenanlagen der ideale Platz, damit man dauerhaft Freude an diesen Pflanzen hat. Gepflanzt wird üblicherweise von September bis November.

Gärtnern im Takt der Natur

Der Frühsommer bringt Genuss

Die Hauptarbeit im Garten ist um diese Zeit erledigt, der Frühsommer lässt auch Zeit zum Genießen.

Stauden. Aufbinden und Stützen ist weiter angesagt. Oft zerstört ein einziger starker Gewitterregen die Pracht im Staudenbeet, wenn man diese Arbeiten nicht rechtzeitig durchgeführt hat. Nicht zu eng zusammenbinden. Je lockerer die Stauden stehen, desto wirkungsvoller sind sie.

Mähen. Die Blumenwiese noch stehen lassen. Erst wenn sie völlig verblüht ist (Ende Juni), wird mit der Sense gemäht. Den Rasen regelmäßig mähen, aber nicht zu tief.

Düngen. Kübelpflanzen brauchen nun Dünger, mindestens alle drei bis fünf Tage mit Flüssigdünger versorgen, vor allem dann, wenn die Pflanzen nicht umgetopft wurden. Rhododendren düngen, gleich nach der Blüte benötigen sie noch einmal Dünger. Abgeblühtes abzwicken; bei großen Sträuchern ist das aber nicht mehr nötig.

Wo die Zitronen blühen

Der Traum vom Süden im eigenen Garten, auf der eigenen Terrasse kann beginnen: Tipps für die Pflege von Zitronen & Co. Und was sonst noch das mediterrane Gefühl daheim beflügelt.

Orangen und Zitronen, das sind die wichtigsten Pflanzen, um die mediterranen Träume im eigenen Garten wahr werden zu lassen. Jetzt ist die beste Zeit, diese Pflanzen zu verwöhnen, damit sie blühen, Früchte tragen und viele Jahre überleben.

Dringende Maßnahme derzeit: Düngen! Echte Biogärtner verwenden auch für ihre Südländer einen organischen Dünger. Ob in flüssiger Form als Brennnesseljauche oder in fester Form als Hornspäne. Es ist wichtig, dass die Erde mit Kompost angereichert wurde, damit die Dünger auch tatsächlich Wirkung zeigen.

Biodünger sorgen dafür, dass die Pflanzen gesund wachsen. Daher kommt beim Umtopfen immer gut abgelagerter Kompost vermischt mit Hornspänen in die Erde. Damit die Erde durchlässig ist, wird noch Tongranulat dazugegeben und Quarzsand darunter gemischt. Um eine gute Wasser- und Nährstoffspeicherung zu gewährleisten, kommen noch lehmige Gartenerde und zur

Pflanze der Woche

Der ausladende Tulpenbaum

Wenn die Baumblüte zu Ende geht, sorgt ein besonderes Gehölz für Aufmerksamkeit: der **Tulpenbaum.** Nicht zu verwechseln mit der Magnolie, zu der er im weitesten Sinn gehört, ist *Liriodendron tulipifera* ein Baum, der ab Anfang Juni seine gelb-orange-grünen Blüten öffnet. Der Parkbaum wird bis zu 40 Meter hoch und ausladend. Einige säulenförmige Sorten sind auch für kleinere Gärten geeignet. Der aus Nordamerika stammende Baum ist absolut winterhart und liebt durchlässige, sandige, humose Böden. Bis zur ersten Blüte kann es sieben bis zehn Jahre dauern, dafür ist sie dann umso eindrucksvoller.

Förderung einer besseren Struktur Kokosfaser dazu.

Dennoch ist diese Düngewirkung allein zu wenig. Daher sollte zusätzlich mit einem handelsüblichen Flüssigdünger gedüngt werden – und zwar alle drei bis fünf Tage.

Gedüngt werden die Zitruspflanzen bis Mitte August, dann beginnt allmählich das langsame Vorbereiten auf den Winter. Gegossen werden die mediterranen Kübelpflanzen ab Mitte September weniger, ganz besonders wichtig ist das bei den Zitruspflanzen. Kommen diese mit zu feuchter Erde ins Winterquartier, verlieren sie ein Blatt nach dem anderen. In der falschen Annahme, dass dieser Blattverlust auf Wassermangel zurückzuführen ist, wird dann gegossen und es beginnt der Anfang vom Ende der Pflanze. Innerhalb weniger Wochen verfaulen die Wurzeln, die Pflanze beginnt meist noch einmal zu blühen, obwohl sie kein Laub mehr trägt, und stirbt dann ganz ab.

Noch ein Tipp: Stehen die Zitruspflanzen im Sommer sehr hell und auch wärmer als 15 Grad, dann müssen sie auch in der kalten Jahreszeit etwa alle zwei Wochen gedüngt werden.

Zitruspflanzen lassen sich übrigens auch aus Kernen ziehen, allerdings braucht man dann Geduld, erst nach zehn bis zwölf Jahren kann man die erste Blüte erwarten.

Womit man sonst noch den Süden in den eigenen Garten holt: etwa mit Palmen oder Oleander. Diese, aber auch Zitruspflanzen, haben oft Kalkflecken auf den Blättern. Bier-Reste oder auch Milch mit Wasser verdünnt garantieren einen glänzenden Auftritt.

Gärtnern im Takt der Natur

Der Naschgarten ruft

Wenn die Linde blüht, ist der Hochsommer da. Diese Arbeiten stehen an:

Süße Früchtchen. Erdbeeren, Ribiseln (Johannisbeeren) und die frühen Kirschen reifen. Nach der Ernte von einmal tragenden Erdbeeren die Blätter abschneiden und die Pflanzen mit Kompost und organischem Dünger versorgen.

Im Blumengarten. Samenstände der Akelei abschneiden, wenn man eine willkürliche Aussaat verhindern will. Wildrosen und viele historische Rosen werden nicht ausgeputzt, die Hagebutten im Herbst sind die „zweite Blüte". Bei der Pfingstrose nur die Blüten- und Samenstände abschneiden, niemals die Blätter.

Im Gemüsegarten. Paradeiser ausgeizen, also die Seitentriebe entfernen. Zwischen Juni und September ist der Befall der Karotten durch die sogenannte Karottenfliege sehr stark. Gemüseschutznetze helfen hier besonders gut. Bewährt hat sich aber auch eine Mulchdecke aus klein geschnittenen Farnblättern.

Staubtrocken
und voller Blüten

Steine, Schotter und Sand – das sind keineswegs Schreckensszenarien für einen Garten. Manche Pflanzen lieben es, auf steinreichen Böden zu wachsen.

Selbst alte Profis staunen beim Anblick von Trockenbeeten immer wieder: Woher nimmt eine Pflanze nur das Wasser, woher die Nährstoffe, woher die Wuchskraft? Das Erstaunliche an der Natur ist eben, dass es für alle Lebensbereiche die „richtigen" Pflanzen gibt.

Bauplan für steinreiche Gärtner

1. **Trockenbeete in die volle Sonne.** Das garantiert einen idealen Start. Aber, und das erstaunt, es gibt auch Trockenbeete im Schatten. So ist halt die Natur.

2. **Steine unter der Erde** machen ein Trockenbeet aus. Nicht der Kies oder Schotter, der auf den Beeten liegt, sondern das durchlässige Schottermaterial im Untergrund garantiert den Erfolg.

Pflanze der Woche

Heilende Prachtblume

Unter den vielen Pelargonien hat sich eine in den letzten Jahren einen besonderen Platz erworben – das *Pelargonium sidoides*. Unter dem Namen „Umckaloabo" ist diese Pelargonienart in Europa bekannt geworden. In der Sprache der Zulu bedeutet dies frei übersetzt Lungenkrankheit und Brustschmerzen. Schon um 1900 heilte sich damit ein Engländer von der Tuberkulose. Heute wird sie großflächig angebaut und in Apotheken aus der Wurzel das Extrakt hergestellt. In einigen Fachgärtnereien ist auch die Pflanze zu bekommen.

3. **Bauen Sie Beete als Hügel!**
   Errichten Sie mit Hohlkammerziegeln (Wärmeschutzziegeln) kleine Hügel, die Sie mit Geovlies abdecken, damit später das Substrat nicht weggeschwemmt wird. Darauf kommt eine 15 Zentimeter hohe Schicht Splitt, die mit einem geringen Anteil an Rindenhumus oder Gartenerde vermischt wird. Und schon kann man die Bepflanzung mit Gästen aus dem Süden starten.

4. **Plötzlich wird alles „frostfest"?**
   Es ist erstaunlich, aber tatsächlich so, dass Lavendel, Spornblume und zuweilen sogar Rosmarin im richtigen Boden selbst den kältesten Winter überstehen.

Rhodohypoxis

5. **Düngen nicht vergessen.**
   Selbst Hungerkünstler wollen ab und zu ein wenig Futter. Verwenden Sie Kompost, gemischt mit Splitt und Hornspänen, das reicht.

Pflanzen für die Steinlandschaft

Spornblume. Sie ist geschaffen für steinige Bedingungen.

Rhodohypoxis. Sie leben in kleinen Töpfen mit Schotter und etwas Lehm. Im Winter müssen sie aber frostsicher und ganz trocken aufbewahrt werden.

Cistrose. Auf den kiesigen Böden zeigt sich die Pflanze auch bei uns winterhart.

Schatten-Gewächse. Dazu gehört auf jeden Fall der Felsenteller. Und als gelungene Probe stellen sich Astilben heraus.

Aromatische Pflanzen.
Thymian und Lavendel vermitteln in verschiedenen Arten südliche Stimmung, ebenso wie Majoran und Currykraut in den buntesten und würzigsten Sorten. Nicht zu vergessen Oregano. Noch ein Gruß aus dem Süden für das Trockenbeet: Rosmarin (in Töpfen) setzen.

Gärtnern im Takt der Natur

Im Hochsommer wird es gemütlich

Der Hochsommer ist eingezogen, der phänologische Kalender weist den Weg, was wann zu tun ist.

Ernteabschluss. Mit der Sommersonnenwende ist die Rhabarber- und Spargelernte zu Ende, jetzt heißt es kräftig düngen – mit Kompost, Hornspänen und auch Brennnesseljauche. Als Ersatz für die Jauche versorgt auch biologischer Flüssigdünger die Pflanzen rasch mit Nährstoffen.

Blumenbeet. Rittersporn nach der Blüte zurückschneiden, dann blüht er noch einmal. Welke Blätter im Staudenbeet laufend ausputzen. Bartiris kann nach der Blüte geteilt und umgepflanzt werden. Generell alle Beete gut mulchen, am besten mit Rasenschnitt. Das hält die Wildkräuter in Schach und den Boden bei Hitze feucht.

Gute und schlechte **Nachbarn**

Das Erfolgsrezept: Nach dem Vorbild der Natur Gemüse und Gewürze in Mischkulturen pflanzen.

Pflanze der Woche

Das Würzkraut des Sommers

Was wären Mozzarella und Tomaten ohne den sonnigen Geschmack von **Basilikum** *(Ocimum basilicum)*, auch Königskraut genannt? Sonne ist das Wichtigste für dieses Kraut des Südens, zu viel Regen und zu wenig Wärme bedeuteten unweigerlich das Ende. Beim Ernten nicht gleich zu Beginn die obersten Triebe abzwicken, sondern einzelne Blätter. Neben dem bekannten Genoveser Basilikum gibt es Zimt-, Zitronen- und das besonders robuste Strauchbasilikum.

Die Mischkultur ist keine Erfindung von besonders klugen Gärtnern. Die Mischkultur wurde der Natur abgeschaut, und so wie bei den Menschen gibt es auch im Reich der Pflanzen gute und schlechte Nachbarn.

Zum Glück ist die Anzahl der schlechten Nachbarn gering. Meiden Sie zum Beispiel Kombinationen von Erbsen und Bohnen, Gurken und Rettich oder Radieschen, Tomaten und Erdäpfel oder Kopfsalat und Petersilie.

Ausgesprochen gute Nachbarn gibt es weitaus mehr. Wer sie nebeneinander anbaut, kann sich Pflanzenschutzmittel sparen und erhält geschmacklich besseres Gemüse. Salat, Lauch und Buschbohnen sind etwa eine derartige Parade-Kombination. Karotten, Salat und Schnittlauch sind ebenso perfekte Nachbarn wie Buschbohnen, Rote Beete und Bohnenkraut. Basilikum schützt Gurken vor Mehltau und Zwiebeln schützen Karotten vor der Karottenfliege.

Wenn Sie noch keinerlei Erfahrung mit guten oder schlechten Nachbarn gemacht haben, richten Sie sich zunächst nur nach den äußeren Merkmalen. Viel können Sie nicht falsch machen. Es gelten zwei Grundsätze.

- Bauen Sie tiefwurzelndes Gemüse (Karotten, Schwarzwurzeln, Rettich) gemeinsam mit Flachwurzlern (zum Beispiel Feldsalat oder Zwiebeln) an.
- Kurzlebige Gewächse (Radieschen, Kresse, Spinat, Salat) mit langsam wachsenden Arten (Paradeiser, Kohl, Gurken) kombinieren. Radieschen sind als kurzfristige Lückenfüller allerorts willkommen, ausgenommen als Nachbarn von Gurken. Sie können überall zwischen den Reihen langsamer wachsenden Gemüses gesät werden.

Spinat ist der Tausendsassa unter den Pflanzennachbarn. Seine Wurzeln scheiden Saponine aus, die sich im Boden auf das Wachstum aller benachbarten Pflanzen wohltuend auswirken. Ähnlich verträgt sich Dill mit nahezu allen Gemüsearten. Einige Körner unter die Samen von Karotten oder Gurken gemischt, markieren diese nicht nur durch schnelleres Auflaufen die Reihen, sondern fördern auch noch die Keimung der benachbarten Samenkörner.

In einem Garten mit vielen Kräutern riecht es herb-würzig und duftet lieblich. Die Pflanzen profitieren in vieler Hinsicht von dieser Nachbarschaft der Kräuter. Kümmel und Minze als Nachbarn zu Erdäpfeln gepflanzt, soll den Geschmack der Knollen verbessern.

Wo viele verschiedene Pflanzenarten durcheinander wachsen, haben Krankheiten und Schädlinge nur geringe Chancen, sich auszubreiten. Pflanzt man die Gemüsearten von Anfang an in Mischkultur auf ein Beet, findet auch keine Auslaugung des Bodens statt und die Beete werden bestmöglich genutzt.

Generell gilt: Mischkulturtabellen sind eine gute Grundlage, aber man sollte ruhig Mut zum Experimentieren haben. Übrigens, dieses Prinzip funktioniert nicht nur im Garten, sondern auch auf Balkon und Terrasse. Mischkulturen aus Gemüse und Zierpflanzen sind nicht nur ertragreich, sie bringen zudem viel Farbe und Leben in die begrenzten Gartenräume.

Gegen Läuse und Schnecken

Pflanzen Sie Kapuzinerkresse auf die Baumscheiben von Obstbäumen. Für die Blutläuse ist diese aus Samen gezogene Zierpflanze (bei der man die Blüten auch essen kann!) viel attraktiver als der Apfelbaum.

Schnecken machen zwar vor keiner Pflanze halt, dennoch gibt es Blumen und Kräuter, die sie weniger mögen. Wenn Sie Ihren Garten oder ein Beet mit folgenden Gewächsen säumen, können Sie die Schneckeninvasion ein wenig bremsen: Anemonen, Mutterkraut, Fleißiges Lieschen, Duftsteinrich, Eisenkraut, Ehrenpreis, Salbei und Thymian.

Gärtnern im Takt der Natur

Wenn die Blumenwiese ade sagt

Mähen. Blumenwiesen werden nun gemäht. Ganz wichtig: Schnittgut abtrocknen lassen und mehrmals wenden, damit die Samen ausfallen und im kommenden Jahr wieder keimen.

Gießen. Balkonblumen und Kübelpflanzen regelmäßig gießen und auf das Düngen nicht vergessen.

Gemüse. Zucchini stehen, wenn das Wetter sehr unterschiedlich ist, ziemlich unter Stress. Genau dann bilden sich aber nur männliche Blüten aus, sogenannte Wasserblüten. Daher die Pflanzen bei extrem wechselnden Temperaturen ein wenig verhätscheln, bei kühler Witterung ein Vlies über die Pflanzen legen und natürlich den Boden mulchen, dann bleibt er gleichmäßig feucht und kühlt auch nicht so rasch aus.

Fragen an den Biogärtner im Juni

Welche Wirkung hat Urgesteinsmehl, wann und wo wird es eingesetzt?

PLOBERGER: Das ist ein Bodenhilfsstoff, der dafür sorgt, dass ausreichend Mineralien und Spurenelemente verfügbar sind. Gegen Pilzkrankheiten hat es eine hervorragende Wirkung, einfach über die untersten Blätter stäuben. Es hilft auch gegen Blattläuse.

Mein Feigenbaum ist zwar grün, aber er treibt kaum aus. Was tun?

PLOBERGER: Warten Sie noch ab, wenn die Pflanze austreibt, gleich gut düngen. Im September die Pflanze mit Patentkali versorgen, das stärkt die Frostfestigkeit.

Soll man morgens oder abends gießen?

PLOBERGER: Der richtige Zeitpunkt zum Gießen ist fast wie eine Religion. Viele gießen am Abend, aber aufpassen, sind viele Schnecken im Garten, dann lieber morgens zur Gießkanne greifen. Angewachsene Sträucher überhaupt nur bei extremer Trockenheit gießen.

Mein Zitrusbäumchen trägt Früchte, die sehr lange grün sind. Soll ich sie so ernten?

PLOBERGER: Zitronen benötigen zum Reifen etwa ein Jahr. Die Früchte keinesfalls grün ernten, außer es handelt sich um Limetten.

Auf fast jedem Trieb meiner prächtigen Freilandazalee treten Wucherungen auf. Was ist das?

PLOBERGER: Es handelt sich ziemlich sicher um Gallmücken, Gallwespen etc. Am besten die Wucherungen ausbrechen und vernichten. Jetzt bis Mitte August sorgsam düngen und im Winter bei starkem Frost gut schützen.

JULI

Flirrendes Licht, die hoch stehende Sonne, die Gärten duftend und üppig – so zeigt sich der Hochsommer. Jetzt sind die Schattenplätze gefragt, da lässt sich's gut träumen und den Kindheitserinnerungen nachhängen. Der alte Bauerngarten der Großmutter taucht wieder auf mit all seiner Pracht, mit den aromatischen Kräutern am Beetrand, dem romantischen Rosenbogen und dazu die knackig-frischen Karotten aus dem Nutzgarten und die köstlichen Beerenfrüchte von der Hecke – ihr Geschmack und ihr Aroma einmalig und unübertroffen.

Ein Liebling
mit Vorlieben

Die Clematis oder Waldrebe gehört zu jenen Pflanzen, die manchmal ein wenig bockig sind – entweder wollen sie nicht blühen, oder sie geben den Geist genau dann auf, wenn sie zu blühen beginnen. Wer ihre Vorlieben beachtet, dem wird sie zum Liebling unter den rankenden Schönheiten.

Die Waldrebe steht nicht gerne alleine: Am Waldrand, dem ursprünglichen Standort dieser Kletterpflanze, sucht sie sich einen „Partner“ an dem sie sich festhalten und emporranken kann, damit die Blätter und Blüten einen möglichst sonnigen Platz erreichen. Und mit ihren Wurzeln versteckt sie sich gerne hinter schattengebenden Sträuchern.

Daher benötigt die Clematis auch im Garten oder Balkon einen sonnigen Platz. Die Wurzeln sollten aber immer im Schatten liegen, zum Beispiel hinter aufgeschichteten Steinen, Dachziegeln oder auch bloß Holzbrettern. Buchs oder andere stark wurzelnde Gehölze können ebenfalls Schatten spenden, allerdings sollte man dann eine Wurzelsperre einbauen, sonst „verhungert“ die Clematis.

Die meisten Pflanzen werden im Topf angeboten und können daher auch jetzt gepflanzt werden. Der Boden muss feucht, aber gut durchlässig sein. Staunässe würde für diese Pflanze unweigerlich den Tod bedeuten. Daher die Erde vor dem Pflanzen nicht nur gut lockern, sondern auch mit viel grobem Kompost aufbessern. Bei lehmigem Boden empfiehlt es sich, eine gute Dränageschicht aus Sand und Schotter in das Pflanzloch zu geben.

Waldreben ähneln in ihren Ansprüchen den Rosen, zu denen sie sich auch sehr gern gesellen. Vor allem alte Kletterrosen, die nur einmal im Juni blühen, sind ideale

Lady Diana

Gärtnern im Takt der Natur

Pflanzenkrankheiten fordern den Gärtner

Der Hochsommer ist da! So sehr wir uns über die Wärme freuen, Begleiter sind Gewitter.

Krankheiten. Niederschläge und Wärme, das sind die Zutaten, die Pilzkrankheiten im Garten zum Problem werden lassen. Einerseits der Grauschimmel, die Botrytis, andererseits aber auch Mehltau und die gefürchteten Rosenkrankheiten, wie Sternrußtau und Rosenrost. Bei allen gilt: Sauberkeit! Alle befallenen Blätter sofort entfernen, sie werden nicht mehr gesund und sorgen für die Ausbreitung der Krankheiten. Sofort mit Biospritzmittel auf Basis von Ackerschachtelhalm, mit Algenpräparaten, etc. die befallenen Pflanzen behandeln.

Rosen. Viele Rosen sind verblüht. Bei den mehrmals blühenden Sorten alle Blüten abschneiden, dann gibt es in drei bis vier Wochen die nächste Blüte. Kletterrosen treiben nun gerne lange, sogenannte Wassertriebe. Sehr oft sind das aber die Blütentriebe fürs kommende Jahr. Wenn sie unter der Veredelung herauswachsen haben sie hellgrüne Blätter mit meist (nicht immer) sieben Teilblättern, dann gehören sie entfernt.

Düngen. Balkonblumen gut düngen. Der Regen schwemmt, wenn er zu den Kisterln gelangt, viele Nährstoffe aus. Ebenso brauchen alle Kübelpflanzen jetzt viel Dünger.

Schneiden. Kirschen und Weichseln gleich nach der Ernte schneiden, die neuen Triebe um zwei Drittel einkürzen. Tomaten ausgeizen.

Boulevard Evison

Begleiter jener Clematis, die von Juli bis September ihre Blütensterne öffnen. Weiße Rosen harmonieren besonders gut mit dem traditionellen Blau der Clematis, wunderschön sind aber auch Kombinationen in Rot und Rosa. Die Auswahl bei den Clematis ist riesig, schauen Sie in gut sortierten Gärtnereien für den Kauf vorbei. Ein absoluter Favorit ist *Clematis tangutica*. Ihre gelben Blüten leuchten wochenlang und die silbrigen Samenstände sorgen dann für eine zweite Attraktion.

Bei einigen Clematisarten bereitet die sogenannte Welkekrankheit Sorgen. Über Nacht lässt die tags zuvor noch herrlich blühende Pflanze alle Blätter hängen, so als ob sie zu wenig gegossen worden wäre. Welkepilze im Boden, die von der Wurzel direkt in die Triebe gelangen, verursachen diese nicht heilbare Krankheit. Aber es gibt eine Lösung, um der Krankheit, die im Boden schlummert, zu entgehen: Den Wurzelstock ein Stück vom Rankgitter entfernt pflanzen und dann die Clematistriebe (mit den Blättern) in die Erde legen und flach mit Substrat bedecken, die obersten Triebe direkt zum Rankgerüst führen. Bei jedem vergrabenen

Pflanze der Woche

Die Blütenreiche aus dem Bauerngarten

Der Fingerhut *(Digitalis)* gehört zu den alten, typischen Bauerngartenpflanzen. Er erlebt dank vieler neuer Sorten eine Renaissance. Die Pflanze ist in allen Teilen hochgiftig und liebt Standorte im Halbschatten auf humosen, nicht zu kalkhaltigen Böden. Gesät wird jetzt, dann gibt es Blüten im kommenden Jahr. Schneidet man sofort nach dem Abblühen zurück, könnte es eine zweite Blüte geben, allerdings vergibt man dann die Chance, dass sich der Fingerhut „selbstständig“ macht, er sät sich nämlich bereitwillig aus und wächst dort, wo er sich wohl fühlt. Naturgärtner haben beobachtet, dass sich der Fingerhut positiv auf die Gesundheit von Obstbäumen auswirkt und pflanzen ihn daher auf die Obstbaumscheibe.

Blatt bilden sich neue Wurzeln und neue Triebe. Sollte nun ein Teil der Clematis von der Welke betroffen sein, sind die anderen Triebe zur Stelle.

So werden Clematis geschnitten

Beim Schnitt der Clematis benötigt der Gärtner Fingerspitzengefühl und Hausverstand. Es gibt bei den Clematis nämlich eine beinahe unüberblickbare Arten- und Sortenvielfalt, die jeweils andere Schnittansprüche stellt.

Als Grundregel gilt:

- Im Frühjahr blühende Clematis *(Clematis montana, C. alpina)* sollten nicht oder sehr zurückhaltend erst nach der Blüte geschnitten werden, weil an den Trieben des Vorjahres bereits die Blütenknospen ausgebildet wurden.
- Die ab Juli blühenden Sorten werden jedes Jahr im Frühjahr auf einen Dreiviertelmeter zurückgeschnitten, denn ihre Blüten erscheinen ausschließlich auf den neu gebildeten Trieben.
- Die herbstblühenden Sorten kann man alljährlich im Frühjahr bodeneben abschneiden.

Clematis tangutica

Urlaubspflege
für die Grünoase

Acht sichere Tipps, wie man Garten und Pflanzen gut über die eigenen „schönsten Wochen" des Jahres bringt.

Urlaubszeit ist auch Reisezeit, alle Blumen- und Gartenliebhaber stehen dann vor der Frage: Was tun mit den Pflanzen in den Wochen der Abwesenheit? Hier unsere Ratschläge:

1. **Zimmerpflanzen** in einem Raum aufstellen, in dem die Fenster abgedunkelt werden können. So bleibt es in dem Raum kühler und die Verdunstung ist nicht so stark. Pflanzen gut wässern.

2. **Eine „automatische Bewässerung"** ohne viel Technik kann man in der Küche installieren: Abwaschbecken mit Wasser füllen, ein großes Schwammtuch so platzieren, dass die Hälfte ins Wasser reicht und der andere Teil auf der Abtropffläche zu liegen kommt. Das Tuch, auf dem die Zimmerblumen ohne Untersetzer stehen, saugt das Wasser langsam aus dem Becken. Niemals die Wasserleitung tropfen lassen! Kleinere Topfpflanzen kann man auch in größere Übertöpfe stellen und diese mit feuchtem Sand oder Hydrokultur-Substrat füllen.

3. **Balkonblumen** überleben nur dann, wenn sie in Kisterln mit Wasserspeicher wachsen oder eine automatische Bewässerung installiert wurde. Neben elektronischen Geräten haben sich die Anlagen mit Tonkegeln bewährt.

Pflanze der Woche

Königlich und strahlend gelb

Wenn sich die Blüten der **Kandelaber-Königskerze** *(Verbascum olympicum)* öffnen, dann erstrahlt der Garten. Das kräftige, leuchtende Gelb der unzähligen Blüten ist ein Blickpunkt im grünen Paradies. In Staudenbeeten, aber auch in Kiesgärten ragen die bis zu zwei Meter hohen Pflanzen majestätisch über alle anderen Blumen. Ansprüche stellt die Pflanze wenig – hat man sie einmal im Garten, dann sucht sie oft auch im Übermaß die Plätze, die sie gerne mag. Sie ist zweijährig – in einem Jahr bildet sie eine Blattrosette, im Jahr darauf die Blüte. Beim Unkraut entfernen auf die kleinen Sämlinge achten, dann gibt es reichlich Nachwuchs dieser schönen Staude.

4. **Wenn bei Kübelpflanzen** kein Nachbar aushelfen kann und niemand zum Gießen da ist, gibt es eine Ausweichmöglichkeit: Die Kübel bis über den Rand in einem schattigen feuchten Beet eingraben, eine Mulchschicht darüber hält die Feuchtigkeit.

5. **Gerade vor einem längeren Urlaub** die Bewässerungsanlagen kontrollieren, oft verstopfen die dünnen Leitungen, und es erwartet einen eine vertrocknete Überraschung bei der Rückkehr.

6. **Alle Beete** gut mulchen, das schützt vor Verdunstung. Den Rasen nicht zu kurz mähen, er würde bei zu starker Hitze austrocknen.

7. **Im Gemüsegarten** alles ernten, was reif ist (Radieschen, Erbsen, Bohnen, Gurken, Paradeiser etc.), damit die Früchte während des Urlaubs nicht zu faulen beginnen.

8. **Am Tag vor der Abreise** noch einmal kräftig wässern. 20 bis 30 Liter pro Quadratmeter reichen für eine Woche aus, dann ist der Boden auch in den tieferen Schichten nass und die Feuchtigkeit hält sich einige Tage.

Gärtnern im Takt der Natur

Es gibt immer etwas zu tun

Der Hochsommer hat mit der Lindenblüte begonnen.

Schnitt. Bei Obstbäumen kann mit einem Sommerschnitt der Zuwachs etwas reduziert werden. Nicht zu viel schneiden, sonst kommt es zu einem Neuaustrieb, der dann aber nicht mehr ausreift. Auch alle Ziersträucher können nun geschnitten werden. Buchs an bewölkten Tagen schneiden, Scheren von Zeit zu Zeit mit Alkohol reinigen – der Buchspilz greift immer mehr um sich und wird durch das Werkzeug übertragen.

Teich. Algen im Teich von Zeit zu Zeit abfischen – beobachten, ob nach starkem Regen Oberflächenwasser in den Teich kommt. Damit gelangen Nährstoffe ins Wasser, die die Algenplage verursachen. Gräben oder Wälle (die man schön bepflanzen kann) errichten.

Nachsaat. Lücken in Staudenbeeten oder im Balkonkisterl mit Kapuzinerkresse schließen, die Samen keimen rasch und die Blüte hält bis zum Frost.

Die Würze
des Sommers

Was wäre die Welt ohne Kräuter? Die vierte Dimension eines Gartens kommt nun so richtig zur Wirkung.

Man riecht Lavendel und denkt an die Provence. Der Duft des Rosmarins kommt in die Nase und die Küste Mallorcas erscheint im Tagtraum. Thymian bringt griechische Gedanken und die Frische der Zitronenverbene lässt einen italienischen Sommer unter Zitronenbäumen wahr werden. Wer hat noch nicht?

Kräuter sind die Würze in jeder Mahlzeit, Kräuter sind aber auch die Würze in jedem Garten: So gehören seit einigen Jahren Kräuterkisterln auf dem Balkon oder der Terrasse, Beete voll würzigen Pflanzen oder gleich ganze Kräutergärten zu den beliebtesten Bereichen für Hobbygärtnerinnen und -gärtner.

In kleinen Gärten hat es sich bewährt, die Kräuter auf das gesamte Areal verteilt zu pflanzen. Damit entsteht nicht nur eine ideale Mischkultur, sondern es kommt auch die

Pflanze der Woche

Der Paradiesapfel

Der in Österreich für Tomaten verwendete Name **Paradeiser** stammt vom Paradiesapfel. Im Juli beginnt die Erntezeit. Diese Pflanze des Südens hat es bei uns nicht immer leicht, sie braucht Sonne und einen trockenen Standort. Macht sich die Kraut- und Braunfäule breit, sofort die betroffenen Blätter entfernen und Urgesteinsmehl stäuben. Immer Ausgeizen, also die Seitentriebe aus den Blattachseln ausbrechen, damit die Pflanze luftig steht und die Blätter rasch abtrocknen. Düngen, aber nicht übertrieben, sonst drehen sich die Blätter ein. Haben die Früchte einen schwarzen Fleck (Blütenendfäule), fehlt meist Kalzium im Boden.

dekorative Wirkung der einzelnen Kräuter zur Geltung. Beim Auswählen sollten Sie dennoch auf die jeweiligen Standortansprüche Rücksicht nehmen.

Lavendel ist in den letzten Jahren besonders beliebt geworden. Wohl meist im Ziergarten als Begleiter und Läusevertreiber bei den Rosen. Ganz wichtig ist beim Lavendel der durchlässige Boden: Also Splitt, Kies, Sand oder Tongranulat ins Pflanzloch einarbeiten. Staunässe ist für den Lavendel tödlich. Gleich nach der Blüte wird kräftig zurückgeschnitten.

Rosmarin ist, so lautet schon die direkte Übersetzung des botanischen Namens, der „Tau des Meeres". An den Küsten des westlichen Mittelmeeres ist er zu finden. Je karger der Boden, desto würziger der Duft. Die torfige Erde beim Kauf sollte daher sofort ausgetauscht werden: Ein Drittel Lehm, ein Drittel Sand und ein Drittel Kies, dazu noch Hornspäne, und dieses Würzkraut wird sich wohl fühlen – sowohl im Topf, als auch (in milden Gegenden) an geschützten, eher trockenen Plätzen im Garten.

Zitronenverbene *(Lippia citriodora)* ist der absolute Favorit im Sommer. Diese mehrjährige, aber nicht winterharte Pflanze gilt als das Erfrischungskraut schlechthin. Im Topf in humoser, mit Hornspänen vermischter Erde gezogen, wird es am sonnigsten Platz der Terrasse Jahr für Jahr aufgestellt und sorgt für Zitronenduft. Beim leichtesten Anstreifen der Blätter, beim Gießen und natürlich beim Abreißen eines Blattes riecht es, als ob eine Zitrone neben einem zerteilt würde. Besonders köstlich schmeckt ein eisgekühlter Gspritzter mit einem Blatt der Zitronenverbene verfeinert.

Rasenkamille ist eine nicht alltägliche Gartenidee, die Englische (nichtblühende) oder die etwas höhere Römische (blühende) Rasenkamille *(Anthemis nobilis)* verströmt bei starkem Sonnenschein oder auch bloß beim Betreten einen ausgezeichneten Duft.

Gärtnern im Takt der Natur

Beruhigende Arbeiten

Der Hochsommer ist die Zeit zum Gießen und Genießen.

Gießen. Topf- und Kübelpflanzen täglich gießen, Blumenbeete ein- bis zweimal in der Woche.

Balkon. Balkonblumen gehören regelmäßig „ausgeputzt", das heißt alles Abgeblühte muss entfernt werden, weil sonst die Samenbildung den Pflanzen viel Kraft kostet. Gedüngt wird weiterhin regelmäßig, allerdings am besten halb so stark dosiert, wie auf der Packung angegeben, dafür aber doppelt so oft. Mehltau (zum Beispiel bei Surfinien) ist meist ein Zeichen von Nährstoffmangel.

Schneiden. Ausschneiden und aufbinden ist die beruhigende Arbeit zeitig am Morgen. Genügend Stäbe und Schnüre besorgen. Den Frauenmantel abschneiden, dann wächst er gleich wieder kompakt. Auch Rittersporn, Lupinen und Spornblumen verjüngen sich so rasch und blühen im Spätsommer noch einmal.

Genießen. Mit einem guten (Garten-)Buch den Lieblingsplatz im grünen Paradies aufsuchen.

Für jeden Tag
eine Prachtblüte

Wenn die Taglilien blühen, ist der Sommer auf der Höhe der Zeit. Alles über die Hemerocallis.

Der Botanische Name verrät bei dieser Pflanze sehr viel: *Hemerocallis* kommt aus dem Griechischen und heißt Schönheit („kallos“) für einen Tag („hemera“). Jede einzelne Blüte öffnet sich (bei starkem Sonnenschein) nur für einen Tag. Pro Blütenstängel sind aber Dutzende Knospen zu finden und so dauert die Taglilienblüte einige Wochen lang an.

Die Pflanze gehört seit jeher in den Bauerngarten, jetzt erlebt sie aber eine beachtliche Renaissance. Als Blumenliebhaber kann man gar nicht widerstehen: In Weiß, Gelb, Rot, Rosa und vielen anderen Farben blühen die Taglilien.

Ursprünglich sind sie in China, Korea und Japan daheim gewesen. Unglaubliche 30 000 bis 40 000 Sorten gibt es weltweit, und täglich werden es mehr. Denn für viele sind diese herrlichen und genügsamen Stauden zur wahren Sucht geworden.

Der besondere Reiz sind die großen Blüten, vom Samenkorn bis zur fertigen Pflanze dauert es

Pflanze der Woche

Die anziehenden Riesenblüten

Hibiscus moscheutos, der **Sumpfeibisch,** ist seit einigen Jahren im Spätsommer der Hit in den Gärtnereien. Die Blüten in Rosa, Rot und Weiß mit bis zu 30 Zentimeter Durchmesser ziehen die Blicke magisch an. Ursprünglich kommt die Pflanze aus Nordamerika und liebt, wie der deutsche Name sagt, feuchte Böden. Er soll in voller Sonne stehen, aber mit einem Untersetzer, der immer mit Wasser gefüllt ist. Die Pflanze benötigt viel Dünger, daher zweimal pro Woche mit Flüssigdünger versorgen. Im Winter dagegen sollte sie kühl und eher trockener stehen. Im Sumpfbeet im Garten überlebt sie teilweise, allerdings benötigt sie ein wenig Schutz.

etwa drei bis fünf Jahre. So groß die Vielfalt auch ist, es gibt letztlich einige dominierende Blütenformen: dreieckige, runde, spinnenförmige, sternförmige und gefüllte. Wildformen, die zeitig im Frühsommer schon blühen *(Hemerocallis citrina)*, haben oft einen intensiven Duft, der sogar über weite Strecken noch betörend ist.

Taglilien sind an sich sehr genügsam, sie gedeihen sogar viele Jahre im Blumentopf. Einzig eine ausreichende Düngung ist notwendig. Ausgepflanzt wachsen sie freilich noch viel kräftiger. Ein Standort in der Sonne oder im Halbschatten in sehr fruchtbarer, eher feuchter, aber gut durchlässiger Erde ist ideal. Fühlen sich dieses Pflanzen an einem Standort wohl, ist das Wachstum so gewaltig, dass selbst Schnecken und Wühlmäuse, die einzigen wirklichen Schädlinge, ihnen nichts anhaben können.

Da kann aus einem Taglilien-Pflänzchen ein echter Methusalem werden. In alten Gärten findet man Exemplare, die mehrere Quadratmeter einnehmen und 50 Jahre oder älter sind.

Taglilien sollte man übrigens jetzt kaufen, denn neben vielen Namenssorten, die vor allem in Staudengärtnereien zu bekommen sind, gibt es Zufallssämlinge – jede für sich ein Einzelstück.

Gärtnern im Takt der Natur

Jahreszeit für Genießer

Ganz ohne Gartenarbeit geht es im genussreichen Hochsommer doch nicht.

Ziergarten. Gladiolen, Dahlien und andere Sommerblüher unter den Zwiebel- und Knollenpflanzen brauchen jetzt genügend Nährstoffe. Im Juli die Rosen ein letztes Mal düngen, damit die Zweige ausreifen. Efeu zurückschneiden, wenn er zu sehr wuchert. Beim Sommerflieder die verblühten Rispen entfernen, das regt zu neuen blühenden Trieben an.

Gewächshaus. Dieses stets gut lüften, eventuell auch schattieren, denn Temperaturen von mehr als 30 °C stoppen das Wachstum. Paprika werfen dann zum Beispiel sogar die Blüten ab, Gurken bekommen Spinnmilben.

Ernten. Gemüse, Kräuter und auch Beeren immer am Morgen ernten. In der Mittagshitze sind die Pflanzen oft welk, das mindert den Geschmack.

Die schönsten Schattenseiten
des Sommers

Glücksmomente, wenn im Sommer nicht die Uhr, sondern der Garten den Takt angibt.

Hier soll Ihnen Gusto gemacht werden auf schöne Stunden im grünen Paradies. Das Lachen der Kinder beim Fangen spielen, das Tirilieren der Meisen bei der Brautschau, das Knistern des Grillofenfeuers vor einer Sommerparty, das Säuseln der Weidenblätter beim Teich – das ist Leben im Grünen.

Der Garten als Wohnzimmer im Freien gerät zum größten, buntesten und am vielfältigsten genutzten Bereich des Heimes. Im Moor haben die ersten Blätter der Venusfliegenfalle eine Fliege erwischt, beim Insektenhotel tauchen schon Schwebfliegen und Solitärbienen auf.

Noch mehr Leben spielt sich im Verborgenen ab. Wenn nachts der Igel durch den Garten schleicht, wenn der Marder seine Runden dreht, wenn die Katzen aus der Nachbarschaft in diesem Naturparadies um die Wette jagen. Alle Tiere zusammen schaffen das ökologische Gleichgewicht.

Vielerorts ist es verloren gegangen, wurde von uns Menschen gestört oder zerstört. Nur langsam und mit großer Geduld kann daher das Miteinander in unserem Garten wieder entstehen. Leider verlieren wir immer wieder die Geduld, greifen ein, obwohl das Eingreifen meist mehr zerstört als es fördert.

Laue Sommerabende sind die idealen Momente, das Leben im Garten zu verinnerlichen. Geräusche an allen Ecken und Enden – nichts für Ängstliche, aber spannend für Mutige. In stockdunkler Nacht oder bei Vollmond auf der Bank beim Teich zu sitzen, ist aufregender als der Krimi im Fernsehen. Da ein Platschen – ein Frosch? Dort ein Knacksen – kommt jemand, oder war es doch nur eine Katze? Und dann die vielen gurrenden und surrenden Töne – was für ein Nachtkonzert!

Pflanze der Woche

Die Beere mit dem Krönchen

Heidelbeeren sind aus mehreren Gründen die Neuentdeckung für den Garten: Sie sind praktisch frei von Schädlingen und Krankheiten, und sie tragen überreichlich. Die **Kulturheidelbeere** *(Vaccinium corymbosum)* ist geschmacklich deutlich verbessert worden. Es gibt Früh-, Mittel- und Spätsorten, sodass man über viele Wochen die Heidelbeere mit dem hellen Fruchtfleisch, das keine Blaufärbung verursacht, ernten kann. Heidelbeeren haben eine Vorliebe: Sie brauchen einen kalkfreien Boden. Und so sieht die perfekte „saure“ Erdmischung aus: Zunächst Gehölzschnitt in das etwa 60 Zentimeter hohe Beet, dann Lauberde-Kompost darüber streuen und mit Rhododendronerde oder Torf auffüllen, am besten gemischt mit Sägespänen. Man sollte Heidelbeeren alljährlich düngen und mit einem Netz vor Ameisen schützen, denn diese haben sie auch zum Fressen gern.

Mehr Freizeit für den Gärtner – sieben Schritte zum Ziel

1. Mulchen statt gießen. Erde, die mit Rasenschnitt oder anderen organischen Stoffen bedeckt ist, muss weniger gegossen werden. Auch das Unkraut wird zurückgedrängt. Etwa drei bis fünf Zentimeter frisches Schnittgut aufstreuen – fertig!

2. Blumenbeete ausputzen. Wer jetzt mutig viele der Sommerblumen zurückschneidet, hat nach wenigen Tagen bereits wieder viele neue Blüten. Das Wichtigste aber: Alle Samenstände entfernen, dann geht die Kraft der Pflanzen in neue Blüten.

3. Rasen mähen. Fährt man weg, sollte man davor den Rasen noch einmal mähen. Ist er bei der Rückkehr zu hoch, dann nicht sofort auf die Normallänge (Stufe 3 ist später ideal) kürzen, sondern in zwei Tagesetappen zuerst auf Stufe fünf bis sechs und dann erst kürzer mähen. Der Rasen würde sonst im kräftigen Sonnenlicht verbrennen. Generell gilt: Bei Hitze nicht zu kurz mähen.

4. Ausreichend wässern. Beete und Rasen nicht alle Tage ein wenig, sondern zwei Mal pro Woche intensiv gießen. Balkonkisterl und Kübelpflanzen müssen aber bei Hitze freilich täglich gewässert werden – manchmal sogar in der Früh und am Abend.

5. Ernten. Wer naturgemäß gartelt, wird in diesen Tagen die Früchte seiner Leidenschaft ernten: An der Nasch-Hecke warten Himbeeren, Ribiseln, Heidel- oder Stachelbeeren, ferner Marillen, frische Salate, würzige Kräuter und knackiges Gemüse.

6. Genießen. Biogärtner werden in diesen Sommertagen auch weniger zu tun haben. Viele Nützlinge sind jetzt aktiv und sorgen dafür, dass Laus & Co nicht überhandnehmen. Daher gilt nun: Liegestuhl aufstellen, Gartenbücher lesen und in Magazinen blättern – man kann sich nicht früh genug auf all das Neue im kommenden Gartenjahr einstimmen.

7. Über den Gartenzaun schauen: Land auf, Land ab öffnen immer wieder Gartenliebhaber ihre Gartentüren, laden Schaugärten zum Gustieren ein. Die Auswahl reicht vom alten Klostergarten bis zum gediegenen Bauerngarten. Da ergibt sich auch die Möglichkeit zum Informationsaustausch und zum Ideensammeln. Schöner kann der Sommer nicht sein!

Fragen an den Biogärtner im Juli

Meine Pflanzen sehen mager aus, obwohl sie genug Kompost bekommen haben. Woran liegt das?

PLOBERGER: Das kann an unverrottetem Kompost liegen, der die Wurzeln verbrennt. Immer den Kressetest machen: Ein paar Samen in eine Schale mit dem Kompost säen, sind die Keimlinge dunkelgrün, ist der Kompost reif zur Anwendung.

Ich muss mein Narzissenbeet verlegen, wie gehe ich bei der Umpflanzung vor?

PLOBERGER: Jetzt ausgraben und sogleich an der neuen Stelle einsetzen.

In meinem Hochbeet türmt sich ein Ameisenhaufen auf. Was soll ich tun?

PLOBERGER: Im Hochbeet einen 12er- oder 14er-Tontopf umstülpen, die Ameisen errichten erfahrungsgemäß darunter sofort einen Bau. So können Sie Topf und Nest mit einer Schaufel problemlos absiedeln.

Mein Freilandhibiskus bekommt viele gelbe Blätter, als ob es Herbst wäre, dabei trägt er noch viele Knospen.

PLOBERGER: Ich vermute ein Düngeproblem. Geben Sie im Umkreis von einem Dreiviertelmeter Kompost und Hornspäne um den Strauch oder düngen Sie mit einem flüssigen Biodünger.

Meine Magnolie wucherte, also schnitt ich sie im Vorjahr zurück – mit dem Erfolg, dass sie noch ärger austrieb.

PLOBERGER: So ist es, je mehr Sie schneiden, desto stärker wächst der Baum. Schneiden Sie ein wenig, um ihn in Form zu bringen. Generell aber gilt: Ungeschnitten haben Magnolien die schönste Wuchsform.

Ich hätte gerne eine pflegeleichte Kletterpflanze für meinen Naturgarten.

PLOBERGER: Efeu, Hopfen und Waldrebe sind mühelos und passen gut in naturnahe Gärten.

AUGUST

Wenn die Eberesche ihre leuchtend roten Früchte präsentiert, zieht der Spätsommer ins Land. Die Zeit der Ernte bricht an. Früchte, Gemüse, Kräuter und Salate sind der Lohn für liebevolle Mühe und der Beweis für den „grünen Daumen“. Trotz manch heißer Tage kündigt sich ein Wechsel an, der Himmel wölbt sich bereits im klaren Herbstblau, das hitzige Zwielicht des Hochsommers schwindet dahin. In den Blumenbeeten entfalten Stauden und einjährige Sommerblüher all ihre Pracht und Üppigkeit. Freilich, mit den buntesten Sommersträußen geht auch ein wenig Wehmut über das Ende der Herrlichkeit einher.

Die
Indianische Goldblume

Schon immer hat die Vielfalt der Sonnenblumen die Blumen- und Gartenliebhaber begeistert.

In den letzten Jahren ist aber geradezu ein richtiger Boom rund um diese Pflanze entstanden. Ob im Topf oder im Garten, ob am Feld oder in der Vase – die „Indianische Goldblume“ gehört zu meinen Lieblingsblumen.

Helianthus annuus, die einjährige Sonnenblume, ist ein Kind aus Amerika. Genauer gesagt zwischen Nordmexiko und Süd-Kanada wurden diese Pflanzen bereits von der indianischen Bevölkerung angebaut. Zuerst für den Rohkonsum der Kerne, später zur Gewinnung des Öls und eines Mehls zur Brot- und Fladenbereitung.

Die Sonnenblume gehört zur Familie der Korbblütler. Sie erreicht normalerweise eine Höhe von bis zu drei Meter, in Einzelfällen und bei guter Düngung wird sie mitunter jedoch bis zu fünf Meter hoch.

Das Erkennungsmerkmal schlechthin sind die riesigen, gelben Blütenköpfe, die es auf bis zu 60 Zentimeter Durchmesser bringen und je nach Art auch rötlich bis rotbraun sein können. Die Blütenköpfe selbst bestehen aus sehr vielen kleinen, unscheinbaren Blüten in der Mitte, die von den meist gelben Blättern

Pflanze der Woche

Grazile in Weiß und Blau

Die Vertreter der Gattung **Storchenschnabelgewächse** *(Geranium)* sind Stauden, die wild in aller Welt vorkommen, von denen es aber auch viele Gartenformen gibt. Den Namen haben sie von ihren länglichen, eigenwillig gestalteten Fruchtständen, die an den Schnabel des Storches erinnern. Die Farbpalette ihrer grazilen Blüten reicht von Weiß über Blau bis Rot. Ihr tiefgrünes Blattwerk harmoniert mit anderen Blumen. Die meisten Arten bevorzugen einen sonnigen Standort, die Wildart mag es lieber feucht. Das Ruprechtskraut, auch „Stinkender Storchschnabel“ genannt, ist eine alte Heilpflanze.

umgeben sind. Jede Blüte ergibt nach der Befruchtung einen Sonnenblumenkern.

Der Name Helianthus rührt daher, dass die Sonnenblume ihr „Gesicht" immer der Sonne zuwendet (griech. helios = Sonne). Die Blätter sowie der Stamm sind mit einer leicht stacheligen Behaarung versehen. Sonnenblumen sind zwar meistens unverzweigt, das heißt, sie bilden pro Pflanze nur einen einzigen Blütenkopf aus, es existieren jedoch auch verzweigte Arten.

Die Sonnenblumen-Manie hat – wie könnte es anders sein – in England ihren Ursprung. Seit Jahren werden dort bereits die skurrilsten Wettbewerbe um die größten Sonnenblumen ausgetragen. Das hat dazu geführt, dass sich die Saatgutfirmen intensiv mit Zucht und Selektion von Sonnenblumen beschäftigt haben.

Im Prinzip sind Sonnenblumen äußerst pflegeleicht, ein humoser Boden, der gut gedüngt ist und der gleichmäßig feucht gehalten wird, reicht aus. Kommt dann noch ein vollsonniger Standort hinzu, so werden die Sonnenblumen in den Himmel wachsen.

Die größten Feinde der kleinen Sonnenblumenkinder sind die Schnecken. Hier heißt es aufpassen, denn oft landen über Nacht ganze Sonnenblumen in Schneckenmägen. Bei extremem Befall lohnt sich die Vorkultur in Töpfen.

Sonnenblumen halten in der Vase viele Tage lang, wenn man sie richtig behandelt: Nach dem Schnitt den Großteil der Blätter entfernen und dann die Stiele etwa 10 Zentimeter tief für einige Sekunden in kochendes Wasser tauchen. Erst dadurch werden die Zellen geöffnet und die Pflanze kann (auch ohne Wurzeln) Wasser aufnehmen.

Gärtnern im Takt der Natur

Wenn die Eberesche rote Früchte trägt

Wir befinden uns im Übergang vom Hochsommer zum Spätsommer. Die Signalpflanze ist die Eberesche mit ihren roten Früchten, die in dichten Dolden herunterhängen und für Zugvögel Kraftnahrung auf dem Weg in den Süden bedeuten. In den Staudenbeeten zeigen die farbenprächtigen Blütenköpfe der Dahlien an, dass sich die hochsommerliche Zeit neigt. Das ist jetzt zu tun:

Beete. Im Blumenbeet welke Blüten ständig ausputzen, Stauden nach der Blüte teilen.

Kompost. Den Rasenschnitt richtig kompostieren, zerkleinerte Äste untermischen, damit für genügend Durchlüftung gesorgt ist und der Rasenschnitt nicht fault.

Säen und Setzen. Bis Ende September ist Pflanzzeit für die prächtige Bartiris. Für den Herbst vorgesehener Feldsalat sollte bis spätestens Mitte August ausgesät sein.

Schnitt. Hecken bekommen den Sommerschnitt verpasst, bis Mitte August wird Hainbuche & Co. noch einmal in Form gebracht.

Kübelpflanzen. Oleander und andere Kübelpflanzen bilden im Sommer lange, unverzweigte Triebe. Diese im Laufe der Freilandsaison immer wieder zurückschneiden, die Pflanze dankt es im nächsten Jahr mit besonders vielen Blütenständen.

Die interessantesten Sorten

- Die kleinsten Sorten werden sehr oft im Blumentopf angeboten, sie wachsen nicht höher als 30 bis 40 Zentimeter ('Pacino').
- Gefüllte Blüten hat die Sorte 'Teddybär', durch besonders kräftig gelbe Blütenblätter besticht die Sorte 'Parade Gold', die noch dazu stark verzweigt ist, damit besonders lange blüht und auch sehr gut für den Schnitt geeignet ist.
- In England besonders beliebt sind die dunkelroten Sorten wie 'Prado' oder 'Floristan'.
- Die größten Blüten weist die Sorte 'Taiyo' auf: Auf den fast zwei Meter hohen Stielen thronen große, dunkle Scheiben mit goldgelben Blütenblättern.
- Einzigartig ist auch 'Moonwalker'; die zitronengelben Blütenblätter leuchten auf 250 Zentimeter hohen Stielen. 'Giganteus', der Name deutet es schon an, wird drei bis fünf Meter hoch ebenso wie 'King Kong'.

Selbstgebrühtes
für gesunde Pflanzen

„Gegen alles ist ein Kraut gewachsen", das gilt nicht nur für uns Menschen, sondern auch für unsere Gemüsepflanzen und unsere Blumen.

Viele Krankheiten und Schädlinge lassen sich verhindern oder zumindest verringern, wenn man mit Brühen, Tees und Jauchen den Pflanzen zu Hilfe kommt.

Da ist zum Beispiel der **Ackerschachtelhalm** *(Equisetum arvense)*, auch Zinnkraut genannt. Im Garten ist er eines der lästigsten Unkräuter. Zur Pflanzenstärkung leistet er allerdings gute Dienste. Ein Kilo gehacktes Pflanzenmaterial auf zehn Liter Wasser geben, einen Tag einweichen und die Mischung anschließend etwa eine halbe Stunde lang köcheln. Die abgekühlte Brühe wird mit einer Stoffwindel gefiltert und anschließend in fünffacher Verdünnung auf die Blätter gesprüht. Ackerschachtelhalmbrühe enthält viel Kieselsäure und wirkt daher vorbeugend gegen Blattkrankheiten aller Art. Den besten Schutz

erzielt man, wenn man die Brühe vom Austrieb bis zum Spätsommer in regelmäßigen Abständen von etwa zwei Wochen ausbringt.

Die **Brennnesseljauche** ist eine der bekanntesten Jauchen, sie erhöht die Widerstandskraft aller Gartenpflanzen. Für die Jauche benötigen Sie pro zehn Liter etwa ein Kilo frische Brennnesseln, die man etwa 14 Tage „gären" lässt und sobald der Schaum verschwunden ist, 1 : 10 verdünnt im Wurzelbereich ausbringt. Der Brennnessel-Auszug („Brennnesselwasser") soll gegen Blattläuse wirken, das ist allerdings umstritten. Wichtig ist, dass er nicht länger als zwölf Stunden steht und anschließend sofort unverdünnt gespritzt wird.

Die **Beinwelljauche** *(Symphytum officinale)* wird wie Brennnesseljauche mit etwa einem Kilo frischen

Beinwellkraut

Pflanze der Woche

Zarte Schönheit, leicht wie der Wind

Ihre zarten Blüten sind die Zierde des Gartens bis in den tiefen Herbst hinein – die **Herbstanemonen.** Sie bestechen nicht nur durch ihre grazile Schönheit, sondern überzeugen auch mit ihrer Pflegeleichtigkeit, Gesundheit und dem robusten Wuchs; darum brauchen sie im Staudenbeet im Gegensatz zu manch anderem Gewächs auch keine Stützhilfe.

Ein Standort im Halbschatten ist ideal; bei ausreichender Bewässerung gedeihen sie auch in der Sonne prächtig. Herbstanemonen breiten sich durch Wurzelausläufer aus; nach ein paar Jahren kann eine einzelne Pflanze einen Quadratmeter mit Beschlag belegt haben, darum schon beim Pflanzen im Frühjahr an die Wuchsfreude denken. Umpflanzungen schätzt die Herbstschönheit nicht.

Rainfarn

Wermut

Blättern pro zehn Liter Wasser angesetzt, vergoren und in zehnfacher Verdünnung im Wurzelbereich ausgebracht. Sie hat eine ähnlich pflanzenstärkende Wirkung, enthält aber mehr Kalium als Brennnesselbrühe oder -jauche und eignet sich für kaliumbedürftige Pflanzen wie beispielsweise Tomaten oder Kartoffeln.

Der **Rainfarn** *(Tanacetum vulgare)* wird ebenfalls als Brühe verwendet. 500 Gramm mit zehn Liter Wasser ansetzen. Mit der doppelten Menge Regenwasser verdünnt wird er zunächst gleich nach der Blüte und dann noch einmal nach der Ernte gegen Erdbeerblütenstecher, Erdbeermilben, Himbeerkäfer und Brombeermilben verwendet. Rainfarnjauche wirkt gegen die Eier und überwinternde Schädlinge.

Der **Wermut** *(Artemisia absinthium)* wird als Jauche gegen verschiedene Schädlinge und Krankheiten verwendet. Man setzt das Präparat aus 300 Gramm frischen oder 30 Gramm getrockneten Blättern pro zehn Liter Wasser an und spritzt die gefilterte Jauche im Frühling unverdünnt gegen Blattläuse, Rostpilze und Ameisen. Als Brühe kann man Wermut im Frühsommer gegen Apfelwickler und Kohlweißlingsraupen einsetzen. Im Herbst wirkt die Brühe gut gegen Brombeermilben.

Eine Jauche aus **Zwiebeln und Knoblauch** hilft gegen Pilzkrankheiten. Ein halbes Kilo Zwiebeln und Knoblauch mitsamt dem Laub mit zehn Liter Wasser ansetzen und 1 : 5 verdünnt auf Baumscheiben und Beete gießen. Gegen Kraut- und Braunfäule können Sie die gefilterte Jauche auch in zehnfacher Verdünnung direkt auf die Blätter Ihrer Tomaten und Kartoffeln spritzen.

Was ist was?

Jauchen.
Das sind vergorene Pflanzenauszüge. In großen Fässern (aus Holz oder Plastik, kein Metall) werden die zerkleinerten Pflanzen mit Regenwasser zumindest zwei Wochen vergoren. An einem sonnigen Platz beginnt die Brühe schnell zu gären, Steinmehl verringert den Gestank, sobald der Schaum verschwindet.

Brühen.
Die zerkleinerten Pflanzen für etwa 24 Stunden in Regenwasser einweichen und anschließend für etwa eine halbe Stunde köcheln lassen. Nach dem Abkühlen werden die Pflanzenreste ausgesiebt und die Brühe möglichst umgehend ausgebracht.

Kräutertees.
Frische oder getrocknete Pflanzen mit kochendem Wasser übergießen und die Mischung bis zum Abkühlen in einem geschlossenen Gefäß stehen lassen.

Auszüge.
Die zerkleinerten Kräuter rührt man abends in kaltes Regenwasser und lässt die Mischung über Nacht stehen. Am nächsten Morgen sollte der frische Auszug nach dem Aussieben der Kräuter direkt verwendet werden.

Gärtnern im Takt der Natur

Der phänologische Kalender gibt die Arbeit vor

Auch die zarten Blütenköpfe der Herbstanemonen zeigen nach dem phänologischen Kalender den Spätsommer an. Es ist zwar eine gemütlichere Zeit, Arbeit gibt es dennoch allerorten.

Im Ziergarten. Jetzt werden Kaiserkrone, Steppenkerze und Madonnenlilie gepflanzt. Pfingstrosen, die alten Pflanzen aus den Bauern- und Klostergärten, wollen am liebsten ungestört wachsen. Wenn schon Veränderung angesagt ist, dann im August die Umpflanzaktion starten. Wichtig dabei: Den Wurzelstock teilen, so wächst die Pfingstrose wieder gut aus. Und nur so tief setzen, dass die Überwinterungsknospen unter den Wurzeln höchstens zwei Finger breit mit Erde bedeckt sind.

Im Nutzgarten. Gurken nicht zu lange an der Pflanze reifen lassen. Steckzwiebeln werden nach der Ernte eine Woche an einem luftigen und trockenen Ort zum Nachreifen ausgelegt. Jetzt Brokkoli pflanzen; er entwickelt sich im Spätsommer und Frühherbst besonders gleichmäßig und neigt weniger zum Schießen. Paradeiser, Paprika und anderes Gemüse mit schnell wirkendem Dünger (z. B. Brennnesseljauche) versorgen.

Auf Balkon und Terrasse. Bei einigen Topfpflanzen wird mit der Düngerration zurückgefahren. In die Breite gegangene Kübelpflanzen auseinanderrücken, damit es zu keinen kahlen Stellen kommt. Hortensien in Töpfen und Kübeln regelmäßig mit entkalktem Wasser versorgen, bei hohen Temperaturen lieben sie eine erfrischende Dusche.

Räuber
im grünen Gewand

Der ausgeklügelte Mechanismus, den fleischfressende Pflanzen entwickeln, um an ihre Beute zu kommen, ist höchst erstaunlich.

Für Kinder gibt es nichts Spannenderes, als eine fleischfressende Pflanze auf der Fensterbank zu pflegen, aber auch Erwachsene geraten ins Staunen.

Da sind einmal die bei uns heimischen, aber leider schon sehr rar gewordenen Sonnentau-Gewächse, die man in den Mooren findet. Der Duft ihres Sekrets lockt Insekten an, die sich dann an den klebrigen Tentakeln verfangen und von Enzymen, die die Pflanze daraufhin bildet, verdaut werden. Im Garten kann man diese Pflanzen nur dann kultivieren, wenn man einen sauren, immer feuchten Moorboden schafft. In einer Teichrandzone mit diesen Bedingungen klappt das aber perfekt.

Noch eindrucksvoller sind die Venusfliegenfallen. Sie sind zwar oft schon in Supermärkten „in Aktion" zu kaufen, überleben aber meist

Pflanze der Woche

Zierde und Delikatesse

Der **Palmkohl** gehört zu den Pflanzen, die erst in den letzten Jahren in den Sommerblumen- und Staudenbeeten einen fixen Platz einnahmen. Die zunächst kleinen Pflänzchen entwickeln sich im Laufe des Sommers zu gewaltigen Stauden, die dann im Spätsommer und Herbst einen einzigartigen Blickpunkt darstellen. Der Zierkohl, den es auch in rotblättriger Form gibt, ist nicht nur dekorativ, sondern auch ein hervorragendes Gemüse. Allerdings erst nach dem ersten Frost, dann wird die Stärke in den Blättern zu Zucker umgewandelt und aus dem „Blähgemüse" wird eine Delikatesse.

nicht lange. Denn diese Pflanzen benötigen absolut kalkfreies Wasser, und das durchgehend. Der Topf sollte also immer im Regenwasser stehen. Außerdem mag es die Venusfliegenfalle gar nicht, wenn sie immer wieder gefoppt wird, wenn also den offenen Fallen mit einem Grashalm eine vermeintliche Beute vorgegaukelt wird. Sie schnappt dann zu, hat aber nichts erwischt. Ein paar Mal funktioniert der raffinierte, auf Zelldruck basierende Mechanismus, der die Pflanzenteile wie eine Schlagfalle zusammenschnappen lässt. Nach fünf Fehlversuchen wird das Blatt abgeworfen. Ist eine Fliege in die Falle gegangen, dann verdauen Pflanzensäfte das Tier. Venusfliegenfallen gedeihen auch bei uns im Freiland und können den Winter sogar ohne besonderen Schutz überstehen.

Von der Wuchsform und dem Zierwert am eindrucksvollsten sind die Schlauchpflanzen (Sarracenia). Sie sind winterhart und überraschen den Gärtner mit hochaufstrebenden Schlauchfallen in Gelb, Grün oder Rot. Sagt einer Pflanze der Standort zu (moorig und kalkfrei), dann bildet sie eigentümliche Blüten. Ein Blick in die „Fangschläuche" zeigt, dass diese Pflanzen hervorragende Jäger sind, denn es sind meist dutzende Fliegen darin zu finden, die an den extrem glatten Wände scheitern und letztlich am Fuße des Schlauchs verdaut werden.

Fleischfressende Pflanzen, botanisch nennt man sie Insektivoren, benötigen diese zusätzlichen tierischen Nährstoffe, weil sie in Böden leben, die kaum Nahrung bieten. Moorböden sind karg, so liefern die Insekten das Futter. Dennoch ist es bei Pflanzen, die im Topf kultiviert werden, nicht notwendig, sie mit Fleisch oder auch gefangenen Fliegen zu füttern. Letzteres kann man aber machen, denn es ist interessant zu beobachten, welche ausgeklügelten Systeme hier die Evolution zugelassen hat. Freilich, die große Gelsen- oder gar Wespenplage können diese Pflanzen auch nicht lösen.

Gärtnern im Takt der Natur

Der Blick in Richtung Herbst

Der Spätsommer ist nicht nur die Zeit der Ernte, sondern auch der Vorausplanung.

Bestellen. Blumenzwiebeln, die im Frühjahr den Garten schmücken, sollte man schon jetzt bestellen, entweder beim Gärtner oder über Kataloge und im Internet. Derzeit ist die Auswahl noch am größten.

Düngen. Das Düngen der Zitruspflanzen wird reduziert, sie müssen sich auf das Ende des Sommers einstellen und sollten nicht mehr so stark wachsen. Beinwelljauche fördert das Ausreifen der Triebe. Balkonblumen brauchen gerade jetzt viele Nährstoffe, nur wer regelmäßig düngt, hat Blüten bis Ende September.

Baumschnitt. Nach der Pfirsichernte die Bäume gleich schneiden, auch andere vertragen noch den Sommerschnitt, für Nussbäume ist jetzt überhaupt die beste Schnittzeit.

Mit **Rüschenrock** und **Regenschirm**

Das Alpenveilchen alias Cyclamen überrascht immer wieder mit neuen Blüten, je nachdem, wie es Gartler lieben – gerüscht, schirmförmig oder doch klassisch?

Alljährlich im Spätsommer erobern die Alpenveilchen wieder die Blumentische in den Gärtnereien und Gartencentern. Waren sie einige Jahre lang ein wenig außer Mode, so bemerkt man nun wieder steigende Beliebtheit. Nicht zuletzt deshalb, weil die Pflanzen robuster geworden sind. Außerdem haben die Züchter es geschafft, immer attraktivere Blütenformen zu zaubern. So ist etwa der „Rüschenrock" nun auch bei den Minicyclamen zu finden, die „Regenschirm"-Blüte gehört zu den Neuentdeckungen.

Das Alpenveilchen, das wir auf der Fensterbank finden, hat mit den Alpen eigentlich wenig zu tun. Auch wenn in den Alpen Wildformen wachsen, hat die uns bekannte Zimmerpflanze ihren Ursprung im Südosten der Türkei und in Nordafrika, von wo sie im 17. Jahrhundert nach Europa kam.

Pflanze der Woche

Die Blume aus Montezumas Garten

Schon bei den Azteken hatte die **Dahlie,** die heutige Nationalblume Mexikos, einen hohen kulturellen Stellenwert. Die Sommerschönheit ist vor rund 200 Jahren nach Europa gekommen. Zunächst dachte man an die Knolle als Nahrung. Schnell zeigte sich aber der ungeheure Zierwert der Blüte, die man sogar essen kann. Dahlien benötigen einen vollsonnigen Platz mit humusreichem Boden. Damit die Blüte lange anhält, abgeblühte Teile sofort entfernen. Ausgegraben werden die Knollen nach dem ersten Frost; dann kühl, dunkel und in leicht feuchtem Sand lagern.

Ursprünglich hatten diese Pflanzen nur ganz kleine Blüten, so wie jene Cyclamen, die auch bei uns in vielen Wäldern um diese Zeit ihre Blüten geöffnet haben. Durch die jahrhundertelange Arbeit der Züchter gelang es aber, immer größere Blüten in den verrücktesten Formen und Farben zu schaffen.

Besonders aktiv waren dabei die Engländer und Holländer. In letzter Zeit sind aber auch große Saatgutfirmen in Deutschland intensiv damit beschäftigt, diese beliebte Zimmerpflanze noch attraktiver zu machen. Dabei ist unter anderem das „Umbrella"-Cyclamen entstanden: Die Blütenfarbe ist leuchtend und die Blütenbildung hervorragend. Das Besondere daran: Ist die Blüte verwelkt, bleibt der Stängel mit einem Rest an Hüllblättern zurück, die beinahe wieder wie eine kleine Blüte aussehen. So macht es gar nichts aus, wenn man einmal nicht sofort die Pflanze ausputzt.

Hier die vier wichtigsten Punkte, wie Zimmer-Alpenveilchen richtig gepflegt werden, damit man nicht nur eine Saison seine helle Freude damit hat.

1. **Der Standort.** Niemals in die pralle Sonne stellen, ein Fenster an der West-, Ost- oder sogar an der Nordseite wählen. Wenn die Heizsaison beginnt, das Alpenveilchen nicht direkt über einem Heizkörper platzieren. Cyclamen eignen sich aber auch hervorragend für herbstliche Dekorationen im Freien. Sie sollten nur nicht permanent dem Regen ausgesetzt sein. Aber selbst das überstehen die Pflanzen einige Wochen lang.

2. **Das Gießen.** Man sollte die Pflanze etwa einmal pro Woche tauchen. Also den Topf für eine halbe Minute in einen Kübel mit lauwarmem Wasser tauchen und dann so lange abtropfen lassen, bis kein Wasser mehr aus den Abzugslöchern tropft. Gegossen kann aber auch über den Untersetzer werden. Zwei- bis dreimal pro Woche füllt man die Tasse mit Wasser voll und leert nach einer Stunde das zurückgebliebene Wasser aus, so bleiben die Knolle und damit die neuen Blätter und Blütenknospen trocken.

3. **Das Düngen.** Bei jedem Gießen sollte dem Wasser ein Blütendünger beigefügt werden. Gießt man häufiger (weil es heiß ist), dann nur einmal pro Woche Dünger zugeben.

4. **Die Pflege.** Alpenveilchen müssen keine Wegwerfpflanzen sein. Sie blühen verlässlich jedes Jahr wieder, wenn man im Frühjahr, genau genommen nach den Eisheiligen im Mai, die Pflanze in den Halbschatten ins Freie stellt, dorthin, wo keine Schnecken hinkommen. Im August wird dann umgetopft. Wenig später beginnt die Blühsaison Nummer zwei.

Gärtnern im Takt der Natur

Auf die Kraftnahrung nicht vergessen

Wenn die Hollerbeeren reifen, ist der Frühherbst nicht weit.

Dünger. Herbstrasendünger besorgen, auch der wird im September ausgestreut. Der kaliumbetonte Dünger sorgt für ein Ausreifen der Gräser und macht sie damit winterfest. Und wer schon beim Einkaufen ist – Patentkali mitnehmen. Dieser reine Kaliumdünger wird ab Mitte September zu den etwas frostempfindlicheren Pflanzen (Feigen, Clematis montana etc.) gestreut und macht sie frostfester.

Gehölze. Immergrüne Gehölze (Nadelgehölze, Koniferen, Eiben) werden jetzt gepflanzt, sie wurzeln dann noch gut ein.

Gemüse. Karotten, Sellerie und andere Wurzelgemüse jetzt noch einmal mit Flüssigdünger (z. B. Brennnesseljauche) versorgen.

Schnitt. Sommertragende Himbeeren schneiden (die abgeernteten Triebe) und bei den Ribiseln die drei- bis fünfjährigen Äste bodeneben entfernen, Kompost zu den Pflanzen geben und mulchen.

Fragen an den Biogärtner im August

Wie lagert man Knoblauch am besten?

PLOBERGER: Trocken und dunkel, ideal ist da eine Speisekammer.

Die Pelargonien haben Löcher in den Blättern, der Verursacher ist nicht zu finden. Wie kann ich ihn bekämpfen?

PLOBERGER: Das sind sicherlich Raupen, ein Biospritzmittel dagegen im Handel besorgen.

Meine Erdbeerpflanzen machen einen jämmerlichen Eindruck.

PLOBERGER: Bei alten Erdbeeren die (kranken) Blätter abschneiden und die Pflanzen mit Kompost versorgen. Längstens alle drei Jahre sollten die Pflanzen ausgetauscht werden. Jetzt ist die ideale Zeit für neue Erdbeerbeete. Den Boden tiefgründig lockern und nicht mit Kompost sparen.

Wir haben einen sehr schweren, lehmigen Gartenboden. Wie machen wir ihn lockerer?

PLOBERGER: Als Sofortmaßnahme kann Sand eingearbeitet werden. Noch viel wichtiger ist aber die Versorgung des Bodens mit Kompost. Nur der Dauerhumus, der dabei entsteht, lockert die Erde langfristig.

Ich habe im Frühjahr ein Geißblatt gesetzt; es rankt bescheiden, muss ich zurückschneiden?

PLOBERGER: Ich würde nicht zur Schere greifen. Haben Sie etwas Geduld, in zwei, drei Jahren wird Ihr Geißblatt gewaltig angewachsen sein.

SEPTEMBER

Zwei unübersehbare Signale stehen für den Beginn des Herbstes: die Blüte der Herbstzeitlosen und die reifen Früchte des Holunders. Die stets herrschende stabile Hochdruckwetterlage bietet die besten Voraussetzungen für die schönen Tage des „Altweibersommers“. Dieser hat seinen Namen von den vielen dünnen Spinnfäden, die in dieser Zeit durch die Luft schweben („weiben“ ist die altdeutsche Bezeichnung für das Knüpfen von Spinnweben). Sie erscheinen, von Tau benetzt, wie Perlschnüre. Die Spinnweben gelten in den alten Mythen als Lebensfäden, die von den Schicksalsgöttinnen gesponnen werden. Lassen Sie sich einspinnen in einen goldenen Herbst!

Der Fahrplan für die **Herbstarbeit**

Die Tage werden kürzer, die Sonnenstunden sind gezählt, dennoch sollte gerade jetzt der Garten in vollen Zügen genossen werden. Die wichtigsten Tipps, wie Sie in Ihrem Garten einen fulminanten Start in den goldenen Herbst hinlegen.

Keine Panik, Laub ist kein „Mist"

Laub ist das Lebenselixier für unsere Natur! Gäbe es die Mulchdecke nicht, könnte sich kein Humus bilden. Daher kann der Hobbygärtner getrost „faul" sein: Unter Bäumen, Sträuchern und der Hecken bleiben die Blätter in einer Schicht von etwa 15 bis 20 Zentimetern liegen. Diese Mulchschicht ist eine Oase für viele Nützlinge, die uns im kommenden Jahr bei der Schädlingsbekämpfung helfen. Laufkäfer verstecken sich beispielsweise unter den Blättern und gehen dann schon im zeitigen Frühjahr auf Schneckenjagd. Außerdem hält das Laub im kommenden Jahr den Boden feucht und sorgt für gesunden Humusnachschub. Keinesfalls darf aber das Laub auf Rasenflächen liegen bleiben, dort würde es Fäulnis verursachen.

Umstechen? – Nein, danke!

Umstechen gehört für einen Biogärtner der Vergangenheit an. Wer die Erde regelmäßig mit Kompost versorgt und auch immer wieder mulcht, sie also mit Rasenschnitt oder Rindenhäcksel bedeckt, der wird bemerken, dass der Boden viel lockerer ist als früher. Statt dem Spaten wird die Grabgabel verwendet: Alle zehn Zentimeter wird in den Boden gestochen und am Griff vor und zurück gerüttelt.

Frischluftfanatiker Kübelpflanzen

Wer meint, Oleander & Co sind empfindlich, der irrt. Alle hartlaubigen Kübelpflanzen (Oleander, Palmen etc.) halten bis zu fünf

Pflanze der Woche

Relikt aus der Urzeit

Ginkgopflanzen existieren schon seit fast 300 Millionen Jahren. Der Ginkgo ist der letzte Überlebende seiner Pflanzenfamilie, er gilt als das älteste lebende Fossil der Pflanzenwelt. Wie die Nadelbäume gehört er zu den Nacktsamern, ist also streng genommen kein Laubbaum. Er stammt ursprünglich aus Ostasien und wurde von holländischen Seefahrern nach Europa gebracht. Der Ginkgobaum ist sehr widerstandsfähig und schmückt mit seinen schön geformten Blättern viele Straßenzüge, Parkanlagen und Gärten.

Grad Frost aus. Werden sie zu früh eingeräumt, leiden sie eher, da das Wachstum ist noch voll im Gang ist. Also lieber ein wenig Zeit lassen. Orangen, Zitronen, Fuchsien, Enzianstrauch gehören aber vor dem ersten Frost ins Winterquartier.

Achtung, Schneiden tut weh!

Der radikale Rückschnitt im Herbst ist tabu. Ob bei den Rosen oder den Stauden, der Rückschnitt erfolgt im Frühjahr. Die Triebe von sehr wuchsstarken Rosen können etwas eingekürzt werden, um die Pflanzen leichter anzuhäufeln und mit Reisig schützen zu können. Die Blätter von Pfingstrosen, Glockenblumen, Phlox und allen Ziergräsern werden erst im Frühjahr entfernt.

Jetzt ist Zeit für schnelle Blüher

Narzissen, Tulpen, Hyazinthen und viele andere Frühjahrsblüher kommen jetzt in den Boden. Tuffs im Rasen sehen besonders hübsch aus. Sie werden staunen! Unter frei wachsenden Hecken oder großen Sträuchern machen sich Schneeglöckchen, Botanische Krokusse oder Waldhyazinthen besonders gut.

Bäume schützen

Tun Sie den Obstbaumstämmen Gutes. Der Wechsel zwischen einer Frostnacht und einem milden, sonnigen Wintertag bedeutet für die Rinde eine ungeheure Beanspruchung. Deshalb werden die Stämme nun mit weißem Kalkanstrich versehen. Die weiße Farbe reflektiert das Licht, dadurch kommt es zu keiner so großen Erwärmung und kaum zu Schäden. Fertige Baumanstriche enthalten neben dem Kalk auch noch andere (natürliche) Zusatzstoffe, die Schädlinge vernichten, die sich in den Ritzen der Rinde versteckt halten.

Ausschau nach Schädlingen halten

Vorbeugen ist die beste Vorsorge. Bei den Schnecken gilt das besonders. Unter Brettern, Steinen und in Erdritzen liegen die rahmweißen „Perlen" zu Dutzenden versteckt. Diese Eigelege sollte man sofort vernichten, denn aus jedem Ei schlüpft noch im November eine Schnecke.

Gärtnern im Takt der Natur

Die Zeichen stehen auf Frühherbst

Das Auf und Ab der Temperaturen, die teilweise schon sehr kühlen Nächte und noch heißen Tage sind ganz typisch für den Frühherbst. Das ist jetzt zu tun:

Düngen. Nur wer seine Balkonblumen gießt und düngt, hat damit noch lange Freude. Sonst machen Pilzkrankheiten den Pflanzen (vor allem den Petunien und Surfinien) rasch den Garaus. Die Kalidüngung zur Stärkung der Frostfestigkeit sollte nun erfolgen – am besten vor einem Regen.

Rasen. Schüttere Rasenfläche können einen Tag nach einem stärkeren Regen vertikutiert werden. Anschließend Kompost und Quarzsand aufstreuen und sofort nachsäen. Die Flächen konstant feucht halten.

Garten. An geschützter Stelle Stein- und Holzhaufen aufschlichten, sie dienen den Nützlingen zur Überwinterung.

Beete. Keinen Schnittlauch mehr ernten, die Pflanzen sammeln nun Kraft fürs kommende Jahr. Spinat, Vogerlsalat und Winterportulak aussäen.

Superkur
für das Gartenbeet

Jetzt werden im Gemüsegarten viele Beete frei. Die beste Zeit um dem Boden eine „Kur" zu verpassen – für gute Ernten in den kommenden Jahren.

Sogenannte Gründüngungspflanzen sind bequeme Helfer. Die Pflanzen lockern die Erde, düngen sie und versorgen sie mit viel organischem Material, sodass das Bodenleben wieder kräftig in Gang gesetzt wird.

Und so wird es gemacht:

- Abgeerntete Beete zunächst mit einer Grabgabel lockern. Ist der Boden humos, die Erde nicht wenden, sondern die Gabel nur in die Erde stecken und am Griff rütteln. Tonige Böden aber unbedingt umstechen.
- Die Erde glatt rechen und dann die Bodendüngungssaaten ausbringen.
- Die Pflanzen in den ersten Tagen gleichmäßig feucht halten, dann bildet sich rasch ein dichter Blätter- und später auch ein Blütenteppich.
- Die Pflanzen versorgen den Boden mit Humus, reichern Stickstoff an und vertreiben Nematoden und andere Schädlinge.

Pflanze der Woche

Hausgeister im Hollerbusch

Der **Holunder** ist nun reif. Er gilt als eine der ältesten Nutzpflanzen, die auch eine große Bedeutung im Volksglauben einnimmt. So gibt es heute noch viele Landsleute, die beim Vorbeigehen an einem „Hollerbusch" den Hut ziehen. Leben doch darin die „wohlgesonnenen Hausgeister". Die Beeren, die jetzt geerntet werden, sind schwach giftig, nach dem Kochen aber eine Köstlichkeit. Der sogenannte Hollerröster gehört zu den herbstlichen Genüssen. Wer noch keinen Holunder gepflanzt hat, sollte die Sorte 'Haschberg' wählen. Sie liefert die größten Beeren, die alle zugleich reifen. Für Kompost und Mulch ist das Gehölz dankbar, bei Wühlmäusen im Garten unbedingt im Gitterkorb setzen, die Tiere lieben die Wurzeln.

- Im Winter frieren die Pflanzen ab und bilden eine schützende Decke. Die Erde ist dadurch gegen Erosion geschützt, die Erwärmung erfolgt im Spätwinter viel zeitiger.
- Im Frühjahr das organische Material oberflächlich leicht einarbeiten, keinesfalls entfernen, sondern nur aufreißen und gleich pflanzen oder säen. Damit hat man gleich eine Mulchschicht, die vor dem Austrocknen schützt.

Die besten Gründüngungspflanzen

Gelbsenf: Der „Kreuzblütler“ ist eine der am raschesten wachsenden Pflanzen. Sein feines Wurzelgeflecht bildet einen guten Boden für nachfolgende Saaten. Allerdings heißt es aufpassen: Einige Krankheiten bei Kohlgewächsen (z.B. Kohlhernie) werden begünstigt. Gelbsenf eher als Untersaat bei Himbeeren, Brombeeren oder auf Baumscheiben verwenden.

Ölrettich: Die beste Pflanze zur Lockerung schwerer Böden. Die Wurzel reicht bis zu 80 Zentimeter in die Tiefe und sprengt auch tonige Böden. Gerade bei Gartenneuanlagen hat sich diese Gründüngungspflanze besonders gut bewährt.

Bienenfreund: Neben den positiven Eigenschaften für den Boden ist diese Pflanze mit ihren herrlich blauen Blüten nicht nur Zierde, sondern bietet auch ihrem Namen gemäß Nahrung für die Bienen.

Lupine: Die einjährigen Sorten sind wie alle Leguminosen vor allem als Stickstoffsammler beliebt. Sie holen diesen wichtigsten Pflanzennährstoff aus der Luft und geben ihn dank Knöllchenbakterien an den Boden ab.

Spinat: Gleich doppelten Nutzen hat man von diesem Gemüse. Es liefert nicht nur im Spätherbst die letzten und im zeitigen Frühjahr wieder die ersten Vitamine, sondern hat eine ungeheuer positive Wirkung auf das Bodenleben. Im Frühjahr werden die Pflanzen abgeschnitten und bleiben als Mulch liegen.

Ringelblume, Tagetes, Sommerwicke: Diese Pflanzen, die man meist vom Sommerblumenbeet kennt, haben unter anderem besonders gute Wirkung gegen Nematoden. Allerdings sollte man (z. B. bei der Tagetes) mindestens drei Monate Kulturdauer ermöglichen.

Gärtnern im Takt der Natur

Die Apfelernte steht bevor

Der Herbst ist nun endgültig ins Land gezogen, für Gartler sind die ersten Wochen der goldenen Tage eine Erholung. Wenig ist nun zu tun.

Setzen. Die Pflanzzeit für Koniferen (Nadelgehölze) beginnt, sie wurzeln noch gut ein und kommen so besser über den Winter. Immergrüne Gehölze jetzt umpflanzen, damit sie nach der Wurzelbildung noch ausreichend Wasser aufnehmen können. Für Haselnuss- und Beerensträucher ist ebenfalls die ideale Pflanzzeit. Vorgezogene, zweijährige Blumen werden jetzt am endgültigen Standort ausgepflanzt.

Ernten. Wenn sich der Apfel mit einem Dreh vom Trieb löst, dann ist der richtige Erntezeitpunkt. Äpfel mit Druckstellen aufessen oder gleich verarbeiten, nur unbeschädigte Exemplare eignen sich zur Lagerung. Fallobst ständig auflesen, da sonst Krankheiten übertragen werden. Haselnüsse erntet man, wenn sie sich aus den Fruchthüllen lösen lassen – vorausgesetzt, die Eichhörnchen waren nicht schneller.

Farbenfroher
Kaiser des Gartens

Kürbisse, rund und g'sund, sind in den letzten Jahren zu den wichtigsten Boten des Herbstes geworden.

Kleine, zierliche, größer gewachsene sowie dicke Kaliber, kugelrund oder birnen- und schlangenförmig, grün, weiß, gelb, orange oder rot und zuweilen mit einem grinsenden Gesicht – vom kleinen Zierkürbis mit gerade einmal fünf Dekagramm bis zum Schwergewicht mit 400 Kilogramm reicht die Vielfalt der Kürbisse.

Der Kürbis *(Cucurbita)* ist eine der vielseitigsten Früchte und zählt zu den ältesten Kulturpflanzen der Welt, er gehört im Übrigen botanisch zu den Beerenfrüchten und ist mit Melone und Gurke eng verwandt. Der Kürbis, den man in China „Kaiser des Gartens" nennt, stammt ursprünglich aus Südamerika. Er war dort vermutlich die erste Nahrungspflanze überhaupt. Inzwischen wird er fast überall angebaut. Weltweit gibt es rund 850 verschiedene Sorten, die sich in Form, Farbe, Geschmack und Oberflächenstruktur voneinander unterscheiden.

Die Pflanze mag einen sonnigen Standort und humusreiche Erde (Kompost). Die Ranken können täglich bis zu zehn Zentimeter wachsen, der Wassergehalt der Frucht liegt je nach Reife zwischen 80 und 96 Prozent.

Für alle Kürbisse gilt: So spät wie möglich ernten. Je mehr Sonne sie bekommen, desto ausgereifter sind sie und desto länger lassen sie sich lagern.

Kürbisse sind leicht bekömmlich und wirken zudem blutreinigend und entschlackend. Kürbissorten mit tief orangefarbenem Fruchtfleisch enthalten besonders viel gesundes Betacarotin; Vitamin C und E sind

Pflanze der Woche

Prächtiger Fruchtschmuck

Der **Schneeball** ist vielen nur als Frühjahrspflanze bekannt, der Fruchtschmuck einiger Sorten ist aber im Herbst besonders dekorativ: *Viburnum rhytidophyllum* schmückt sich im Frühjahr mit einer weißen Blüte und jetzt im Herbst mit roten Früchten. Der Schneeball *Viburnum nudum* 'Pink Beauty' hat nach der weißen Frühjahrsblüte jetzt rosarote Früchte, die später dann ganz blau werden. Ansprüche stellt der Schneeball wenig: Normaler Gartenboden, der nicht staunass ist, aber auch nicht zu schottrig und damit zu trocken, ist ideal. Bodenverbesserung beim Pflanzen mit Kompost und eventuell Sand durchführen. Ganz wichtig, wie bei allen Gehölzpflanzungen: Das Pflanzloch muss groß genug sein, damit die Wurzeln sich gut entwickeln können.

ebenso reichlich enthalten. Aus dem Steirischen Ölkürbis wird Kürbiskernöl gewonnen, das viele mehrfach ungesättigte Fettsäuren und wertvolle Vitamine enthält. Auch in der Medizin setzt man auf die Kraft der Kerne.

Das „Arme-Leute-Gemüse“ von einst erfreut sich in privaten Küchen und in der Sternegastronomie wieder wachsender Beliebtheit. Die bekanntesten Sorten sind der Hokkaido, der Butternut oder die Butternuss, der Muskatkürbis, der Spaghettikürbis und der Kappenkürbis (auch Bischofsmütze oder Türkenturban genannt).

Der Einzug der Zimmerpflanzen beginnt

Für die Zimmerpflanzen läuft die Zeit im Freien langsam ab, es geht zurück in die vier Wände. Sieben Wege, wie man den Gewächsen bei künftig wenig Licht, Trockenheit und Zugluft das Dasein erleichtert.

1. Lichtarm

Ein Südfenster ohne Vorhang, Jalousie oder Rollo wählen.

2. Wüstenklima

In der zentral geheizten Luft das Klima mit nassem Tongranulat unter den Töpfen und Pflanzensprüher feucht halten.

3. Zugluft und kalte Füße

Topfpflanzen beim Stoßlüften wegräumen und ein Stück Styropor als Isolierung unter den Topf geben.

Gärtnern im Takt der Natur

Die Zeit des Pflanzens

Der Herbst ist unbestritten die beste Pflanzzeit für Bäume oder Sträucher. Sie alle haben dadurch einen deutlichen Vorsprung beim Wachstum im kommenden Frühjahr.

Umgestaltungen. Schöne, trockene Herbsttage (oft bis in den Dezember hinein) sind ideal zum Anlegen neuer Beete und Wege. Neue Blumenbeete zwei Spaten tief umgraben, Kompost gemeinsam mit Hornspänen und eventuell Sand oberflächlich einarbeiten. Im Frühjahr kann man dann den Garten schon wieder genießen.

Herbstkisterl pflanzen. Viele Blumenkisterln sehen schon ein wenig mitgenommen aus. Setzen sie nun Heidepflanzen, Efeu und Gräser; sie schmücken die Fensterbank auf im Winter.

Beerenhecke. Herbsthimbeeren sind nun eine Köstlichkeit. Bis zum Frost können die garantiert wurmfreien Beeren geerntet werden. Erst im November sämtliche Ruten bodeneben abschneiden. Die bewährteste Sorte ist ‘Autumn Bliss’.

Beete. Karotten und andere Wurzelgemüsearten gehören zu den „Spätheimkehrern“. Gerade jetzt im Herbst legen sie noch an Größe zu.

4. Grau anstatt grün

Mit abgestandenem Bier oder verdünnter Milch die Blätter vom Staub befreien, damit der Stock wieder durchatmen kann.

5. Grauschimmel

Das ist meist keine Krankheit, sondern Kalk, der „ausblüht". Mit Regenwasser oder noch besser mit dem Kochwasser der Erdäpfel gießen, das hilft.

6. Invasion der Minifliegen

Um Trauermücken abzuwehren, Erde nie zu nass halten, die Topfoberfläche mit Kies oder Tongranulat abdecken und von unten gießen.

7. Lausige Zeiten

Gegen Blattläuse, Schildläuse und Wollläuse hilft das gute, alte Schmierseifenwasser. Mit einem Schuss Rapsöl dazu geben am Ende auch die hartnäckigsten Schädlinge nach.

Die zweite **Blüte der Rosen**

Es ist ein Feuerwerk im zu Ende gehenden Gartenjahr, wenn sich die Rosen mit Hagebutten schmücken. Nicht nur für uns sind sie eine Köstlichkeit, sondern auch für viele nützliche Tiere.

Bei der Königin der Blumen sind nicht nur die Blüten und der Duft reizvoll, sondern auch die Früchte. Die Hagebutten oder, wie sie landläufig bei uns genannt werden, die „Hetschi-Petschi“ oder „Hetscherln“.

Die größten Früchte liefern die Apfel- oder Kartoffelrosen (Rosa rugosa).

Ihre dicken roten Hagebutten sind ein Magnet für alle Vögel. Besonders attraktiv sind die Früchte der Hundsrose. Sie blüht zwar nur einmal, doch ist der Schmuck mit den Hagebutten ein überwältigender Anblick.

Für andere gehören die Kletterrosen, und hier insbesondere einige Ramblerrosen, zu den schönsten Frucht-Rosen.

Hagebutten müssen aber nicht immer rot sein. Die Dünenrose *(Rosa pimpinellifolia)* liebt es dezent – ihre Früchte sind schwarz. Stachelig dagegen sind die Hagebutten der Kastanienrose *(Rosa roxburgii):* die grünen Früchte sind überzogen mit vielen Stacheln und sehen aus wie kleine Kastanien. Flaschenförmig und hellrot präsentieren sich die Früchte der Alpenrose *(Rosa pendulina).*

Neben den Wildrosen schmücken sich auch einige Edelrosen mit bunten Hagebutten: Die Strauchrose ‘Mozart’ hat kleine, rund in Büscheln stehende orangefarbige Hagebutten. Freilich immer nur dann, wenn man die verblühten Rosenblüten im Juni nicht abgeschnitten hat.

Pflanze der Woche

Die Knospenblüher

Gardengirls, diesen klingenden Namen hat eine Gruppe von Eriken, die sich durch viele phantastische Eigenschaften von den herkömmlichen Pflanzen unterscheiden. Die Gardengirls sind sogenannte Knospenblüher, das heißt ihre Blütenknospen öffnen sich nicht, zeigen aber die Farbe wie bei einer Blüte. Da diese Blüten nicht von Insekten bestäubt werden können, blühen sie deutlich länger und trotzen Nebel, Regen und den Frösten. Diese herbstlichen Blütenstauden sind für Balkon und Garten geeignet und gedeihen für die kurzfristige Bepflanzung in jeder Erde.

Gärtnern im Takt der Natur

Zeit der Vorbereitungen

Der Vollherbst steht vor der Tür, allmählich beginnt das Einwintern.

Kübelpflanzen. Orangen, Zitronen, Mandarinen und alle anderen Zitrusbäumchen kommen nun ins Winterquartier. Die Erde sollte niemals zu nass sein, je heller es ist und wärmer, desto mehr darf aber gegossen und auch alle zwei Wochen gedüngt werden.

Kompost. Die Zeit der Kompost-„Ernte“ beginnt! Wir geben die perfekte Humuserde in einer dünnen Schicht zu den Obstbäumen, Beerensträuchern, unter Hecken und Blütensträucher und dann gegen Ende Oktober auf die Staudenbeete und verwenden den Kompost zum Anhäufeln der Rosen.

Gewächshaus. Die Fenster bei Gewächshäusern und Frühbeeten reinigen. Das ist die beste Energieeinsparung, denn je mehr Sonnenlicht durch die Glasscheiben kommt, desto weniger muss man heizen.

Fragen an den Biogärtner im September

Was bedeuten die kleinen Löcher in den Rucolablättern?

PLOBERGER: Die Löcher stammen von den Erdflöhen. Den Boden lockern, mulchen und gleichmäßig feucht halten.

Zucchini und Mangold kümmern dahin, sonst wuchsen sie prächtig.

PLOBERGER: Zucchini und Mangold sollten nicht immer an denselben Platz gesetzt werden.

Wir haben Efeu am Haus, zerstört er die Mauer?

PLOBERGER: Efeu zerstört sie nicht, es sei denn, sie ist kaputt und feucht, dann bildet er Wurzeln.

Mein Rasen ist voll Hirse, wie werde ich ihn los?

PLOBERGER: Hirse stirbt über den Winter ab. Im Frühjahr sofort Rasen nachsäen und nicht zu kurz schneiden.

Ich bekam eine blühende Bougainvillea, die fortan nur noch Blätter produzierte. Was habe ich falsch gemacht?

PLOBERGER: Entweder war der Dünger zu stickstoffreich, am besten Blütendünger verwenden. Oder der Standort war zu schattig, Bougainvillea benötigen den ganzen Tag Sonne, sonst ist es mit der Blüte vorbei. Wind- und regengeschützt sollte der Standort auch sein.

OKTOBER

Der Vollherbst hat das Zepter fest in der Hand, Tage im Farbenrausch erwarten uns. Das bunte Feuerwerk, das Bäume und Sträucher jetzt entfachen, ist unübertroffen, da kann selbst das prächtigste Staudenbeet des Sommers nicht mithalten. Keine andere Jahreszeit ist so stimmungsvoll mit ihrem milden Licht und keine andere bietet ein so faszinierendes Kontrastprogramm, wenn sich etwa ein verspätetes Gänseblümchen durch das bunte Laub zwängt, der Wilde Wein himmelwärts stürmt und Efeu alten, vermoosten Gartenstufen immergrünen Glanz verleiht.

Die Wucherblume
für den Herbst

Chrysanthemen, die Wucherblumen der Japaner, gelten als Aufputz für den Herbstgarten.

Wer jetzt in die Gartencenter und Gärtnereien kommt, der wird von einer herbstlichen Farbenpracht ohnegleichen überrascht. Zu Tausenden stehen die Chrysanthemen zum Verkauf bereit – und das in den unterschiedlichsten Wuchs- und Blütenformen.

Lange Zeit galten die Chrysanthemen als typische Friedhofsblumen. In manchem weckt der Geruch noch heute die Erinnerung an den Besuch der Gräber zu Allerheiligen. Doch die vielen neuen Züchtungen lassen dieses Image nun völlig verschwinden.

Die Liebe zu den Chrysanthemen gibt es seit jeher. In China, ihrer ursprünglichen Heimat, wurden sie schon im 15. Jahrhundert kultiviert. Erste Arten waren bereits in der griechischen Kultur bekannt, von dort stammt auch der botanische

Pflanze der Woche

Eine Zierde für den Garten

Zieräpfel sind besonders beeindruckend, sie leuchten im Herbst in strahlendem Rot und Gelb – und sind noch dazu robust. Als kleine Hausbäume sind diese besonderen Äpfel geeignet. Gepflanzt werden können sie auch noch, wenn sie bereits voll mit Früchten sind. Auch als Minibäume für die Terrasse werden sie angeboten, allerdings heißt es hier aufpassen und für einen ausreichenden Winterschutz sorgen. Beispielsweise durch Eingraben des Topfes an einer geschützten Stelle im Garten und das Anhäufen von Laub rund um den Stamm. Die großen Bäume, die ebenfalls im Topf angeboten werden, sind alle komplett winterhart.

Name: Chrysantheme heißt übersetzt Goldblume.

Noch bedeutender waren und sind die Wucherblumen, wie sie auch genannt werden, in Japan. Dort wird immer Anfang September das große Chrysanthemenfest gefeiert. Der Thron des Kaisers wird Chrysanthementhron genannt, und der höchste japanische Orden, nennt sich „Kiku No Gomon", das bedeutet „Edles Zeichen der Chrysantheme".

So eine große Bedeutung hat die Pflanze bei uns freilich nicht, aber es gehört mittlerweile zur guten Tradition, den Hauseingang mit den herrlichen Blütenkugeln der Chrysantheme zu schmücken. Die Auswahl an neuen Züchtungen wird dafür von Jahr zu Jahr größer. So genannte Multiflora-Chrysanthemen (die „Vielblütigen") sind nur bedingt winterhart.

Ganz anders die Chrysanthemen aus der Indicum-Familie. Sie sind die typischen Gartenchrysanthemen, die man nun blühend kaufen kann. In den Garten gesetzt blühen sie Jahr für Jahr wieder.

Chrysanthemen lieben einen halbschattigen Platz mit humoser Erde. Damit die Wurzeln vor Kahlfrösten geschützt sind, sollte man sie etwas tiefer setzen. Die Pflanzen blühen bis zum ersten Frost.

Im Frühjahr werden die Pflanzen stark zurückgeschnitten. Meist frieren sie bis zu den Wurzeln ab und treiben nach dann den Eisheiligen aus. Erst ab September gibt es wieder Blüten, denn die Chrysantheme ist eine sogenannte Kurztagspflanze. Erst wenn die Nacht eine bestimmte Länge erreicht hat, setzt sie Blüten an. Gärtner verdunkeln deshalb ihre Gewächshäuser jeden Tag, um eine frühe Blüte zu erreichen.

Gärtnern im Takt der Natur

Vollherbst, die Zeit der Reife

Wenn Kastanie, Quitte und Walnuss reifen, neigt sich das Gartenjahr allmählich dem Ende zu, der Vollherbst regiert. Für Gartler gibt es noch einiges zu tun:

Nutzgarten. Im Gemüsegarten werden die letzten Beete abgeerntet. Anschließend den Boden lockern, nur sehr schwere und humusarme Böden umstechen. Die Blätter vom Rhabarber erst nach dem Frost entfernen. Kraut vom Spargel bodeneben abschneiden.

Obstgarten. Hier ist es höchste Zeit, Leimringe gegen Frostspanner anzubringen. Nicht auf die Baumpfähle vergessen, auch daran krabbeln die flugunfähigen Weibchen nach oben. Die Pflanzzeit für Obstbäume beginnt demnächst. Rechtzeitig schmackhafte und resistente Sorten beschaffen.

Ziergarten. Nur die hartlaubigen Kübelpflanzen (Oleander, Olive, Lorbeer etc.) bleiben bis zum stärkeren Frost draußen. Rosen werden nicht geschnitten, abgefallenes, krankes Laub muss allerdings zur Gänze entfernt werden.

Die Zitrone
des Nordens

Die Quitte, eine Vitaminbombe und anspruchslos obendrein, wurde schon vor mehr als 4 000 Jahren geschätzt.

Die Römer nannten sie den „wolligen Apfel" und sie galt als Krönung des Obstgartens – die Quitte, vor allem wegen ihres Aussehens und der vielen Vitamine liebevoll auch Zitrone des Nordens genannt.

Quitten *(Cydonia oblonga)* gelten als die ältesten kultivierten Früchte. Schon vor mehr als 4 000 Jahren schätzte man diese Bäume, die Zier- und Nutzfunktion vereinen. Die Quitte gehört wie Apfel und Birne zum Kernobst und damit zu den Rosengewächsen. Sie stammt ursprünglich aus Zentralasien und gelangte erst durch die Römer nach Europa.

Sie galt als ein Liebes-, Glücks- und Fruchtbarkeitssymbol: Den intensiven Duft der Quitte nutzten die römischen Männer, um die Frauen zu betören. Während der Schwangerschaft aßen die Frauen Quitten, das

Pflanze der Woche

Der Duft von Lebkuchen

Unglaublich, was die Natur an Überraschungen bietet: Der **Lebkuchenbaum** *(Cercidiphyllum japonicum)* ist eine davon. Das ganze Jahr über erfreut er uns mit seinem graugrünen Laub. Durch seinen schlanken Wuchs eignet er sich ideal als Hausbaum für kleinere Gärten. Kaum sind die Nächte dann kühler, färbt er sich in strahlendes Gelb. Damit nicht genug, fallen die Blätter zu Boden, dann duftet es nach Lebkuchen, denn der Baum verschließt die Blattstängel mit einem Stoff, der den Duft von Lebkuchen verbreitet, bei feuchter Witterung ist er am intensivsten.

Kind sollte so gesund und intelligent werden. Zur Heirat pflanzte der Brautvater einen Quittenbaum im Garten, so sollte die Ehe unter einem glücklichen Stern stehen: „Quitten für die Hochzeitsleut, schafft Lieb' und Lust und Kinderfreud!"

Die Quitten sind relativ anspruchslos, jeder nicht zu schwere und staunasse Boden ist geeignet. Sonnig soll der Platz sein, ansonsten sind die Flachwurzler genügsam. Den Boden alljährlich im Frühjahr mit Kompost abdecken, das reicht bereits.

Das Schöne an dem Baum mit den großen saftig-grünen Blättern, sind die Blüten, die einzeln nach der Blattbildung erscheinen.

Schädlinge und Krankheiten kennt der Baum nicht, Ausnahme ist der Feuerbrand.

Quitten enthalten viele Inhaltsstoffe wie Weinsäure, Apfelsäure, Tannin, Mineralstoffe (Kalium, Calcium und Phosphor), Vitamin C und sehr viel Pektin. Quitten sind sogar pektinreicher als Äpfel.

Bei den Quitten gibt es schätzungsweise mehr als 200 Sorten, wobei die bekanntesten die Birnenquitte 'Riesenquitte von Vranja' oder die vor einiger Zeit auf den Markt gekommene und angeblich feuerbrandresistente Sorte 'Cydora' sind. Apfelquitten haben ein knorpelig-holziges, hartes, trockenes, rötliches Fruchtfleisch. Birnenquitten hingegen sind weicher und aromatischer mit hellrotem Saft.

Die grüne bis goldgelbe Schale ist ledrig-hart und glatt. Ist die Quitte vollreif, leuchtet sie zitronengelb und ist mit einem leichten Flaum bedeckt.

Dieses Kernobst eignet sich leider nicht zum roh essen. Das Fruchtfleisch ist zu hart und sehr herb. Man muss die Quitten deshalb erst zu Gelee, Kompott, Tee oder Likör verarbeiten. Legt man sie in die Obstschale oder auch in den Kleiderkasten, dann verströmen sie über Wochen einen zarten Duft.

Gärtnern im Takt der Natur

Geruhsamere Tage brechen an

Es empfiehlt sich, die milden Herbsttage noch für die Gartenplanung und deren Umsetzung zu nutzen. Ansonsten warten noch etliche Handgriffe im Garten:

Vorsorge. Vogelnistkästen aufhängen, alte Nistkästen reinigen. Die Samenstände von verblühten Stauden, Sommerblumen und Rosen stehen lassen, sie sind ein willkommenes Winterfutter für unsere Vögel.

Gießen. Herrscht anhaltende Trockenheit, sollten die immergrünen Gewächse ausreichend gewässert werden.

Vorsicht, Frost! Empfindliche Kübelpflanzen rechtzeitig ins Winterquartier stellen.

Die wichtigsten Regeln für die **Überwinterung**

Im Glashaus herrscht Gedränge – auch Einwintern will gelernt sein. Hier die häufigsten Fragen zum Thema Überwinterung.

1. **Welches Winterquartier eignet sich am besten?** Das hängt grundsätzlich von den Pflanzen ab. Aber generell ist ein heller, kühler Raum das beste Winterquartier. Oleander, Lorbeer und die meisten Palmen überstehen den Winter am besten in einem kühlen, frostfreien Gewächshaus oder einem ungeheizten und bei Sonnenschein gut gelüfteten Wintergarten.

2. **Wie oft muss ich gießen?** Der „grüne Daumen" ist das Maß aller Dinge. Zuerst die Daumenprobe im Erdreich durchführen und dann entscheiden, ob gegossen werden muss oder nicht. Gerade bei den Zitruspflanzen heißt es aufpassen.

3. **Muss ich im Winter düngen?** Generell kann gesagt werden: Nein. Wenn kaum Licht vorhanden ist, dann kann eine Pflanze auch keine Nährstoffe aufnehmen.

4. **Wie eng kann ich Pflanzen stellen?** Sehr eng. Die Kübelpflanzen sind von November bis Februar in einer Art Ruhezustand. Selbst zusammengebundene Oleander überstehen das problemlos.

5. **Soll ich die Pflanzen schneiden?** Die wohl meistdiskutierte Frage: Wenn es (aus Platzgründen) nicht unbedingt sein muss, dann lieber bleiben lassen. Die Schnittstellen sind eine „offene Tür" für viele Pilzerreger. Hat man trotzdem zurückgeschnitten, dann auf gute

Pflanze der Woche

Aufputz für das Herbstkisterl

Ohne sie ist der Herbstzauber auf Balkon und Terrasse nur eine halbe Sache: Die **Skimmie** ist ein immergrüner Strauch aus der Familie der Rautengewächse. Ursprünglich stammt sie aus Südostasien und dem Himalaja. Die bekannteste Art ist die Japanische Skimmie, die in ihrer Heimat in kühleren Gebirgswäldern wächst. Vor allem eine Vielzahl an Zuchtformen dieser Art sind beliebte Zierpflanzen. Die Skimmie bildet im Herbst schöne rötlich bis bräunlich gefärbte Knospen, die sich im Frühjahr zu weißen, süßlich duftenden Blüten öffnen. Im Herbst folgen leuchtend rote Beeren – vorausgesetzt, man hat sich ein Männlein und ein Weiblein im Topf besorgt.

Durchlüftung achten. Palmen werden prinzipiell nicht geschnitten.

6. **Was tun gegen Schädlinge?** Gerade in den ersten Wochen nach dem Einräumen muss den Schädlingen besonderes Augenmerk geschenkt werden. Schild- und Wollläuse bekämpft man mit ölhaltigen Präparaten, Blattläuse mit Schmierseife (ein Esslöffel auf einen Liter Wasser).

7. **Sind Pilzkrankheiten eine Gefahr?** Grauschimmel kann in einem feuchten, kühlen Raum zu einer existenzbedrohenden Gefahr werden. Frische, noch nicht verholzte Triebe sterben bei Befall rasch ab und sollten umgehend abgeschnitten werden.

8. **Wann soll man umtopfen?** Niemals vor dem Winter, denn Wurzeln, die unweigerlich beim Umpflanzen verletzt werden, stellen eine große Gefahr für die Pflanze dar. Umgetopft wird kurz vor dem Start ins neue Gartenjahr.

9. **Muss man winterharte Kübelpflanzen auch schützen?** Bäume und Sträucher, die in Töpfen auf der Terrasse oder dem Balkon stehen, muss man nicht vor Frost, sondern vor dem Austrocknen schützen. Vor allem wintergrüne Pflanzen brauchen Wasser (an frostfreien Tagen) und den Schutz vor der Wintersonne. Strohmatten und Vlies sind dafür geeignet. Die Töpfe auf Hölzer stellen, damit sie nicht anfrieren und zerstört werden.

Gärtnern im Takt der Natur

Gerätschaften im Mittelpunkt

Wir sind bis zum endgültigen Laubfall nach wie vor im Vollherbst. Das ist im Garten zu tun:

Ausgraben. Dahlienknollen werden nun ausgegraben. Die Pflanzen auf zehn Zentimeter zurückschneiden und die Knollen (mit der anhaftenden) Erde in Kisten legen und zunächst in einem Schuppen abtrocknen lassen, ehe sie in einen kühlen Keller kommen. Niemals in die Sonne legen. Auf kleine Schnecken achten, sie fressen die Knollen sonst den Winter über an. Eventuell etwas Schneckenkorn auf Eisen-III-Phosphat Basis zu den Knollen streuen. Auch die Gladiolen werden ausgraben. Diese Zwiebeln müssen ebenfalls kühl und trocken überwintert werden, ebenso die Knollen der Begonien.

Unkraut. Trockene Tage nutzen um Unkräuter zu entfernen. Gerade jetzt lassen sich beim generellen Bodenlockern lästige Wurzelunkräuter wie Giersch, Quecke oder Winde ausreißen.

Geräte. Wasserleitungen abdrehen und das Wasser ablassen. Schläuche entleeren und im Geräteschuppen ohne Knickstellen aufrollen. Rasenmäher sollte man jetzt zum Service bringen.

Die kleinen **Wilden**

Sie weben die ersten Blütenteppiche im Frühling – und von Jahr zu Jahr schönere: So kommen Sie einfach und günstig zu Kolonien von Schneeglöckchen, Krokussen oder Blausternchen.

Immer länger dauert es, bis sich die Morgennebel lichten. Immer weniger wärmt die Sonne. Doch es gibt Momente, da wird der kommende Frühling lebendig: Beim Pflanzen von Blumenzwiebeln. Zu den Lieblingen zählen die „kleinen Wilden“, jene Blumenzwiebeln, die unter Bäumen, Sträuchern und der Hecke wachsen und nicht nur einmal zeitig im Frühjahr für einen Blütenteppich sorgen, sondern Jahr für Jahr in immer größerer Menge, denn diese kleinen Blumenzwiebel sind ideal zum Verwildern.

Diese Sorten sind nun dafür besonders geeignet: Ganz oben stehen natürlich die Schneeglöckchen. Sie lieben Böden, die im Frühling ein wenig feuchter sind, im Sommer aber dann abtrocknen. Unter dem dichten Laub der Bäume ist das meist der Fall.

Immer öfter halten die Hasenglöckchen, oder wie sie in England genannt werden, die „Blue Bells" bei uns Einzug. Blaue Teppiche sind in England nicht nur in den Gärten, sondern auch in den Wäldern zu finden. Einmal Blue Bells – immer Blue Bells. Sie seien fast wie ein Unkraut, heißt es, wenn man von Gartenbesitzern als Geschenk ein paar Zwiebeln bekommt.

Unbedingt mit dabei sein sollten bei solchen Wildblumenzwiebelpflanzungen die Blausternchen. Auch sie säen sich bereitwillig aus. Genauso wie die kleinen wilden Krokusse, freilich nur dann, und das gilt für alle Wildblumenzwiebel, wenn man sie lässt.

Dieses „lassen" ist ganz einfach: Nach dem Abblühen die Pflanzen in Ruhe lassen, bis nicht nur die Blätter gelb geworden, sondern auch die Samen ausgereift sind. Und dann auch nicht gleich mit dem Rasenmäher drüberfahren, wenn sich die Wildblumen in der Wiese befinden, sondern zuerst mit einem Federbesen alle Samenkörner zwischen dic Rascnpflänzchen befördern.

Perfekt als Blumenzwiebel zum Verwildern eignen sich auch Wildtulpen, Traubenhyazinthen und natürlich Anemonen in den unterschiedlichsten Farben. Unter Wild- und Blütensträuchern sind als Begleitpflanzen auch das so genannte Vorfrühlings-Alpenveilchen, Leberblümchen und die Schlüsselblumen geeignet.

So werden die kleinen Blumenzwiebeln, die erst mit einigen hundert so richtig zur Geltung kommen, gepflanzt: Unter Wildsträucherhecken die bunt gemischten Zwiebeln auf den Erdboden streuen und ganz ohne viel Aufwand mit Erde, meist mit Komposterde, die von den Vorjahren noch übrig geblieben ist, bedecken. Fünf bis zehn Zentimeter soll die Schicht über den Zwiebeln dick sein, bei denen es völlig egal ist, ob manche kopfunter zu liegen kommen, sie drehen sich in die korrekte Richtung und blühen bereits im kommenden Frühjahr.

Pflanze der Woche

Glöckchen für Sammler und Liebhaber

Kein Irrtum, die Pflanze der Woche ist tatsächlich das Schneeglöckchen, aber nicht irgendeines, sondern das von Sammlern und Liebhabern geschätzte **herbstblühende Schneeglöckchen** *(Galanthus reginae-olgae)*. Bei uns ist es selten zu finden, wer aber im Spätherbst einmal auf Korfu oder in Sizilien ist, wird dort vom „Frühlingsboten" überrascht, es kommt in Falllaubgehölzen, Gebüschen und an Felshängen in Flusstälern und Schluchten vor. Häufig trifft man es zwischen den Wurzeln mediterraner Bäume wie Esskastanie und Erdbeerbaum an. Diese botanische Rarität gibt es von Zeit zu Zeit in Spezialgärtnereien.

Wohin mit dem Laub?

Die Pracht der Herbstfärbung dauert nie lange, und dann heißt es mit den Bergen von Laub richtig umgehen. Hier sieben Tipps dazu:

1. **Laub ist kein Abfall.** Die abgefallenen Blätter gehören nicht in Plastiksäcke oder in die Mülltonne, sie sind die Grundlage für die beste Erde, die es gibt. Daher wird Laub generell kompostiert.

2. **Keinen Laubsauger verwenden.** Viele nützliche Tiere haben es sich schon unter der Laubdecke „gemütlich" gemacht. Die Laubsauger, oft mit einem Häcksler kombiniert, vernichten diese wichtigen Helfer im Garten.

3. **Laub als Mulch.** Laub ist ein idealer Schutz für den Boden. Unter Bäumen, Sträuchern, aber auch auf Staudenbeeten oder im Gemüsegarten ist eine dünne Schicht aus Laub ein idealer Schutz für die Erde. Sie wird durch die vielen Niederschläge nicht verschlämmt und vor zuviel Frost geschützt.

4. **Nuss- und Eichenlaub sind kein Gift.** Auch wenn es immer wieder „über den Gartenzaun" als Weisheit weitergegeben wird – das Laub von diesen stark gerbsäurehaltigen Blättern verrottet zwar langsamer, ist aber ebenfalls kompostierbar. Es dauert nur länger. Steinmehle neutralisieren die Säure.

5. **Der Rasen muss laubfrei sein.** Auf Rasenflächen muss man vor dem Winter unbedingt das Laub zur Gänze entfernen. Gerade die Rasenpflänzchen würden durch Fäulnis in Mitleidenschaft gezogen. Am einfachsten lassen sich die Blätter mit dem Mäher aufsammeln.

6. **Krankes Laub entsorgen.** Es gibt einige wenige Bäume, von denen man das Laub nicht im Garten belassen sollte. Dazu gehört das Laub der Kastanie, da darin die Miniermotte überwintert. Beim Nussbaum hat sich in den letzten Jahren eine Pilzkrankheit breit gemacht, die sich vor allem durch herabgefallenes Laub weiterver-

Gärtnern im Takt der Natur

Für kühle Naturen

Der Spätherbst ist da, mit ihm kehrt im Garten allmählich Ruhe ein – Zeit zum Schauen, Entdecken und Genießen.

Wurzelgemüse. Karotten, Sellerie oder Petersilie, zählen zu den „Spätheimkehrern" im Gemüsegarten. Diese Gemüsearten bleiben möglichst lange am Beet stehen, weil gerade zu dieser Zeit der Zuwachs der Wurzeln und Knollen besonders stark ist. Das Gemüse lässt sich in einem sehr kühlen und nicht zu trockenen Keller gut lagern. Eingeschlagen in Sand bleibt es monatelang frisch.

Kamelien. Sie bleiben generell am längsten im Freien. Oft ist erst Anfang Dezember der Zeitpunkt gekommen, da sie ins Haus geholt werden müssen. Der Überwinterungsplatz muss sehr kühl sein – die Temperatur darf maximal 15 Grad nicht überschreiten.

Einkauf. Jetzt beginnt in vielen Gärtnereien und Gartencenter der Abverkauf der Blumenzwiebeln, so lässt sich mit deutlich weniger Geld größere Wirkung im Garten erzielen.

breitet. Sind die Blätter und Nüsse schwarz geworden, dann das Laub entsorgen, ebenso das Laub von kranken Rosen.

7. **Lauberde ist eine Kraftquelle.** Ist das Laub einmal kompostiert, dann lässt sich daraus zum Beispiel die beste Aussaaterde herstellen. Erde aus „saurem" Laub (von Nuss, Eiche oder nicht kranker Kastanie) ist nach drei Jahren Kompostierung ein hervorragender Torfersatz und ideal für Kamelien, Rhododendren und andere „Moorbeetpflanzen".

Fragen an den Biogärtner im Oktober

Kann ich meine Holzasche im Garten als Dünger bzw. zur Auflockerung des Bodens verwenden?

PLOBERGER: Nein, besser ist es, die Asche immer wieder beim Komposthaufen einstreuen, nicht zuviel, sonst kommt es zu einer Kali-Überdüngung. Zu lockeren Böden kommt man dann durch die Zugabe des fertigen Komposts.

Unsere Edelkastanie ist gesund, aber nicht tragfreudig, 60 Prozent der Früchte sind Kümmerlinge.

PLOBERGER: Edelkastanien fruchten nur dann zufriedenstellend, wenn ein zweiter Baum als Pollenspender in der Nähe ist.

Ich habe gescheckte Nacktschnecken, was soll ich tun?

PLOBERGER: Es handelt sich um die Egel- oder Tigerschnecke (Limax maximus), sie ist sehr feuchtigkeitsliebend und kann bis zu 20 Zentimeter lang werden. Nicht verfolgen, sie frisst nur totes Pflanzenmaterial, weidet Algenbeläge ab und verschlingt auch andere Nacktschnecken, kurz – ein echter Nützling!

Wie werde ich die Vogelmiere los?

PLOBERGER: Mit Rasenschnitt oder Holzfaser mulchen. Positiv dabei: Die Vogelmiere zeigt besonders humusreichen Boden an.

NOVEMBER

Geruhsamkeit kehrt in den Garten ein, der nun ganz andere Reize an den kurzen Tag legt. Einmal gibt er sich im Novembernebel schemenhaft und geheimnisvoll, ein andermal zeigt er sich im Sonnenlicht in all seiner glitzernden Frostigkeit. Der Winter, so sagen die Fachleute, sei für jeden Garten der Moment der Wahrheit. Wenn Bäume und Sträucher ihre kahlen Äste in den Himmel strecken und die Beete verwaist sind, dann zeigt sich, zuweilen gnadenlos, ob Gärtnerin und Gärtner ein formgebendes und gestalterisches Händchen besitzen.

Zierde zum Essen
– so ein Kohl!

Seit einigen Jahren ist Zierkohl die Herbstdekoration auf Beeten im Garten, in Parks oder im Blumenkisterl – eine essbare dazu.

Mit seinen grünen, roten, weißen oder purpurn panaschierten Blättern wird der Kohl nicht nur gerne als Gartenschmuck für Herbst und Winter kultiviert, er findet auch besondere Aufmerksamkeit als Salat oder Gemüsedekoration.

So wie alle Kohlgewächse ist auch der Zierkohl ein Nährstofffresser. Zieht man den Kohl selbst aus Samen, dann muss man den Boden für die Jungpflanzen mit Kompost, Hornspänen und später auch flüssigem organischen Dünger versorgen. Nur dann wächst er wirklich schön und kräftig. Kauft man ihn allerdings als quasi fertige Pflanze im Blumentopf, dann ist er anspruchslos.

Zierkohl benötigt kühle Nächte, damit er seine schöne Farbe bekommt. Erst wenn die Temperaturen unter zehn Grad sinken, beginnt das Grün sich zu verwandeln. Dann

Pflanze der Woche

Das immergrüne Gehölz der Kelten

Die heimische **Eibe** *(Taxus baccata)* ist als immergrünes Gehölz ein Symbol für Unsterblichkeit, Wiedergeburt und Tod. Schon bei den Kelten galt das Holz als magisch und es wurden daraus Zauberstäbe hergestellt. Die Pflanze gedeiht in der Sonne und im Schatten gleichermaßen, liebt humose und feuchtere Böden und kann uralt werden. Sie ist extrem schnittverträglich und treibt auch aus dem alten Holz wieder problemlos aus. Daher ist sie das ideal Schnittgehölz für Hecken oder Figuren. In Englischen Gärten ist es die typische Heckenpflanze.

entsteht je nach Sorte das schöne purpurrote, rosa, rotviolette oder weiße Herz im grünen Kranz.

Zierkohl wird im Handel nicht nur in unterschiedlichen Farben, sondern auch in glattblättrigen und krausblättrigen Sorten angeboten. Besonders extravagant sehen Zierkohlköpfe mit tief geschlitzten Blättern aus. Äußerst dekorativ sind diese Herbstpflanzen auch in Töpfen – am besten kombiniert mit anderen Herbstgewächsen, wie zum Beispiel Gräsern. Sie nehmen dem Kohl auch ein wenig von seiner dominanten Stellung.

Neben dem bunten „kugeligen" Kohl sind auch die so genannten Palmkohl-Sorten äußerst dekorativ. Angeboten werden sie oft auch als Toskana- oder Italienischer Kohl. Eine bekannte Sorte ist 'Negro Romana'. In Stauden oder Blumenbeeten sind sie vor allem im Herbst ein Blickpunkt, wenn sie ihre mächtigen Blätter so richtig entwickeln.

Die Kohlarten sind nicht nur eine Augenweide, sie können auch in der Küche verarbeitet werden. Kohl entwickelt das beste Aroma, wenn er längere Zeit kühleren Temperaturen ausgesetzt ist. Dann bildet sich nämlich weniger Stärke, stattdessen lagert sich Zucker in den Blättern ein. Kohl kommt erst im zweiten Jahr zum Blühen, was bei uns wegen der tiefen Temperaturen nur ausnahmsweise passiert. Überwintert man den Zierkohl, aber auch alle anderen Kohlarten, in Töpfen bei etwa plus ein Grad, dann entwickeln sich im Frühjahr gewaltige Blütenschöpfe.

Wie bei allen Kohlgewächsen heißt es aufpassen, dass Schädlinge und Krankheiten nicht um sich greifen: Kohlweißlinge werden zum Beispiel durch Eberraute oder andere stark duftende Kräuter abgelenkt. Bei den Krankheiten ist die Kohlhernie besonders gefürchtet. Sie zeigt sich durch Wucherungen am Wurzelansatz. Hier sollte immer ein mehrjähriger Abstand bei der Pflanzung gewählt werden.

Gärtnern im Takt der Natur

Letzte Arbeiten vor der Winterruhe

Frost, Nebel oder Regen sind typische Begleiter des Spätherbstes. Der Garten geht allmählich in die Winterruhe, nur noch wenige Arbeiten sind zu erledigen.

Pflanzarbeit. Wer noch Blumenzwiebeln pflanzen will, hat noch immer die Möglichkeit dazu. Für Bäume, Sträucher, Rosen, Obstbäume und Beerengehölze besteht weiterhin die beste Pflanzzeit. Solange der Boden nicht gefroren ist, kann gesetzt werden. Besonders preisgünstig ist das Pflanzen von wurzelnackten Heckengewächsen.

Laub. Die abgefallenen Blätter auf Beeten und unter Hecken und Sträuchern mit einer dünnen Schicht Kompost abdecken, damit das Laub nicht davon geweht wird.

Aussaat. Wer Probleme mit Karotten und Petersilie hat, die Samen säen, sobald es richtig kühl wird. Diese Wintersaat garantiert den richtigen Zeitpunkt fürs Keimen im Frühjahr.

Das Finale
im Garten

Nur noch wenige Handgriffe, dann endet das Gartenjahr – jedenfalls was das Garteln betrifft. Hier eine Checkliste für das Finale im Garten:

Pflanze der Woche

Violette Pracht im grauen November

Der **Liebesperlenstrauch** oder die Schönfrucht *(Callicarpa bodinieri)* zeigt sich im November von seiner schönsten Seite: Viele violett glänzende Kügelchen leuchten an den Ästen. Das Gehölz stammt ursprünglich aus Mittel- und Westchina. Ein „Logenplatz“ an windgeschützter Stelle mit humosem Boden und einem Winterschutz in den ersten Jahren ist ideal. Geschnitten wird der Strauch wenig, da er auf dem zweijährigen Holz blüht und fruchtet.

1. **Rasen vom Laub befreien.** So wichtig das Laub unter Bäumen und Sträuchern ist und dort auch liegen bleibt, vom Rasen wird es entfernt. Fäulnis wäre die Folge und kahle Stellen im Rasen im kommenden Jahr das Ergebnis.

2. **Kompost verteilen.** Auf allen Staudenbeeten, Baumscheiben, unter Beerensträuchern und Hecken wird der reife Kompost (das ist der vom Vorjahr) dünn verteilt. Im Gemüsegarten erst im Frühjahr verteilen.

3. **Wer noch keine Zeit hatte,** kann nun letzte Blumenzwiebeln pflanzen. Tulpen lassen sich sogar bis in den Dezember hinein setzen, wenn der Boden nicht gefroren ist.

4. **Immergrüne gießen.** Alle immergrünen Pflanzen (Eibe, Buchs,

Efeu, Rhododendren) müssen vor allem dann, wenn sie in Töpfen wachsen, immer gegossen werden. Viele der Pflanzen erfrieren nicht, sondern vertrocknen.

5. **Terrakottatöpfe pflegen.** Tontöpfe, auch wenn sie frostfest sind, werden durch die Sprengkraft des Eises zerstört, wenn sich in den Gefäßen Wasser sammelt. Daher die Töpfe vor Regen und Schnee schützen oder zugeschnittene Folien auf die Erde legen.

6. **Vor Frost schützen.** Baumstämme von Obstbäumen sind an sonnigen Wintertagen extremen Temperaturschwankungen ausgesetzt. Die weiße Farbe, die durch Baumanstriche auf die Stämme kommt, reduziert dies. Außerdem werden Schädlinge, die sich in Rindenritzen verstecken, vernichtet.

7. **Wasserleitungen sichern.** Wasserleitungen, die nicht frostfrei verlegt sind, absperren und ebenso wie Gartenschläuche entleeren. Auf Gießkannen und Regentonnen nicht vergessen.

8. **Pumpen schützen.** Die Pumpen aus Teich, Springbrunnen und Bachlauf holen und frostfrei aufbewahren. Damit die Dichtungen nicht kaputt gehen, die Pumpen den Winter über in einen Kübel mit Wasser stellen.

9. **Rosen anhäufeln.** Es ist eine der letzten Arbeiten im Garten: mit Kompost werden die Rosen angehäufelt. Damit schützt man die Veredelungsstelle und versorgt den Boden gleich fürs nächste Jahr mit Humus. Stämmchenrosen, wann immer es möglich ist, vorsichtig nach unten biegen und dort mit Kompost die Krone bedecken.

10. **Unkraut jäten.** Klingt komisch, ist aber tatsächlich eine sinnvolle Maßnahme. An sonnigen Spätherbsttagen lässt sich lästiges Unkraut ganz leicht entfernen – und kommt dann auch im kommenden Frühjahr nicht wieder. Gerade Gartenwege sind nun ideal zu säubern.

Gärtnern im Takt der Natur

Die Handgriffe im Haus

Wir befinden uns auf der Schwelle vom Spätherbst in den Winter. Die wichtigsten Arbeiten finden Sie beim „Finale im Garten", im Haus sollte man auf Folgendes achten:

Kontrolle. Kübelpflanzen im Winterquartier immer wieder auf Schädlinge kontrollieren.

Gießen. Zimmerpflanzen regelmäßig gießen, aber nicht zu viel. Ist die Luft sehr trocken, von Zeit zu Zeit übersprühen. Orchideen in zentral geheizten Wohnungen wöchentlich tauchen, indem sie den Topf ins Wasser tauchen, dann gut ablaufen lassen. Alle zwei Wochen dem Wasser geringe Mengen an Blumendünger beigeben.

Ewiges Grün
für graue Tage

Gerade jetzt ist er auf der Beliebtheitsskala kaum zu bremsen, im Spätherbst und Winter gewinnt der immergrüne Blattschmuck so richtig an Bedeutung: Efeu in freier Natur, im Garten und im Haus.

Efeu, botanisch *Hedera,* aus der Familie der Araliengewächse, bietet als grüne Fassade an Hauswänden vielen Tierarten Lebensraum. Er umspielt als Bordüre Wege, Terrassen und Stufen, belebt altes Gemäuer oder schlingt sich durch Zäune und Gitter. Und er lässt sich im Topf gut in Form ziehen. Sein Name geht auf germanische Wurzeln zurück und bedeutet soviel wie ewig, ein Hinweis auf die immergrünen, ewig ausdauernden Blätter.

Das Einzigartige am Efeu ist seine Vielgestaltigkeit. Von dunklem, fast schwarzem Grün bis hin zu Blättern, die in den unterschiedlichsten Weiß-, Gelb- und Grüntönen erstrahlen. Der Efeu ist eine willkommene Abwechslung, nicht bloß in einem Herbstkisterl oder als Schmuck in der Wohnung, sondern auch als Bodendecker unter Bäumen, Sträuchern oder dem Beerenobst.

Efeu sollte man immer tief genug setzen. Die kleinblättrigen, grünen Sorten sind am robustesten, bei den buntlaubigen kann es aber da und dort bei extremem Kahlfrost zu Schäden kommen. Verdorrt über

Pflanze der Woche

Die Wiederentdeckung

Viele Jahre schien es völlig verschwunden, nun aber ist es wieder im Kommen: das **Usambaraveilchen,** auch Afrikanisches Veilchen oder botanisch *Saintpaulia ionantha* genannt. Am bekanntesten ist das mit den blauen und violetten Blüten. Es gibt aber auch weiße, rote, rosa und manchmal auch gefüllte Blüten. Die samtig behaarten Blätter mögen kein direktes Sonnenlicht, mit den Zimmertemperaturen in den Wohnräumen kommen die Pflanzen aber gut zurecht. Niemals mit zu kaltem Wasser gießen, beim Düngen einen Blütendünger verwenden, dann wird das Usambaraveilchen jahrelang blühen. Wer Lust zum Experimentieren hat, der kann sie ganz leicht vermehren: Ein Blatt mit Stiel in eine sandige Aussaaterde stecken, nach einigen Wochen haben sich Wurzeln gebildet und ein neues Usambaraveilchen ist entstanden.

den Winter das Laub, dann ist es nicht abgefroren, wie viele meinen, sondern vertrocknet. Auch hier heißt es ein wenig Geduld haben – die Triebe schmücken sich schon wenige Wochen später wieder mit Laub.

Gut 500 verschiedene Efeusorten sind bei uns im Handel. Die größte Spezialgärtnerei befindet sich übrigens in der Abtei Neuburg bei Heidelberg in Deutschland. Seit Jahrzehnten züchten dort die Patres immer neue Efeusorten, einmal mit einem Mini-Blatt und ein anderes Mal wieder mit einem Blatt, das fast so groß ist wie das einer Aralie.

Interessant ist auch die Wandelbarkeit des Efeus im Laufe seines Wachstums. Als Keimling sind die Blätter beinahe oval, später – fast zehn Jahre lang – bilden sich die typischen uns bekannten gelappten Blätter, die schließlich in der sogenannten Altersform zunächst herzförmig und später spitz-eiförmig werden. Erst jetzt beginnt der Efeu zu blühen, stellt das Klettern ein und schmückt sich gegen Ende des Gartenjahres mit unscheinbaren Blüten, die in dicken kugeligen Dolden fast strauchartig wachsen, die Beeren bilden sich oft erst im nächsten Jahr.

Der Efeu ist zwar für den Menschen in allen seinen Teilen giftig, für die Vogelwelt aber nicht. Die Amseln schätzen die Beeren als willkommene Abwechslung und sorgen so für die Aussaat des Efeus.

Pflege benötigt der Efeu kaum, einzig ein zu trockener Standort, sowohl was den Boden als auch die Luftfeuchtigkeit betrifft, sagt ihm nicht zu. An solchen Plätzen (zum Beispiel auch bei Efeu im Zimmer über dem Heizkörper) nisten sich sehr schnell Spinnmilben und andere Schadinsekten ein. Ernstlich sorgen muss man sich aber dennoch nicht, denn der Efeu überlebt (fast) immer. Er ist eben das Symbol für Unvergänglichkeit.

Gärtnern im Takt der Natur

Letzte Handgriffe

Die Ruhezeit im Garten bricht an, da bleibt bereits Zeit zum ersten Schmökern. Was dennoch zu beachten ist:

Schutz. Sollte bereits starker Schneefall einsetzen, dann müssen Bäume und Sträucher abgeschüttelt werden. Bei Immergrünen, vor allem dann, wenn sie in Töpfen stehen, sollte man hingegen bewusst den Schnee auf die Erde schaufeln.

Winterquartier. Kübelpflanzen dosiert gießen und immer wieder auf Schädlinge kontrollieren.

Winterfütterung. Wenn Sie Vögel füttern, dann bitte regelmäßig. Die gefiederten Helfer im Garten stellen sich auf die Futterplätze ein. Gerade in einem strengen Winter ist das besonders wichtig, denn erneute Suche erfordert viel Kraft.

Schönheit,
die von Luft und Licht lebt

Orchideen sind die meistverkauften Zimmerpflanzen, dabei galten die exotischen Grazien einst als besonders schwierig und nur etwas für Gärtner mit „zwei grünen Daumen".

Wer heute an Orchidee denkt, der denkt zuerst an die Schmetterlingsorchidee oder *Phalaenopsis.* Sie wird auch Nachtfalterorchidee genannt, weil die Blüten wie Schmetterlinge aussehen, oder auch Malaienblume, weil viele ursprünglich aus Malaysia stammen. In Millionen Stück wird der exotische Schmetterling produziert und gilt mittlerweile als die meistverkaufte Zimmerpflanze.

Aber es gibt noch einige andere aus der Orchideenfamilie, die auch in der Wohnung gehalten werden können: Die Vanda mit ihren herrlich blauen Blüten ist eine davon. Ihre ursprüngliche Heimat ist Südostasien. Mehr als 40 verschiedene Arten gibt es. Begehrt war diese Orchidee vor allem deshalb, weil Blüten in der Farbe Blau bei Orchideen sehr selten sind. Der Name kommt aus dem Sanskrit und bedeutet „aus Indien stammend".

Neben den wunderschönen großen Blüten, die in Trauben zusammenstehen, ist auch eine Vanda, die nicht in Blüte steht, eine wahrer Blickfang. In den tropischen Wäldern sitzen die Pflanzen auf Bäumen, die

Pflanze der Woche

Robustes für den Antigärtner

Das **Flammende Käthchen** *(Kalanchoe blossfeldiana)* ist eine Zimmerpflanze, mit der auch jene zurechtkommen, die den „grünen Daumen" nur vom Hörensagen kennen. Die sukkulente Pflanze, die selten Wuchshöhen von 30 Zentimeter überschreitet, hat einfache, dunkelgrüne und leicht fleischige Blätter. Aufgrund dieser verdickten Blätter verdunsten die Pflanzen relativ wenig Wasser. Um 1930 brachte der Berliner Samenhändler Blossfeld die Pflanze aus der Familie der Dickblattgewächse in den Handel. Die einzelnen Blüten sind recht klein, da sie aber in dichten Dolden zusammensitzen, wirkt der Blütenschmuck sehr üppig.

langen Luftwurzeln nehmen Regen und Morgentau auf. Normale Zimmerluft ist für diese Pflanzen freilich viel zu trocken, daher muss hier mit einem Trick gearbeitet werden. Die Vandas werden in große Glasvasen gehängt und alle paar Tage in Regenwasser getaucht. Noch einfacher ist es freilich, wenn man die Wurzeln alle paar Tage mit abgekochtem Leitungswasser besprüht.

Nach dem Abblühen gibt es meist eine kürzere Blühpause, die Zimmertemperaturen um 20 Grad Celsius und viel Licht fördern aber den Blütenansatz, und so kann eine Vanda zwei bis drei Mal pro Jahr blühen.

Holt man sich diese Orchidee in die Wohnung, dann hat man quasi ein Stück Wildnis, obwohl alle Pflanzen aus gärtnerischer Zucht stammen, und kann beobachten wie Pflanzen von Luft und Licht leben. Vanda-Pflanzen besitzen übrigens keine Speicherorgane (Orchideen-Experten nennen sie Pseudobulben) und haben daher auch keine ausgeprägte Ruhezeit. Deshalb sollte das ganze Jahr über leicht gedüngt werden. Am besten mit Orchideendünger, der in sehr geringer Konzentration (ein Viertel der sonst üblichen Menge) alle zwei bis drei Wochen ins Sprühwasser gegeben wird.

So gehen Sie richtig mit Orchideen um

Kauf. Kaufen sie nur Orchideen, die an den Triebenden der Blüten noch zahlreiche Knospen zeigen. Die Blätter müssen saftig grün sein.

Transport. Niemals zu lange in der Kälte transportieren. Daher gut einpacken und nicht längere Zeit im kalten Auto stehen lassen.

Standort. In der Wohnung einen warmen, hellen, aber nicht vollsonnigen Platz wählen. Keine kalte Zugluft, auch nicht für wenige Augenblicke. Die Orchidee verzeiht das nicht, Knospenfall ist meist die Reaktion.

Gießen. Etwa einmal pro Woche den Topf der Orchidee in lauwarmes, abgestandenes und möglichst kalkfreies Wasser tauchen, abtropfen lassen.

Blüte. Damit Orchideen immer reichlich blühen, sollte die Temperatur in der Nacht etwa fünf Grad kühler sein als am Tag. Steht die Pflanze auf einer Fensterbank, passiert das meist automatisch, die Nachtabsenkung der Heizung sorgt für den Blühimpuls.

Gärtnern im Takt der Natur

Abschlussarbeiten vor der Winterpause

Immer geruhsamer wird es jetzt für Gartenliebhaber.

Auf der Fensterbank. Geben Sie den Zimmerpflanzen jetzt den hellsten Platz im Haus. Bei trockener Zimmerluft Blätter mit reinem Wasser aus einer Sprühflasche benetzen. Bringen Sie Zweige in der Vase zum Blühen.

Im Freien. Ist der Boden offen, können laublose Gehölze noch gepflanzt werden. Bei Kahlfrost, also Minustemperaturen ohne Schnee, schützen Sie Stiefmütterchen, Goldlack oder Vergissmeinnicht mit Tannenzweigen. Kahle Hecken lassen sich noch stark zurückschneiden, das regt im Frühjahr den Austrieb an.

Fragen an den Biogärtner im November

Es ist so oft von Hornspänen als Dünger die Rede, woraus bestehen die eigentlich?

PLOBERGER: Das sind geschrotete Klauen von Rindern (gemahlen spricht man von Hornmehl). Diese Beigaben werden erst dann zum Dünger, wenn das Bodenleben daraus für die Pflanzen verfügbare Substanzen macht. Das geht nicht von heute auf morgen, daher sind Hornspäne der ideale organische Langzeitdünger und für alle Pflanzen geeignet.

Bei meinem Zitrusbaum sind alle Blüten abgefallen. Was habe ich falsch gemacht?

PLOBERGER: Entweder zu viel gegossen (vor allem jetzt im Winterquartier) oder im Sommer zu wenig gedüngt. Ab April zweimal pro Woche düngen, Zitrus braucht sehr viele Nährstoffe.

Was muss ich beachten, wenn ich einen Winterschnitt mache?

PLOBERGER: Die Wundversorgung, vor allem bei größeren Schnitten, ist wichtig. Am besten die Fläche mit einem Wundverschluss-Balsam gut einstreichen, dann haben Fäulniserreger keine Chance.

Wie bringe ich Wandelröschen über den Winter?

PLOBERGER: In einen kühlen und hellen Raum stellen und nicht zuviel gießen. Im Frühjahr muss etwas zurückgeschnitten werden. Übrigens, die Blüte kommt bei selbst überwinterten Pflanzen immer etwas später.

DEZEMBER

Stille Schönheit rundherum. Gräserhorste und abgetrocknete Stauden werden zu kleinen Eisskulpturen, wenn wir im Herbst nicht zu voreilig mit dem Rückschnitt waren. Auch Bäume mit schöner Rinde kommen jetzt richtig gut zur Geltung, wahre Meister dieser Disziplin sind die Ahornbäume. Und dazwischen leuchten die Immergrünen und die verbliebenen Hagebutten, die nicht im Schnabel der gefiederten Freunde gelandet sind. Man pflege in Wintermonaten das Wetter, wie man im Rest des Jahres seinen Garten pflege, riet der tschechische Autor Karel Čapek in seinem 1929 erschienenen Büchlein „Das Jahr des Gärtners“.

Der neue Star
des Advents

Weihnachtsstern und Adventkranz, das gehört zur Vorweihnachtszeit. Still und heimlich hat sich aber eine andere Pflanze zum neuen Star der Adventzeit entwickelt: die Amaryllis. Riesenblüten strahlen in weihnachtlichen Gestecken.

Rittersterne, wie sie deutsch korrekt genannt werden, sind meist unter dem falschen botanischen Namen Amaryllis im Handel, botanisch heißen sie *Hippeastrum*. Aber egal wie die Namen lauten, die Blütenpracht ist es, die uns begeistert.

Die ursprüngliche Heimat der Amaryllis ist Südamerika, seit beinahe 200 Jahren ist sie in Europa zu finden. Weil sie gerade im Winter die Hauptblüte hat, ist sie wie geschaffen für den adventlichen Zimmerschmuck.

Die sieben Schritte für die Pflege der Amaryllis

1. Kaufen sie nur unbeschädigte Zwiebeln. Weder die vertrockneten Schalen noch die Wurzeln entfernen.

Pflanze der Woche

Symbol für Unsterblichkeit

Die **Mistel** ist als weihnachtliche Dekoration nicht mehr wegzudenken. Als immergrüne Pflanze galt sie schon zur Römerzeit als Symbol für Unsterblichkeit, und den Kelten war sie heilig. Der Halbschmarotzer lebt vom Wasser und den Mineralstoffen des Baumes, assimiliert aber selbst und wirft alle zwei Jahre das Laub ab. Begehrt sind vor allem Misteln mit den weißen Früchten, die auch von den Vögeln gerne gefressen werden. Da diese Früchte extrem klebrig sind, versuchen die Tiere sie an Ästen abzustreifen, wo sie letztlich kleben bleiben und eine Wurzel bilden, die durch die Rinde in die Saftbahnen des Baumes führt. Auch in der Medizin spielt die Mistel eine große Rolle: Sie wirkt Blutdruck senkend, harntreibend und tumorhemmend.

2. Die Töpfe (am besten aus Ton, damit sie standfest sind) so groß wählen, dass etwa zwei bis drei Zentimeter Platz rund um die Zwiebel bleibt.
3. Als Erde wird Blumenerde aus der Packung verwendet. Gleich Hornspäne untermischen, denn die Amaryllis benötigt viele Nährstoffe.
4. Zwiebel nur zur Hälfte in die Erde setzen, angießen und sofort in die Wärme stellen. Erscheint dann der Blütenschaft, beginnt man zu gießen und auch schon zu düngen.
5. Nach dem Abblühen erscheinen die großen, langen Blätter. Ab jetzt „tankt" die Zwiebel schon wieder Kraft für die kommende Blüte. Ein heller Platz und regelmäßiges Gießen und Düngen ist nun ganz wichtig. Ab Mai kann die Pflanze ins Freie gestellt werden.
6. Ab Ende August beginnt dann die Ruhezeit, die Amaryllis wird nicht mehr gegossen, die Blätter vertrocknen und ziehen ein. Die Zwiebel bleibt im Topf und kommt in den Keller.
7. Ab Dezember, manchmal auch erst im Jänner, beginnt wieder das Wachstum, die ersten Blütenspitzen zeigen sich. Der Topf wird ins Zimmer geholt, die oberste Erdschicht ausgetauscht (also nicht jedes Jahr umtopfen) und angegossen.

Rittersterne vermehren

Für experimentierfreudige Gärtner lohnt es sich, die Amaryllis durch Samen zu vermehren. Blüten bestäuben, also Pollen mit dem Finger oder einem Pinsel von einer Blüte auf die andere übertragen, wenig später beginnt dann die Samenkapsel zu wachsen. Sobald sie abgetrocknet ist, die Samen sofort aussäen. Nach etwa drei bis vier Jahren ist die Zwiebel bei guter Pflege so groß, dass sie die ersten Blüten bildet.

Gärtnern im Takt der Natur

Alles unter Kontrolle

Pflanzen schützen, Rasen schonen und ein Auge auf das Winterquartier, mehr bleibt nicht zu tun.

Schutz. Alpenpflanzen in Steingärten sind im Winter dicke Schneedecken gewohnt. Fehlt der Schnee, schützt ein Vlies vor Frostschäden. Empfindliche Arten unter den Gebirgspflanzen mit Fichtenreisig vor Nässe schützen. Viele flüssige Pflanzenschutzmittel dürfen nicht einfrieren, weil sie sonst unbrauchbar werden.

Rasen. Bei starkem Frost gefriert auch das Wasser in den Blattzellen. Trittspuren sind oft bis zum Frühling sichtbar, weil die spröden Blätter und Halme abknicken und vergilben. Auch der Boden ist im Winter feuchter und verdichtet sich leichter. Deshalb sollten den Rasen bei Winternässe und Frost so wenig wie möglich betreten.

Winterquartier. Je heller das Winterquartier ist, desto höher können die Temperaturen sein, ein dunkler Platz sollte weniger als zehn Grad aufweisen.

Stechende
Schönheit in Grün

Wer denkt bei Hollywood an unsere Stechpalme? Dabei ist es diese Pflanze gewesen, die der Gegend außerhalb von Los Angeles den Namen gegeben hat.

Wer in den Tagen vor Weihnachten nach England oder Amerika kommt, wird sich dem „Holly"-Fieber nicht entziehen können. Er gehört dort dazu, wie bei uns die Tannenzweige. Wer aber meint, die Stechpalme sei schon wieder so eine amerikanische Erfindung, der irrt. Stechpalmen haben zutiefst europäische Wurzeln.

Die saftig grünen Zweige des Schradl, wie die Stechpalme in Österreich liebevoll genannt wird, waren schon zur Zeit der Germanen ein begehrtes Kultobjekt, das im Stall zur Winterszeit die guten Feen aus dem Wald anlocken sollte. Später waren dann die Ilexzweige vor allem beim Osterfest in Verwendung, daher auch der Name Stechpalme. Am Palmsonntag wurden die Zweige des immergrünen Ilex als Symbol für Unsterblichkeit und Wiedergeburt verwendet.

Das dunkelgrüne, glänzende, kräftige Laub und die strahlend roten Früchte haben es auch hierzulande immer mehr Garten-

Pflanze der Woche

Ein Stern für stille Stunden

Das Wolfsmilchgewächs trat vor 100 Jahren seinen Siegeszug an und brachte Farbe in den Winter. Er ist allgegenwärtig – der **Weihnachtsstern** ist die traditionellste Pflanze in diesen Wochen, Millionen Stück werden verkauft. Am meisten gefragt ist nach wie vor der kräftig rote Stern mit dem dunkelgrünen Blattwerk.

Daneben gibt es ein ganzes Sortiment an Weihnachtssternen in Soft Pink, Pink, Hot Pink und Dark Pink, „Princettia" heißt diese Züchtung. Die Kommentare der Blumenliebhaber bei ihrer Einführung waren geteilt und reichten von „endlich etwas Neues", bis „fürchterlich, jetzt muss auch schon der Weihnachtsstern mit der Mode gehen".

liebhabern angetan: Die teilweise stacheligen Gehölze stehen im Topf, geschmückt mit hunderten roten Beeren vor der Haustür, auf der Terrasse oder am Balkon. Manche werden auch gleich dauerhaft in den Garten gepflanzt, denn dann sind sie noch robuster und winterhärter.

Besonders gern mag die Stechpalme humose, durchlässige Böden. Sie wächst aber auch auf frischen, humosen Sandböden. Allerdings reagiert sie mit verstärktem Blattfall auf zu viel Wasser und zu geringe Luftfeuchtigkeit und Hitze. Einmal angewachsen, ist die Stechpalme absolut pflegeleicht. Ein geschützter, leicht schattiger Standort ist dazu allerdings wichtig. Eine Kompostgabe als Düngung dankt die Pflanze mit gesundem Wachstum.

Stechpalmen sind an sich leicht zu kultivieren, ein wirkliches Problem ist starker Frost ohne Schnee. Wenn der Ilex im Topf gehalten wird, muss man ihn bei solchen Kahlfrösten in die Garage stellen, wenn er ausgepflanzt ist, muss man ihn mit Strohmatten oder Leinentüchern schützen. Sie sorgen dafür, dass die Pflanze nicht austrocknet, denn der Ilex erfriert nicht, sondern er vertrocknet.

Aus der Stechpalme sind eine ganze Reihe von Arten und Sorten hervorgegangen, die sich im Wuchs und der Belaubung zum Teil stark unterscheiden. Die heimische Art, Gemeine Stechpalme *(Ilex aquifolium)*, wird etwa vier bis fünf Meter hoch. Sie lässt sich durch Rückschnitt aber auch wesentlich kleiner halten.

Von Mai bis Juli bildet die Pflanze viele kleine weiße Blüten aus. Sollen Stechpalmen im Herbst sicher Früchte tragen, empfiehlt es sich, möglichst mehrere Pflanzen als Gruppe zusammenzusetzen, denn die meisten Arten und Sorten sind zweihäusig. Sie tragen also männliche Blüten auf der einen und weibliche auf einer anderen Pflanze. Bei vielen Sorten ist das schon am Namen erkennbar: 'Blue Prince' ist der Pollenspender, 'Blue Princess' dagegen trägt die Früchte. Sehr schöne Sorten sind auch 'Blue Angel' mit besonders dunklen Blättern oder 'Golden King' mit grün-gelben. Als besonders robust wird die Sorte 'Alaska' eingestuft, sie hat glänzend grünes und stark bedorntes Laub.

So schön der Ilex mit seinen roten Früchten ist, man muss aufpassen: Die Früchte sind hochgiftig, schon wenige Beeren auch für Erwachsene tödlich.

Als Sichtschutz-Pflanze, zur Unterpflanzung von Bäumen und als winterlicher Farbtupfer ist die Stechpalme sehr gefragt. Beliebt ist sie aber auch, weil sie im Sommer den Bienen und im Winter den Vögeln Nahrung bietet.

Gärtnern im Takt der Natur

Zeit zum Sortieren und Planen

Im Garten ist allmählich Ruhe eingekehrt, an stillen Winterabenden kann nun mit Muße vom neuen Gartenjahr geträumt werden. Besinnung und Vorfreude bestimmt nun den Gärtnertakt, Zeit für ein paar Handgriffe bleibt da immer.

Vorbereitung. Saatgutvorräte sortieren, Kataloge, Pflanzlisten und Aufzeichnungen studieren und, falls schon wieder Gartenlust aufkommt, die Pflanzpläne fürs kommende Jahr erstellen.

Zimmerpflanzen. Diese immer wieder vom Staub reinigen (mit Bier oder mit Wasser verdünnter Milch), dann glänzen die Blätter nicht nur schön, sondern die Pflanzen können auch mehr Licht aufnehmen. Ist die Luft sehr trocken, dann von Zeit zu Zeit mit Wasser übersprühen.

Düngen. Sollte man jetzt wenig, alle zwei Wochen reicht bei den Topfpflanzen aus. Alle Kübelpflanzen (Zitrus, Palmen & Co) werden im Winterquartier ganz wenig gegossen und keinesfalls gedüngt. Stehen die Orangenbäumchen aber in einem temperierten Gewächshaus oder Wintergarten (maximal 15 Grad), dann muss man auch düngen.

Fragen an den Biogärtner im Dezember

Werden Ziergräser abgeschnitten?

PLOBERGER: Das eigene Laub ist für Ziergräser der beste Winterschutz, also nicht abschneiden, sondern locker zusammenbinden, damit der Schnee die Horste nicht auseinanderdrücken kann.

Meine Azaleen werfen die Blätter ab, was wurde falsch gemacht?

PLOBERGER: Entweder steht die Topfblume zu warm oder sie wurde einem starken Temperaturwechsel ausgesetzt. Zugluft und pralle Sonne mag die chinesische Schönheit auch nicht. Ist es zu trocken und warm, sind Azaleen auch anfällig für Spinnmilben.

Meine Zaubernuss will nicht so recht blühen.

PLOBERGER: Der mutige Winterblüher bevorzugt geschützte Standorte in sonnigen bis halbschattigen Lagen, bei zu viel Schatten fällt der Blütenansatz geringer aus. Der Strauch bevorzugt durchlässigen, humosen Boden, der im Sommer nicht austrocknen darf. Die Zaubernuss mag auch keine Bodenverdichtungen.

Jetzt bellaflora
Gartenfreund
werden!

Bildnachweis

Fotos:

Dori/wikimedia.org: S. 90 u.

fotolia.com: S. 8/9, 10, 11, 13, 14/15, 16, 17, 18, 19, 22/23, 24, 26 o., 28, 29, 30, 31, 32, 33 li., 34/35, 36/37, 38, 41, 44, 45, 46/47, 48/49, 50, 51, 52 o., 53, 57, 58, 60, 61, 62/63, 64/65, 69, 70, 71, 72 o., 73, 75, 76, 77, 78/79, 80/81, 86 re., 87, 88, 90 o., 91, 92, 93, 94/95, 96/97, 98, 99 u., 102, 103 o., 104, 105, 106 u., 108 o., 110/111, 112/113, 114, 115, 116, 117, 118 u., 120, 121, 122, 123, 124, 126/127, 128, 130 o., 134, 137, 138/139, 140, 141, 142, 143, 144, 146 o., 147 u., 148/149, 150/151, 152 o. und u. re., 153, 154, 156/157

gaucho/wikipedia.org: S. 25

Jean-Pol Grandmot/wikipedia.org: S. 130 u.

Markus Manske/wikipedia.org: S. 86 li.

manun/photocase.com: S. 20/21

Karl Ploberger: S. 12, 26 u., 39, 45 (Foto in Grafik), 52 u., 59, 68, 72 u., 74, 83, 84, 85, 99 o., 101, 106, 107, 108 o., 109, 118 o., 129, 131, 133, 135, 147 o., 152 u. li.

Helena Wallner: S. 33 re., 40, 54, 55, 56, 66, 67, 82, 103 u., 145, 155

Wildfeuer/wikipedia.org: S. 132, 144 u., 146 u.

Grafiken:

Pelizzari/Kleine Zeitung: S. 42

Ulrich/Kleine Zeitung: S. 45

Celebrations!

A special collection of calorie counted recipes based on the Weight Watchers Programme and compiled to celebrate Weight Watchers 25 years of weight loss

Weight Watchers*

First Published 1992 by Weight Watchers (U.K.) Ltd.

For information about Weight Watchers classes, contact:
Weight Watchers (U.K.) Ltd.,
Kidwells Park House
Kidwells Park Drive
Maidenhead, Berkshire SL6 8YT
Telephone: Maidenhead (0628) 777077

ISBN 0 9518783 0 1

Publications Manager – Margaret Turner

Edited, and preparation of food for photography
by Ann Page-Wood

Photography by Simon Smith

Graphic Design by Tony Durrant

Illustrations by Christine Howell

Production by The Marine Press Ltd., Surbiton, Surrey

Photosetting by Michael Weintroub Graphics Ltd, Kenton, Middlesex.
Reproduction by Apollo Colour Repro Ltd, West Molesey, Surrey.
Printed and bound by C/S/M Impact Ltd, Basingstoke, Hampshire.

CONTENTS

ABOUT OUR RECIPES

Weight Watchers members can enjoy a wide variety of foods and recipes whilst following the Weight Watchers Programme.

"Celebrations" consists of recipes which can be used on a number of different social occasions and will ensure that those special gatherings do not jeopardise your efforts to control your weight.

Suitable for members and non-members alike, each recipe has a calorie count as well as its Programme equivalents and will be invaluable to anyone who enjoys good food using simple, healthy recipes.

- ★ *Selections are shown so you can fit the recipes into your Weight Watchers Food Plan and we've calorie counted them too.*
- ★ *Accuracy in weighing ingredients ensures successful results and leads to good weight control.*
- ★ *Use either the imperial or metric measurements – don't mix the two.*
  1 teaspoon = 5ml
  1 tablespoon = 15ml
- ★ *Make sure ingredients are measured with a spoon and levelled by using the back of a knife.*
- ★ *Drain canned fish thoroughly.*
- ★ *Buy the leanest cuts of meat and, when possible, remove the skin from poultry before cooking.*
- ★ *Canned fruit should be in natural juice with no sugar added.*

INTRODUCTION

Entertaining at home and party giving are rapidly increasing in popularity as are the excuses we find for celebrating a variety of occasions. What can be more pleasurable than inviting family or friends for a special Sunday lunch, a well prepared Dinner Party or even, weather permitting, an outdoor picnic or barbecue?

Now, with this exciting new cookery book, you'll be able to enjoy all these occasions secure in the knowledge that you will still be able to eat healthy, well-balanced meals whilst you are watching your weight and the calories.

The pages that follow contain a host of recipe suggestions that will help you plan a variety of special occasions, from a candlelit dinner for two, through to a buffet or cocktail party for many more. You'll also find suggestions for family gatherings, eating out of doors and a really special section for wonderful desserts with a difference.

We hope you enjoy using this really special cookery book which has been produced to commemorate Weight Watchers 25th Anniversary as weight loss leaders in the United Kingdom – a true Celebration indeed!

TWO'S COMPANY

Many cookery books include recipes suitable for celebrations but very few have recipes which are for two servings, they seem to ignore couples. This section is devoted to celebration meals for two people. It comprises starters, vegetable accompaniments, snacks, main courses, desserts and drinks which have been devised to serve two people and to also fit into the Weight Watchers Programme. By choosing recipes and organising your day's allowances, it is possible to enjoy a three course meal by using recipes entirely from the following pages. This menu is suitable for ordinary Members and Vegetarian Members.

Starter	*– Mushroom and Nut Appetiser (page 8)*
Main Course	*– Creamy Pasta (page 15)*
Dessert	*– Prima Peaches (page 20)*
To Drink	*– Spritzer (page 21)*
	Black Coffee

Total Selections for this meal would be 2 Bread, 1½ Fat, 1 Fruit, 3 Protein, ½ Vegetable, 200 Optional Calories (185 Optional Calories for Vegetarian Members). Even by serving an attractive tasty mixed salad, without a dressing, you will still have sufficient Selections to enjoy snacks throughout the day.

Illustration: Berry Hearts (See page 20)

MUSHROOM AND NUT APPETISER

Serves 2

Ingredients:

4oz (120g) button mushrooms
1 tablespoon oil
½ clove garlic, finely chopped or crushed
1 tablespoon lemon juice
½oz (15g) hazelnuts
salt and pepper

Method:

1) Thinly slice the mushrooms.
2) Heat the oil in a small saucepan, add the garlic and stir round then add the mushrooms and stir-fry for 2-3 minutes.
3) Stir the lemon juice into the mushroom mixture and remove from the heat.
4) Chop the hazelnuts and stir into the hot mushrooms then season with salt and pepper. Serve hot with melba toast or cold with a garnish of salad leaves – remember to add the Selections as necessary.

Selections per serving:
1½ Fat, ½ Protein, ½ Vegetable,
10 Optional Calories

95 Calories per serving

SUMMER SOUP

Serves 2

A word of warning – radishes vary considerably in flavour; some are exceptionally peppery, others have hardly any flavour. Taste one before starting the recipe and adjust the amount accordingly.

Ingredients:

1 large bunch spring onions
12oz (360g) lettuce
1½ teaspoons chopped dill
5 well-flavoured radishes
8fl oz (240ml) weak vegetable or chicken stock
salt
3 tablespoons single cream

Method:

1) Chop the spring onions and shred the lettuce.
2) Place the spring onions, lettuce and dill in a saucepan.
3) Chop three radishes and add to the saucepan together with the stock. Bring to the boil, reduce the heat then cover and leave for 20-25 minutes.
4) Transfer the lettuce mixture to a liquidiser and process to a pureé.
5) Season the soup with a little salt then reheat. Stir in the cream then pour into two large soup bowls. Chop the remaining radishes and sprinkle over the soup.

Illustrated on Page 12

Selections per serving:
2½ Vegetable,
75 Optional Calories

95 Calories per serving

VALENTINE LAMB

Serves 2

Ingredients:

2 × 4oz (120g) valentine chops
2 tablespoons reducurrant jelly
2 teaspoons wine vinegar
¼ teaspoon ground ginger

Method:

1) Lay the chops in a non-metallic dish.
2) Spoon the redcurrant jelly into a small basin or cup and stand in a saucepan of simmering water until runny.
3) Stir the vinegar into the runny jelly, add the ginger and leave until cool. Reserve 2 teaspoons of the mixture then pour the remainder over the chops and leave in a cool place to marinade for 3-4 hours or longer. Turn once during marinating.
4) Transfer the chops to the rack of a grill pan and cook under a moderately hot heat basting occasionally with the marinade. Turn once during cooking.
5) Transfer the chops to two warm serving plates. Spoon a teaspoon of the reserved redcurrant jelly mixture onto each chop.

Selections per serving:
3 Protein,
50 Optional Calories

200 Calories per serving

STUFFED AUBERGINES

Serves 2

Ingredients:

2 small aubergines
salt
4oz (120g) brown lentils
2 teaspoons oil
1 clove garlic, finely chopped
1 small onion chopped
¼-½ teaspoon chilli powder
8oz (227g) can chopped tomatoes
1 tablespoon tomato purée
2 tablespoons water or stock
2oz (60g) mozzarella cheese, thinly sliced

Method:

1) Cut the aubergines in half and, using a grapefruit knife, remove the white centre leaving just sufficient attached to the skin to allow each half to retain its shape.
2) Dice the scooped out aubergine and place in a sieve or colander. Sprinkle the diced aubergine with salt and sprinkle the inside of each half with salt then turn upside down so the bitter juices run.
3) Place the brown lentils in a saucepan, cover with plenty of cold water and bring to the boil. Boil rapidly for 15-16 minutes then drain.
4) Heat the oil in a separate saucepan, add the garlic and onion and stir-fry for 5-6 minutes then add the chilli powder and cook for a further minute.
5) Stir the chopped tomatoes, tomato purée and 2 tablespoons water or stock into the saucepan.
6) Rinse the diced and halves of aubergine under running cold water. Place the diced aubergine in with the tomato mixture, stir in the lentils, cover and leave over a low heat for 5-10 minutes, stirring occasionally.
7) Place the aubergine halves in a large saucepan, cover with boiling water and return to the boil. Cook for 2-3 minutes then drain and arrange in a shallow flameproof dish.
8) When the lentil mixture is thick and the lentils completely cooked, season to taste with salt then spoon into the hot aubergine halves.
9) Lay the sliced mozzarella on top of the Stuffed Aubergines and cook under a hot grill until the cheese has melted.

Selections per serving:
1 Fat, 3 Protein, 4 Vegetable,
5 Optional Calories

90 Calories per serving

CHEESE AND MUSHROOM SOUFFLÉ

Serves 2

Ingredients:

4 teaspoons margarine
½ small onion, finely chopped
2oz (60g) mushrooms, chopped
½oz (15g) flour
¼ pint (150ml) skimmed milk
3 eggs separated
2oz (60g) mature Cheddar cheese, finely grated
good pinch powdered mustard
salt and pepper
cream of tartar

Method:

1) Use a little of the margarine to grease a deep 6 inch (15cm) souffle dish.
2) Melt the remaining margarine in a 2 pint (1.2 litre) saucepan, add the onion and stir-fry 2-3 minutes. Add the mushrooms and stir-fry for a further 2 minutes.
3) Sprinkle the flour into the saucepan and cook over a low heat for 1-2 minutes, stirring all the time.
4) Remove from the heat and gradually blend in the milk. Bring to the boil, stirring continuously, and boil for 1-2 minutes. Allow to cool for 2-3 minutes.
5) Beat the egg yolks and cheese into the sauce. Season to taste with mustard, salt and pepper.
6) Whisk the egg whites with a pinch of cream of tartar until peaking. Using a tablespoon, lightly fold into the mushroom and cheese sauce. Spoon the mixture into the soufflé dish and bake at 180C, 350F, Gas Mark 4 for 35 minutes until golden brown and just set. Serve immediately.

Selections per serving:
2 Fat, ¼ Milk, 2½ Protein, ½ Vegetable, 20 Optional Calories
390 Calories per serving

PRAWN GRATIN

Serves 2

Ingredients:

½ tablespoon finely chopped chives
1 teaspoon finely chopped dill
5oz (150g) peeled prawns
1 tablespoon white wine
salt and pepper
1 tablespoon margarine
1oz (30g) fresh breadcrumbs

Method:

1) Place the herbs in a bowl, add the prawns and wine and mix well. Season with a little salt and pepper.
2) Spoon the prawn mixture into a small shallow flameproof dish.
3) Melt the margarine, add the breadcrumbs and stir round then sprinkle over the top of the prawns.
4) Cook under a hot grill until the breadcrumbs are crisp and golden brown.

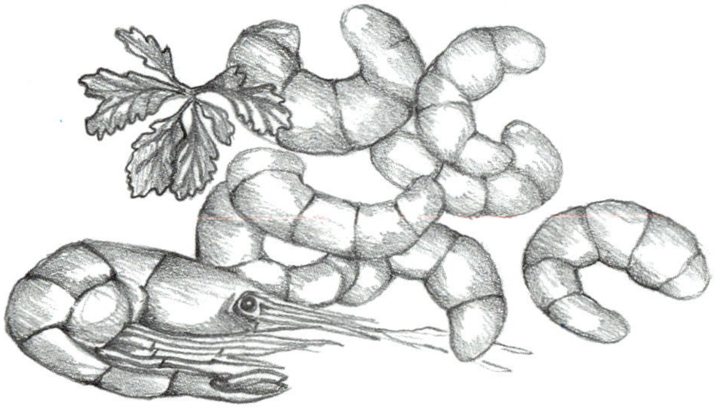

Selections per serving:
½ Bread, 1½ Fat, 2½ Protein, 5 Optional Calories
170 Calories per serving

CHICKEN LAYER BAKE

Serves 2

Ingredients:

2 × 3oz (90g) skinned and boned chicken breasts
2 × 1oz (30g) slices cooked ham
4oz (120g) carrot
1 courgette
salt
2 tablespoons chopped spring onion
½ teaspoon tarragon
pepper
3 tablespoons white wine
2 sprigs tarragon

Method:

1) Cut lengthways through the chicken breasts. Fold the slices of ham in half and lay one between the two halves of a chicken breast.
2) Cut the carrot into matchstick-sized strips. Thinly slice the courgette.
3) Plunge the carrot and courgette into boiling salted water and cook for 3-4 minutes. Drain well.
4) Lay two pieces of foil, about 8 inch (20cm) square, on a baking sheet. Place half the spring onion, carrot and courgette in the centre of each square, lay the chicken on top and sprinkle with the tarragon, salt and pepper.
5) Spoon the wine over then fold the edge of the foil over to make two parcels. Bake at 180C, 350F, Gas Mark 4 for 20-25 minutes.
6) Carefully open the foil parcels, transfer the vegetables and chicken to two warm serving plates, remove the cocktail sticks and garnish with the sprigs of tarragon.

Selections per serving:
3 Protein, 1½ Vegetable,
20 Optional Calories

175 Calories per serving

BLUE CHEESE BEEF

Serves 2

Ingredients:

2 × 4oz (120g) fillet or sirloin steak
1½oz (45g) Stilton or Danish blue cheese
1 tablespoon cream cheese
2 teaspoons mayonnaise

Method:

1) Lay the steaks on the rack of a grill pan and cook, turning once until done to taste; rare, medium or well-done.
2) Mash the cheese together with the cream cheese, mix in the mayonnaise.
3) Transfer the steaks to warm serving plates, spoon the blue cheese mixture on top of each steak then spread it over and serve before the blue cheese has completely melted.

Selections per serving:
1 Fat, 3½ Protein,
65 Optional Calories

325 Calories per serving

SALMON DUO

Serves 2

Ingredients:

1 small carrot
1 small courgette
½ tablespoon grated onion
½ tablespoon butter
2 × 5oz (150g) salmon steaks
lemon juice
salt and pepper
lemon slices or wedges to garnish

Method:

1) Peel and grate the carrot. Grate the courgette. Mix all the prepared vegetables together.
2) Cut two pieces of foil, each one large enough to hold one piece of salmon, grease with the butter.
3) Spoon the vegetables over each piece of foil then lay a salmon steak on top. Sprinkle with a little lemon juice and season with salt and pepper.
4) Draw the foil up round each salmon steak and fold securely. Transfer the foil parcels to a baking sheet and cook at 190C, 375F, Gas Mark 5 for 25 minutes or until the salmon is cooked.
5) Transfer the salmon and vegetables to warm serving plates, garnish with lemon slices or wedges and serve.

Opposite:
Summer Soup (page 8)
Salmon Duo (Page 13)
Vegetarian Crumble (Page 16)
Gaelic Coffee (Page 21)

Illustrated opposite

Selections per serving:
4 Protein, 1 Vegetable,
25 Optional Calories

330 Calories per serving

QUAILS IN GRAPE SAUCE

Serves 2

Ingredients:

4 × 4oz (120g) quails
1 tablespoon flour
salt and pepper
1 tablespoon oil
½ small onion, chopped
4 tablespoons chicken stock
6oz (180g) white grapes
1 teaspoon cornflour
1 teaspoon lemon juice
3 tablespoons soured cream

Method:

1) Wipe the quails. Season the flour with salt and pepper. Coat each quail in the seasoned flour.
2) Heat 2 teaspoons of oil in a flameproof casserole, brown the quails all over, transfer to a plate.
3) Heat the remaining teaspoon oil, add the onion and stir-fry for 3-4 minutes, add the stock, and return the quails to the casserole. Cover and cook at 180C, 350F, Gas Mark 4 for 30-40 minutes.
4) While the quails are cooking put the grapes into a saucepan of boiling water, boil for 1-2 minutes, drain and slip off the skins. Halve the grapes and remove the seeds.
5) Transfer the quails to a warm plate. Blend the cornflour to a paste with the lemon juice and stock from the casserole, add the grapes and bring to the boil.
6) Stir the soured cream into the sauce and serve with the quails.

Selections per serving:
1½ Fat, 1 Fruit, 3 Protein,
95 Optional Calories

410 Calories per serving

CREAMY PASTA

Serves 2

Ingredients:

4oz (120g) taglietelle
salt
1 egg
2 tablespoons skimmed milk
4oz (120g) cottage cheese
½ teaspoon finely chopped chives
2 teaspoons finely chopped dill
pepper
1½oz (45g) smoked salmon
2 teaspoons grated Parmesan cheese

Method:

1) Cook the pasta in boiling salted water until 'al dente' – firm to the bite.
2) While the pasta is cooking lightly beat the egg and milk.
3) Sieve the cottage cheese into a bowl then gradually stir in the egg. Add the herbs and season with a little salt and pepper.
4) Cut the salmon into thin strips about 2 inch (5cm) long.
5) Drain the cooked taglietelle then tip back into the hot saucepan. Add the cottage cheese mixture and return to a low heat. Stir continously until the sauce has thickened and been absorbed by the pasta.
6) Remove the saucepan from the heat and stir in the smoked salmon. Divide the pasta between two warm serving plates, sprinkle with the cheese and serve.

Illustrated opposite

Vegetarian Variation
Substitute smoked salmon with 2oz (60g) diced smoked tofu
Selections per serving:
2 Bread, 2 Protein,
15 Optional Calories

Selections per serving:
2 Bread, 2 Protein,
30 Optional Calories

360 Calories per serving

SWEET AND SOUR PORK

Serves 2

Ingredients:

9oz (270g) lean minced pork
1 clove garlic, crushed
good pinch rosemary
salt and pepper
1 tablespoon cornflour
2 tablespoons soy sauce
2 tablespoons wine or cider vinegar
1 tablespoon tomato purée
1 tablespoon chopped spring onions
½ green or red pepper, finely chopped
4oz (120g) pineapple, chopped
¼ pint (150ml) vegetable stock
sliced spring onions

Method:

1) Mix the pork together with the garlic, rosemary and a little salt and pepper. Shape into eight balls and lay on the rack of a grill pan. Cook under a moderately hot grill, turning from time to time until the fat stops dripping.
2) Blend the cornflour with the soy sauce, vinegar and tomato pureé.
3) Stir the blended mixture with the spring onions, pepper, pineapple and stock.
4) Bring the sauce ingredients to the boil, stirring all the time, reduce the heat, cover and simmer for 5-6 minutes.
5) Stir the sauce, add the pork balls and cover the saucepan. Simmer for 5-10 minutes until the balls are completely cooked.
6) Spoon the pork and sauce onto a warm serving plate and garnish with the sliced spring onions.

Selections per serving:
½ Fruit, 3½ Protein,
½ Vegetable, 20 Optional Calories
255 Calories per serving

VEGETARIAN CRUMBLE

Serves 2

Ingredients:

8oz (240g) can chopped tomatoes
2 tablespoons light soy sauce
1 clove garlic
1 leek
3oz (90g) carrot or swede
½ green pepper
2oz (60g) mushrooms
4oz (120g) cauliflower florets
6oz (180g) drained canned chick peas
9oz (270g) tofu
salt and pepper
2½oz (75g) wholemeal flour
1 tablespoon butter
1 tablespoon margarine
1oz (30g) mature Cheddar cheese, finely grated
1 teaspoon sesame seeds

Method:

1) Stir the tomatoes and soy sauce together in a saucepan.
2) Finely chop the garlic and add to the tomatoes.
3) Slice the leek, carrot or swede, green pepper and mushrooms.
4) Stir all the prepared vegetables into the saucepan, add the chick peas. Cut the tofu into ¾ inch (2cm) cubes and add to the vegetables. Season to taste with salt and pepper.
5) Bring the vegetable mixture to the boil stir then cover the saucepan and leave to simmer for 12-14 minutes.
6) Place the flour in a bowl, add the butter and margarine, if possible margarine which has been stored in the freezer, and rub in until the mixture resembles fresh breadcrumbs.
7) Stir the cheese and sesame seeds into the flour mixture.
8) Spoon the hot vegetable mixture into a small deep ovenproof dish. Sprinkle over the flour mixture and bake at 180C, 350F, Gas Mark 4 for about 20 minutes.

Illustrated on Page 12

Selections per serving:
1 Bread, 1½ Fat, 3 Protein,
3½ Vegetable, 80 Optional Calories
590 Calories per serving

ROAST MALLARD WITH ORANGE

Serves 2

Ingredients:

1 × 1lb 4oz (600g) mallard
salt
1 medium orange

Method:

1) Rinse the mallard then pat dry and rub the skin with salt.
2) Place the mallard on a rack standing in a roasting pan and cook at 210C, 375F, Gas Mark 7 for 40 minutes or until cooked. About halfway through the cooking time carefully lift the bird and tip out the fat and juices which gather in its body cavity. Pour the fat into the bowl and chill then skim the fat and reserve the juices.
3) Transfer the bird to a chopping board or plate and using a sharp knife remove the wings and legs. Cut each side of the breast bone and remove the breast in one piece. The breast meat should weigh about 6oz (180g) but meat may be carved from the legs to make up this weight.
4) Cut the orange in half. Squeeze the juice from half the orange. Remove the peel and slice the remaining half, cut each slice in half.
5) Lay the orange slices in a small flameproof dish, pour over the orange juice and juices from the mallard. Heat under a moderately hot grill.
6) Pour the orange juice over the mallard breasts and garnish with the orange slices.

Selections per serving:
½ Fruit, 3 Protein

190 Calories per serving

STIR-FRIED VEGETABLES

Serves 2

Ingredients:

1 tablespoon oil
1 teaspoon finely chopped ginger
1 clove garlic, finely chopped
½ red pepper, cut in thin strips
4 spring onions, cut in thick diagonal slices
2oz (60g) green beans, cut in 1 inch (2.5cm) pieces
1 carrot, cut in thin strips
3oz (90g) beansprouts
2 teaspoons soy sauce
1 tablespoon tomato purée
3 tablespoons water
2 tablespoons sherry
salt and pepper
½ teaspoon roasted sesame seeds

Method:

1) Heat the oil in a saucepan or small wok. Add the ginger and garlic and stir-fry for 1-2 minutes. Mix in all the remaining vegetables and stir-fry for a further 3 minutes.
2) Stir the soy sauce, tomato purée, water and sherry together, pour over the vegetables and mix well.
3) Cover the saucepan or wok and leave to simmer gently for 6 minutes. Adjust the seasoning then transfer to a warm serving dish, sprinkle with the sesame seeds and serve immediately.

Selections per serving:
1½ Fat, 2 Vegetable, 25 Optional Calories

125 Calories per serving

RASPBERRY PUFFS

Serves 2

Ingredients:

3 tablespoons water
4 teaspoons margarine
1oz (30g) plain flour – if possible strong bread-making flour
1 egg, beaten
For the filling:
2oz (60g) curd cheese
2oz (60g) fromage frais
artificial sweetener
10oz (300g) raspberries
¼ teaspoon icing sugar to dust

Method:

1) Place the water and margarine in a small saucepan and heat gently until the margarine has melted then increase the heat and bring to a rolling boil.
2) Sieve the flour then tip into the saucepan and remove from the heat. Beat well until the mixture forms a ball and leaves the side of the saucepan. Leave to cook 3-4 minutes.
3) Gradually beat the egg into the flour, adding only a little at a time.
4) Rinse a baking sheet under running cold water then spoon the choux pastry into two even sized heaps onto the baking sheet – leave the mixture in heaps do not spread it. Place in a preheated oven 200C, 400F, Gas Mark 6 and then immediately the choux is in the oven increase the heat to 210C, 425F, Gas Mark 7.
5) Cook for 25 minutes until well risen and golden brown then make a slit in the side of each puff with a sharp knife to allow the steam to escape, return to the oven for a further 4-5 minutes. Leave on a wire rack to cool.
6) Mix the curd cheese and fromage frais together, add a little artificial sweetener equivalent to about 1 teaspoon sugar. Stir in the raspberries – don't worry if they break up. If you have a particularly sweet tooth add a little more sweetener.
7) No more than 3 hours before serving cut each puff in half and fill with the raspberry cheese mixture, replace the top and dust with a little sieved icing sugar.

Illustrated opposite

Selections per serving:
½ Bread, 2 Fat, 1 Fruit,
1½ Protein, 5 Optional Calories
280 Calories per serving

CARAMEL CUSTARD

Serves 2

Ingredients:

2oz (60g) granulated sugar
4 tablespoons cold water
2 teaspoons hot water
2 eggs
artificial sweetener
¼ pint (150ml) whole milk
3 drops vanilla essence

Method:

1) Prepare a steamer, cut two rounds of non-stick baking parchment large enough to cover the tops of two ¼ pint (150ml) metal bowls. Do not grease the bowls.
2) Gently heat the granulated sugar and cold water in a heavy-based small saucepan until the liquid turns golden brown. Do not stir the liquid during this time. Remove from the heat.
3) Add the hot water. This will make a noise as it combines with the caramel.
4) Hold one of the metal bowls with oven gloves, quickly pour in half the caramel and turn to coat. Repeat with the other bowl.
5) Beat together the eggs, artificial sweetener equivalent to 2-3 teaspoons sugar and 1 tablespoon milk.
6) Heat the remaining milk until steaming, stir into the egg mixture, add the vanilla essence then strain into the bowls.
7) Lay the non-stick baking parchment on top of the custards. Transfer to the steamer and steam very gently – leave the water just below simmering point, for about 12-15 minutes. The custards must not be overcooked or their smooth texture will be spoilt.
8) Remove the bowls from the steamer and tilt them so the custard draws away from the sides. Turn upside down onto two serving plates and when the caramel has run from the base of the tins carefully remove.

Selections per serving:
½ Milk, 1 Protein,
145 Optional Calories
250 Calories per serving

BERRY HEARTS

Serves 2

Ingredients:

2oz (60g) curd cheese
125g carton virtually fat free strawberry yogurt (60 Calories)
few drops vanilla essence
¼ teaspoon lemon juice
¼ pint (150ml) skimmed milk
½ tablespoon gelatine
5oz (150g) strawberries
½ teaspoon sugar
1 teaspoon cornflour
juice of ½ a medium orange
½ tablespoon low-fat natural yogurt

Method:

1) Mix the curd cheese together with the strawberry yogurt. Add the vanilla and lemon juice.
2) Place 3 tablespoons milk in a cup or small basin, sprinkle in the gelatine and stand in a saucepan of simmering water until the gelatine has dissolved.
3) Stir the remaining milk into the curd cheese mixture.
4) Rinse two 4fl oz (120ml) heart shaped moulds under running cold water and set aside – if you don't have heart shaped moulds use any moulds that will hold the same quantity.
5) Stir the dissolved gelatine into the curd cheese mixture then spoon into the damp moulds. Chill until set.
6) Mash the strawberries then push through a sieve to remove all the tiny seeds.
7) Place the sugar and cornflour in a small bowl.
8) Gradually blend the orange juice and strawberry purée into the cornflour mixture. Pour the purée into a small saucepan and bring to the boil stirring all the time, boil for 1 to 2 minutes.
9) Pour the strawberry sauce onto two plates and leave until cool.
10) Dip the moulds into hot water then invert onto each serving plate. Swirl the yogurt in the sauce. Serve chilled.

Illustrated on Page 6

Selections per serving:
½ Fruit, ¼ Milk, ½ Protein,
50 Optional Calories

155 Calories per serving

PRIMA PEACHES

Serves 2

Ingredients:

4 drained canned peach halves, 8oz (240g)
1 tablespoon cream cheese
1oz (30g) fromage frais
½oz (15g) ground almonds
1 tablespoon caster sugar
4 almond flakes

Method:

1) Place the peach halves on two small serving plates.
2) Mix the cream cheese and fromage frais together. Add the ground almonds and sugar and mix well.
3) Spoon the mixture evenly over the four peach halves then top each half with one flake of almond.

Selections per serving:
1 Fruit, ½ Protein,
110 Optional Calories

175 Calories per serving

GAELIC COFFEE

Serves 2

Ingredients:

8fl oz (240ml) hot strong black coffee
1 tablespoon sugar
4 tablespoons Irish whisky
2½ tablespoons double cream

Method:

Pour the hot coffee into two stemmed glasses. Add 1½ teaspoons of sugar to each glass and stir until dissolved. Stir in 2 tablespoons of whisky into each glass, then pour half the cream into each glass by pouring down the back of the spoon so the cream rests on top.

Illustrated on Page 12

Selections per serving:
165 Optional Calories

165 Calories per serving

HONEYMOON

Serves 2

Ingredients:

4 tablespoons Benedictine
4 tablespoons Applejack Brandy
4 tablespoons lemon juice
dash orange curaco

Method:

Shake all the ingredients together, pour into two glasses. To serve 'in the mist' pour over crushed ice.

Selections per serving:
165 Optional Calories

165 Calories per serving

SPRITZER

Serves 2

Ingredients:

4fl oz (120ml) white wine
4fl oz (120ml) carbonated water

Method:

Stir the wine and water together then pour into two glasses.

Selections per serving:
50 Optional Calories

50 Calories per serving

SWEET DREAMS

Serves 2

Ingredients:

2 tablespoons apricot brandy
2 tablespoons pineapple juice
1 tablespoon gin
2 tablespoons light rum
2 tablespoons double cream
6-7 ice cubes

Method:

Place all the ingredients together in a liquidiser. Blend for about 10 seconds then pour into glasses.

Selections per serving:
145 Optional Calories

145 Calories per serving

STARTERS AND SIDE DISHES

To make a celebration meal extra special it must start with a light tasty course to tempt the appetite and no matter what you choose for the main course, whether an elaborate dish or a simple grill, the vegetable accompaniment should be selected to enhance the recipe not to overpower or detract from it. Plain boiled rice or potatoes and a mixture of limp salad ingredients cannot be regarded as inventive and certainly wouldn't add to the enjoyment of the meal.

The simplest and one of the quickest starters to prepare would be a single wedge of melon yet by presenting it in an attractive way it makes a delightful beginning to a meal. Instead of serving a bowl of plain rice, try adding a few spices or chopped herbs and a little grated lemon zest. Immediately you will have created a far more interesting accompaniment.

Illustration: Simple Melon Boats *(See page 32)*

BABY TOMATOES WITH AVOCADO DRESSING

Serves 8

Ingredients:

3oz (90g) avocado
3oz (90g) fromage frais
½ teaspoon lemon juice
½ small clove garlic, crushed
pepper sauce
1½ teaspoons finely chopped basil
1 tablespoon low-fat natural yogurt
1-2 teaspoons skimmed milk
salt
10oz (300g) cherry tomatoes
few sprigs of basil

Method:

1) Mash the avocado, fromage frais and lemon juice together then stir in the garlic, a dash of pepper sauce, chopped basil and yogurt.
2) Add sufficient skimmed milk to provide a dressing about as thick as a stirred yogurt. Season with salt.
3) Place half the tomatoes in a bowl, cover with boiling water and leave for 30 seconds then drain and remove the skins. Repeat this procedure with the remaining tomatoes.
4) Pile the tomatoes into a small serving bowl and garnish with sprigs of basil, serve the Avocado Dressing separately in a small bowl.

Selections per serving:
¼ Vegetable,
30 Optional Calories
40 Calories per serving

EGG WEDGES

Serves 6

Ingredients:

3 eggs
1½oz (45g) curd cheese
¾ teaspoon mayonnaise
1 teaspoon tomato pureé
9 capers
salt and pepper
3 medium tomatoes
few lettuce leaves, shredded

Method:

1) Place the eggs in a saucepan add sufficient cold water to just cover and bring to the boil. Boil for 10 minutes then drain and place immediately under running cold water, when cool enough to handle remove the shell – prepared this way the black ring so often found round the yolk of a hard-boiled egg should be avoided.
2) Cut the eggs in half horizontally and scoop out the yolks with a teaspoon. Mash the yolks together with the curd cheese. Mix in the mayonnaise and tomato pureé.
3) Roughly chop the capers then add to the egg mixture and season to taste with salt and pepper.
4) Pack the filling into the holes left in the eggs by removing the yolks. Spread the remaining filling evenly on top of each egg.
5) Using a sharp knife cut each half into three segments.
6) Halve the tomatoes and cut into three wedges about the same size as the eggs.
7) Arrange the shredded lettuce over six small plates then arrange the egg and tomato in a star design over the lettuce.

Illustrated on Page 26

Selections per serving:
½ Protein,
15 Optional Calories
65 Calories per serving

SMALL SPINACH SOUFFLÉS

Serves 8

Ingredients:

1lb (480g) fresh young spinach
1 large onion, finely chopped
3 tablespoons margarine
1oz (30g) flour
½ pint (300ml) skimmed milk
6 eggs, separated
4 tablespoons finely grated Parmesan cheese
salt and pepper
good pinch freshly grated nutmeg
pinch of cream of tartar

Method:

1) Wash the spinach well in several changes of water, shake to remove excess water then roughly chop and place in a saucepan with the onion. Cover the saucepan and cook over a gentle heat for 5 minutes – do not add any water.
2) Melt the margarine in a small saucepan. Brush four ramekins with a little margarine and place them on a baking sheet.
3) Return the margarine to the heat and stir in the flour, mix well and stir over a moderate heat for 1 minute.
4) Remove the saucepan from the heat and gradually blend in the milk. Bring the sauce to the boil and boil for 2 minutes, stirring all the time.
5) Pour the sauce into a large bowl. Press the spinach against the side of the saucepan and drain off any liquid then add to the sauce together with the egg yolks, cheese, salt and pepper and nutmeg. Adjust the seasoning to taste.
6) Whisk the egg whites with the cream of tartar in a large bowl until peaking. Using a metal tablespoon, lightly fold them into the spinach sauce. Spoon the mixture into the greased ramekins and bake at 180C, 350F, Gas Mark 4 for 25-30 minutes until well-risen, golden brown and the top just set. Serve immediately.

Selections per serving:
1 Fat, ½ Protein,
60 Optional Calories

190 Calories per serving

LEMON LEEKS

Serves 6

Ingredients:

1lb 4oz (600g) leeks
2 tablespoons margarine
juice of 1 lemon
salt and pepper
few slices of lemon

Method:

1) Cut the leeks into ½-¾ inch (1.25-2cm) slices and wash well to remove the grit that is trapped between the layers.
2) Heat the margarine in a saucepan, add the leeks and stir over a moderate heat for 3-4 minutes.
3) Pour the lemon juice into the saucepan, stir round then cover the saucepan and leave over a low heat for 17-18 minutes or until the leeks are cooked.
4) Spoon the leeks into a warm serving dish and serve garnished with lemon slices.

Selections per serving:
1 Fat, 1 Vegetable

50 Calories per serving

SPICED RICE

Serves 6

Ingredients:

9oz (270g) basmati rice
salt
2 tablespoons sesame oil
4oz (120g) onion, finely chopped
4 green cardamom pods
large pinch cumin seeds
1 tablespoon sesame seeds
2 inch (5cm) stick cinnamon

Method:

1) Place the basmati rice in a bowl, cover with cold water and add 1 teaspoon salt, set aside for 40 minutes.
2) Drain the rice well.
3) Heat the sesame oil in a separate saucepan, add the onion and stir-fry for 2 minutes.
4) Split the cardamom and remove the seeds. Add the cardamom, cumin and sesame seeds, then stir in the rice and crumble in the cinnamon stick.
5) Stir 12fl oz (360ml) water into the spicy rice mixture and bring to the boil, stir well then cover the saucepan and leave over a low heat for 14 minutes or until cooked. Spoon the rice into a bowl and serve hot or leave until cold then cover and leave until the salad is to be served.

Opposite:
Egg Wedges (Page 24)
Spiced Rice
Buttered Carrots and Courgettes (Page 32)
Gazpacho (Page 33)

Illustrated opposite

Selections per serving:
1½ Bread, 1 Fat,
¼ Vegetable, 10 Optional Calories
215 Calories per serving

TOMATOES AND CORN

Serves 6

Ingredients:

12oz (360g) baby corn on the cob
1 tablespoon olive oil
1 clove garlic, finely chopped
1 small onion, finely chopped
8oz (227g) can chopped tomatoes
½ teaspoon basil
salt and pepper

Method:

1) Cook the baby corn in a saucepan of boiling water for 8 minutes then drain.
2) Heat the oil in a saucepan, add the garlic and onion and stir-fry for 6 minutes until the onion is translucent.
3) Stir the tomatoes and basil into the onion then add the corn.
4) Season the tomato and corn mixture then cover the saucepan and cook over a low heat for about 8 minutes, stirring from time to time, until the mixture is thick and the corn cooked.

Selections per serving:
½ Bread, ½ Fat, ½ Vegetable, 15 Optional Calories
45 Calories per serving

CURRIED CAULIFLOWER

Serves 4

Ingredients:

1 teaspoon oil
½ medium onion, finely chopped
1 clove garlic, crushed
2 tablespoons mild curry powder
4fl oz (120ml) vegetable stock
1 cauliflower
2oz (60g) raisins

Method:

1) Heat the oil in a saucepan large enough to hold the whole cauliflower. Add the onion and garlic and stir-fry for 2-3 minutes.
2) Add the curry powder to the onion, stir in the stock and bring to the boil over a high heat.
3) Remove the coarse stalk from the cauliflower and add to the saucepan, sprinkle the raisins into the saucepan then cover the saucepan tightly and reduce the heat. Simmer for 15-20 minutes until cooked.
4) Transfer the cooked cauliflower to a warm serving dish, stir the cooking liquid then spoon over the cauliflower and serve.

Selections per serving:
½ Fruit, 1½ Vegetable,
10 Optional Calories

90 Calories per serving

BAKED POTATOES

Serves 6

Ingredients:

6 × 6oz (180g) potatoes

Method:

1) Scrub the potatoes well. Make a cross in each one then lay directly on an oven shelf and bake at 180-200C, 350-400F, Gas Mark 4-6 for 50 minutes to 1 hour 10 minutes until cooked.*

Variations:

1) Spoon 1 teaspoon butter into the cross of each cooked potato just before serving. Add 30 Optional Calories per serving.
2) Mix 6 tablespoons soured cream together with 4 teaspoons chopped chives. Serve with the cooked potatoes or spoon one sixth of the mixture into the cross of each potato and serve immediately. Add 50 Optional Calories per serving.
3) Stir 3 tablespoons low-fat natural yogurt with 3 tablespoons soured cream, add chopped herbs to taste. Serve with the cooked potatoes or spoon 1 tablespoon of the mixture into the cross of each potato and serve immediately. Add 30 Optional Calories per serving.

Selections per serving:
*2 Bread

135 Calories per serving

DUCHESS POTATOES

Serves 6

Ingredients:

1lb 2oz (540g) potatoes
salt
1 egg, beaten
pepper
1 tablespoon margarine
1 teaspoon oil

Method:

1) Cut the potatoes into chunks. Place in boiling salted water and boil until cooked.
2) Drain the potatoes then mash well until smooth.
3) Beat the egg into the potatoes, season well with salt and pepper. Beat in the margarine.
4) Brush a baking sheet with oil.
5) Using a ½ inch (1.25cm) fluted nozzle pipe the potato mixture onto the baking sheet. Bake at 200C, 400F, Gas Mark 6 for about 20 minutes until golden brown.

Selections per serving:
1 Bread, ½ Fat,
20 Optional Calories
105 Calories per serving

MELBA TOAST

Serves 6

Ingredients:

1 sandwich or split tin loaf, 2-3 days old

Method:

1) Cut the crust from one end of the loaf – the crusts and remaining bread can be made into breadcrumbs and used in other recipes, they will freeze well in plastic bags.
2) Cut twelve very thin slices from the loaf then remove the crusts. The total weight of the slices should then be about 4oz (120g).
3) Cut each slice in half to make two triangles. Lay the triangles on the rack of a grill and cook under a low to moderate heat until they are golden brown.
4) Turn the triangles and cook the other side. The bread should curl slightly and be a fairly even golden brown colour but don't worry if the edges burn a little.

Selections per serving:
½ Bread,
15 Optional Calories
15 Calories per serving

BERRY SOUP

Serves 6

Ingredients:

1lb 9oz (750g) mixture of berries, e.g. gooseberries, raspberries, blueberries, blackberries
16fl oz (480ml) water
4 teaspoons arrowroot
2 tablespoons sugar
approximately ½ tablespoon lemon juice
4 tablespoons low-fat natural yogurt
2 tablespoons skimmed milk

Method:

1) Wash the berries then place in a saucepan – there is no need to top and tail the gooseberries.
2) Add about ¼ pint (150ml) water to the saucepan, cover tightly and simmer for 10 minutes or until the berries are completely cooked.
3) Pour the berries and their cooking liquid into a sieve resting over a bowl. Push the berries against the sides of the sieve to extract as much juice as possible.
4) Blend the arrowroot with the remaining water, pour into a saucepan together with the fruit pureé and sugar.
5) Bring the berry mixture to the boil, stirring all the time, boil for 1-2 minutes. Add lemon juice to taste and leave until cold.
6) Pour the chilled soup into six small bowls.
7) Stir the yogurt together with the milk. Drizzle the yogurt mixture over each serving and swirl over the surface with a fork or skewer. Refrigerate until the soup is to be served.

Illustrated opposite

Selections per serving:
½ Fruit,
50 Optional Calories
65 Calories per serving

BUTTERED CARROTS AND COURGETTES

Serves 6

Ingredients:

1lb (480g) carrots
4 large courgettes
salt
2 tablespoons butter
½ tablespoon chopped chives
1 teaspoon lemon juice
pepper

Method:

1) Peel the carrots and cut into lengths about ⅜ × 2 inch (1 × 5cm).
2) Cut the courgettes into the same size lengths as the carrots but keep them separately.
3) The vegetables may be steamed or boiled in slightly salted water. Half cook the carrots then add the courgettes and continue cooking until cooked but still slightly crisp.
4) Mash the butter together with the chives, mix in the lemon juice and a little salt and pepper.
5) Drain the vegetables and return to the saucepan, add the lemon and chive butter and toss to coat all the vegetables with it. Transfer to a warm serving dish.

Selections per serving:
2 Vegetable,
35 Optional Calories
70 Calories per serving

SIMPLE MELON BOATS

Serves 4

Ingredients:

1 medium ogen melon
approximately ½ teaspoon ground ginger

Method:

1) Cut the melon in half from the end which has been attached to the plant to the bottom.
2) Scoop out and discard the seeds then cut each half lengthways in half again to make four wedges.
3) Using a sharp knife – if you have a filleting knife which bends a little this would do the job easily but don't worry if you haven't, use any sharp knife. Slide the blade under the flesh just above the skin. This will leave the skin in one piece and detach the flesh.
4) Transfer the melon wedges to four small serving plates. Leave the flesh resting on the skin. Make several cuts down through the flesh but stop at the skin so it remains in one piece.
5) Gently push alternate slices of flesh to the right and then to the left to make a zig-zag design.
6) Sprinkle each Melon Boat with a generous pinch of ground ginger.

Illustrated on Page 22

Selections per serving:
½ Fruit
35 Calories per serving

GARLIC BREAD

Serves 8

Ingredients:

1 × 8oz (240g) baguette
2½ tablespoons butter
2 cloves garlic
salt

Method:

1) Make seven cuts almost through the loaf so about ½ inch (1.25cm) of bread holds the slices together.
2) Mash the butter with a fork.
3) Crush the garlic and stir into the butter. Season with a little salt.
4) Spread the garlic butter over one cut side of each slice.
5) Wrap the loaf in foil and cook at 190C, 375F, Gas Mark 5 for 10 minutes.

Selections per serving:
1 Bread,
30 Optional Calories
115 Calories per serving

GAZPACHO

Serves 8

Ingredients:

16fl oz (480ml) tomato and vegetable juice
1lb 2oz (540g) tomatoes, roughly chopped
1 large clove garlic, chopped
1 medium onion, chopped
1 large red pepper, seeded and chopped
1 large green pepper, seeded and chopped
2 tablespoons red wine vinegar
1 tablespoon chopped basil
½ cucumber, chopped
salt and pepper
8 sprigs basil

Method:

1) Place the tomato and vegetable juice, tomatoes, garlic, onion, red and green peppers, wine vinegar, basil and cucumber in a liquidiser or food processor and process until smooth.
2) Season well with salt and pepper, chill well.
3) To serve pour the soup into eight chilled bowls and garnish each serving with a sprig of basil.

Illustrated on Page 26

Selections per serving:
1¼ Vegetable,
15 Optional Calories
25 Calories per serving

TOMATO SALAD

Serves 6

Ingredients:

3 × 8oz (240g) marmande tomatoes
1½ tablespoons chopped basil
1½oz (45g) feta cheese
3oz (90g) avocado
lemon juice
6 large black olives, pitted
3 spring onions

Method:

1) Cover the tomatoes with boiling water and leave for 40 seconds then drain and remove the skins.
2) Thinly slice the tomatoes and place in a serving bowl together with the basil.
3) Cut the feta into very thin slices then cut each slice into ½ inch (1.25cm) pieces.
4) Cut the avocado in half then cut thinly across its width, sprinkle with a little lemon juice.
5) Thinly slice the black olives and finely chop the spring onions.
6) Gently stir all the salad ingredients together, chill until ready to serve.

Illustrated opposite

Selections per serving:
½ Fat, 1¼ Vegetable,
25 Optional Calories
65 Calories per serving

REFRESHING PRAWN COCKTAIL

Serves 6

Ingredients:

3 medium grapefruit
6oz (180g) avocado
3oz (90g) prawns
6 large black olives, pitted and thinly sliced
2 tablespoons olive oil
2½ tablespoons lemon juice
pinch of powdered mustard
pinch of sugar
1 tablespoon chopped chives
salt and pepper
shredded lettuce
6 sprigs watercress

Method:

1) Using a sharp knife remove the peel and white pith from each grapefruit. Cut between each membrane to separate into segments. Reserve all the juice which runs from the fruit during preparation.
2) Remove the skin from the avocado and slice thinly.
3) Mix the grapefruit segments, avocado, prawns and olives together.
4) Place the reserved grapefruit juice, oil, lemon juice, mustard, sugar, chives, and a little salt and pepper into a small jar and shake well to mix. Alternatively whisk all the ingredients together in a small bowl.
5) Pour the dressing over the salad and mix well.
6) Arrange a little shredded lettuce on each serving plate or in a small glass, top with the prawn and fruit mixture and garnish each serving with a sprig of watercress.

Selections per serving:
2 Fat, 1 Fruit, ½ Protein,
5 Optional Calories
155 Calories per serving

DINNER PARTIES MAIN DISHES

Celebration dinners often centre round the main course of the meal therefore it is important to choose a main course before deciding whether to serve a starter or to include a particular dessert.

There are many varied main course recipes in this section some suitable for entertaining the family on a special occasion, others ideal for including at an elaborate dinner party. Several recipes are ideal for vegetarians as well as non-vegetarians. Choose your recipe to suit your visitors and the occasion. The Traditional Swiss Fondue (page 42) would be a good choice for a dinner party, whereas the Roast Beef and Yorkshire Popovers (page 51) would be more suited to a family celebration dinner or Sunday lunch.

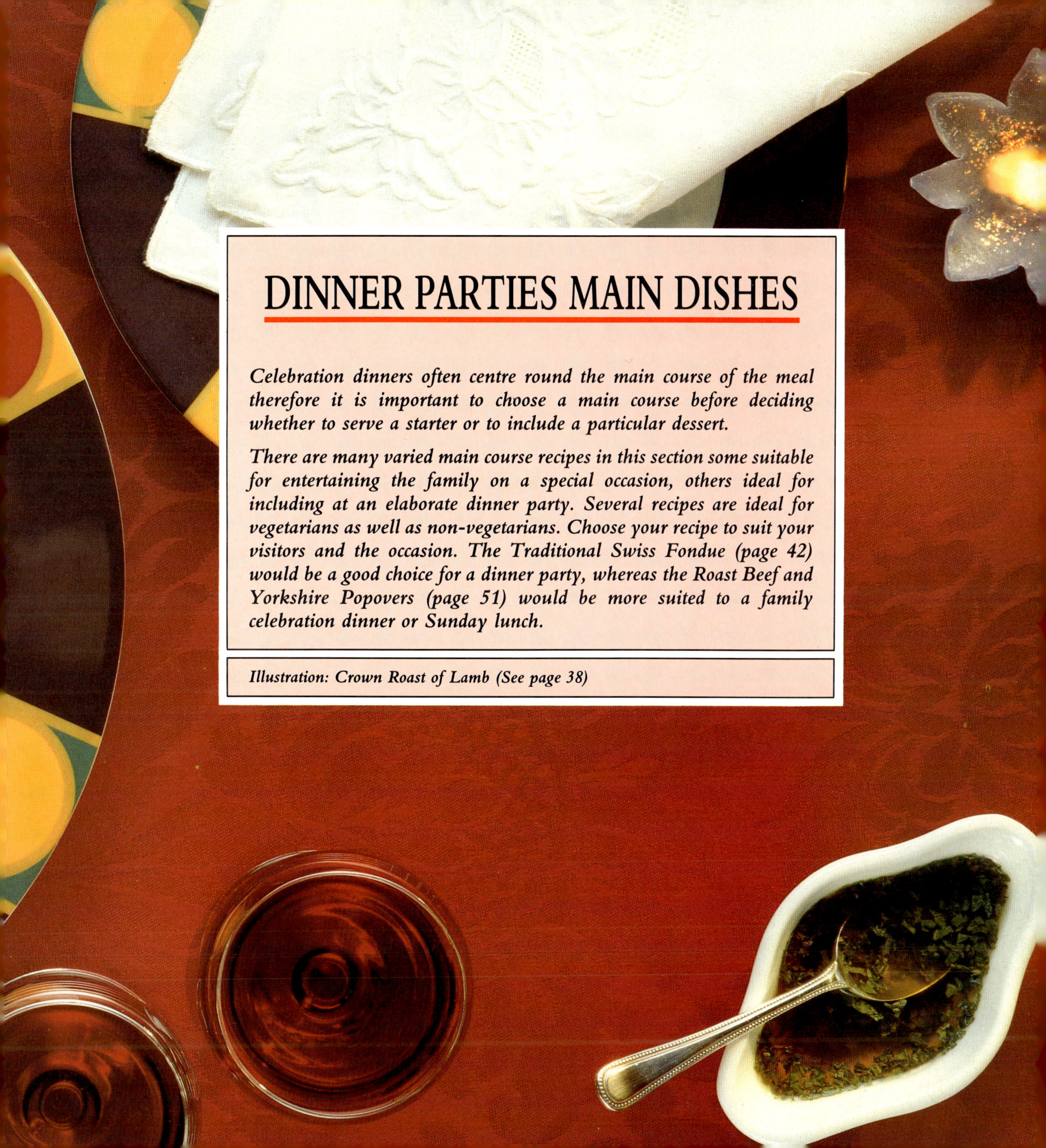

Illustration: Crown Roast of Lamb *(See page 38)*

CROWN ROAST OF LAMB WITH MINT SAUCE

Serves 4

Ingredients:

2 racks of lamb total weight approximately 2½lb (1.2kg) suitably prepared by the butcher or supermarket
2 tablespoons finely chopped mint
1 teaspoon sugar
1½ tablespoons boiling water
1-2 tablespoons vinegar
8oz (240g) carrots
8oz (240g) peas
salt

Method:

1) Using a sharp knife remove all the white fat from the back of each rack of lamb so the meat is just held together. If you buy a ready prepared crown undo the joint and remove the fat then tie up once again. Trim each cutlet bone to a depth of about 1 inch (2.5cm).
2) Bend the joints round with the side which has been trimmed of fat inside. Tie with fine string so the joint retains its 'crown' shape. Cover the bones with foil. Weigh the joint and calculate the cooking time allowing 30 minutes per lb (450g) and 30 minutes over.
3) Stand the lamb on a rack resting in a roasting tin and crumple a piece of foil and place in the centre. Bake in a preheated oven 180C, 350F, Gas Mark 4.
4) Place the mint in a small jug, add the sugar and boiling water and stir until the sugar has dissolved. Add vinegar to taste.
5) Dice the carrots. Place the carrots and peas in a saucepan of boiling slightly salted water, cook for about 15 minutes until cooked but slightly crisp.
6) Transfer the lamb to a warm serving plate and remove the foil. Drain the vegetables and spoon some into the centre, serve the remainder in a tureen. Decorate alternate cutlet bones with a frill. Serve the mint sauce separately.

Illustrated on page 36

Selections per serving:
½ Bread, 3 Protein, ½ Vegetable, 5 Optional Calories
415 Calories per serving

PHEASANT AND PLUM CASSEROLE

Serves 4

Ingredients:

1 tablespoon oil
10oz (300g) onions, chopped
7 or 8 juniper berries, crushed
12oz (360g) dessert plums, stoned and quartered
6fl oz (180ml) well flavoured chicken stock
2 inch (5cm) strip of lemon zest
salt and pepper
a brace of pheasant
1 teaspoon cornflour blended with 2 tablespoons water

Method:

1) Heat oil in a flameproof casserole, add onions, stir-fry for 3-4 minutes, cover and leave over a low heat for 6 minutes. If you don't have a large enough casserole the recipe may be cooked in a saucepan on the hob but must be tightly covered and cooked over a low heat so stock barely simmers.
2) Stir the juniper berries, plums, stock and lemon zest into casserole.
3) Rinse pheasants under cold water, dry and lay on top of the onions and plums. Season with salt and pepper.
4) Bring stock to the boil, cover casserole and place in an oven, 160C, 325F, Gas Mark 3 for 1 hour 15 minutes or until pheasants are cooked. If pheasants fit tightly into the casserole rearrange once during cooking so sides of the birds which have been touching in the centre are transferred to outer edge. To check pheasants are cooked, pierce one of the thighs with the point of a sharp knife. If juices run clear they are cooked.
5) Lift the pheasants onto a board. Place casserole on a high heat and boil fiercely until liquid has reduced by about one third. If casserole is to be served immediately the stock must be chilled. Spoon into a chilled bowl, place bowl in a second bowl containing iced water and ice cubes. When fat solidifies on the surface it can be skimmed and stock returned to the casserole.
6) Carve the pheasants and weigh 10oz (300g) of meat. Reserve extra meat for the following day. Return cooked meat to casserole, stir in blended cornflour and bring to the boil. Simmer for 2 minutes stirring all the time. If casserole is made ahead of time, stock and birds may be left to cool, fat skimmed from the surface and then the dish completed later. Remove lemon zest, adjust seasoning and serve. Remind your guests the meat may contain shot.

Selections per serving:
½ Fat, ½ Fruit, 2½ Protein, ¾ Vegetable, 30 Optional Calories
230 Calories per serving

PLOUGHMAN'S FONDUE

Serves 6

Ingredients:

¼ pint (150ml) skimmed milk
2-3 slices onion
7oz (210g) mature Cheddar cheese, finely grated
7oz (210g) Leicester cheese, finely grated
1½ teaspoons English mustard
1 teaspoon cornflour
2 tablespoons brandy
pepper
9oz (270g) crusty bread
selection of vegetables e.g. spring onions, radish, carrots

Method

1) Pour the milk into a flameproof dish, add the onion and heat until just coming to the boil then remove the onion.
2) Stir about half the cheese into the hot milk, stir well then add the remaining cheese and mustard.
3) Stir the cheese continuously until melted.
4) Blend the cornflour together with the brandy then stir into the cheese and cook over a low heat for 1-2 minutes until thick and smooth. Season with pepper.
5) Cut the bread into cubes and arrange on a plate with a selection of vegetables cut into bite-sized pieces. Keep the fondue warm over a burner, if this is not possible reheat over a low flame then return the dish to the table.

Selections per serving:
1½ Bread, 2 Protein,
1-2 Vegetable, 50 Optional Calories
465 Calories per serving

DUCK WITH ORANGE SAUCE

Serves 8

Ingredients:

2 × 5-6lb (2.4-2.9kg) ducks
salt and pepper
bouquet garni
2-3 onion rings
2½ tablespoons cornflour
2 teaspoons margarine
½ medium onion, finely chopped
5 tablespoons orange marmalade
3-5 tablespoons lemon juice
watercress

Method:

1) Season the ducks well with salt and pepper. Place the ducks on a wire rack resting in a roasting pan.
2) Place the giblets in a casserole with the bouquet garni and onion rings, pour over sufficient cold water to just cover the giblets then cover the casserole.
3) Place the ducks towards the top of an oven set at 200C, 400F, Gas Mark 6. Place the giblet casserole as near the bottom as possible.
4) Cook for 25-30 minutes then reduce the heat to 180C, 350F, Gas Mark 4 for about 2 hours or until cooked. Remove the ducks from the oven every 35-45 minutes and drain the fat from the roasting tin. Pour the fat and juices from the roasting tin into a bowl and set aside. When the ducks are cooked leave to stand for 15 minutes.
5) About 15 minutes before the end of the cooking time remove the giblets from the oven, strain the stock and place in a chilled bowl. Cool rapidly and skim the fat which solidifies on the surface. Remove the stock from the fat poured from the roasting tin. Blend the cornflour with a little stock and set aside. Place both stocks in a large saucepan and boil fiercely over a high heat until reduced by one-third to one half.
6) Melt the margarine in a saucepan, add the onion and stir-fry for 6-7 minutes until cooked. Stir the blended cornflour and 12fl oz (360ml) boiling stock into the onion and bring to the boil stirring all the time. Remove from the heat and stir in the marmalade and 3 tablespoons lemon juice. Add more lemon juice to taste and season well with salt and pepper.
7) Carve the ducks, allow 3oz (90g) meat per person. Arrange the meat on a serving plate and garnish with watercress. Serve the sauce separately.

Selections per serving:
3 Protein,
50 Optional Calories
225 Calories per serving

TURKEY AND GAMMON STEAKS

Serves 6

Ingredients:

6oz (180g) broccoli florets
6oz (180g) cauliflower florets
6oz (180g) baby corn on the cobs
salt
6 × 2oz (60g) ham or gammon steaks
3-4 teaspoons chilli sauce
1 tablespoon oil
6 × 2oz (60g) turkey escalopes
1 tablespoon butter
½ tablespoon wine vinegar

Method:

1) Cut the broccoli and cauliflower into small florets. Cut each corn in half.
2) Place the corn in a saucepan, cover with boiling water add a little salt and boil for 4 minutes. Add the broccoli and cauliflower and boil until just cooked but still crisp.
3) Lay the ham steaks on the rack of a grill pan and brush with a little chilli sauce. Cook the steaks under a moderate grill for 8-9 minutes then turn and brush the other side with chilli sauce.
4) Mix the remaining chilli sauce with the oil.
5) Lay the turkey on the rack with the ham. Brush each escalope with the chilli and oil mixture, return to the grill and cook under a moderate heat for 6-7 minutes. Turn the turkey over, brush liberally with the remaining chilli and oil mixture then return to the grill and complete the cooking.
6) Melt the butter in a saucepan, add the cooked vegetables and toss in the hot butter, sprinkle with the vinegar then arrange round the edge of a warm serving dish. Arrange the ham and turkey in the centre of the dish and serve.

Opposite:
Turkey and Gammon Steaks
Salmon Fillet with Vegetables
Pork in Orange and Madiera Sauce (page 43)
Cheese and Walnut Pancakes (page 47)

Illustrated opposite

Selections per serving:
½ Fat, 3 Protein, ½ Vegetable, 45 Optional Calories

270 Calories per serving

SALMON FILLET WITH VEGETABLES

Serves 4

Ingredients:

4oz (120g) carrots
4oz (120g) swede
1 tablespoon oil
8oz (240g) leeks, thinly sliced
3oz (90g) fennel, thinly sliced
6fl oz (180ml) white wine
4 × 4oz (120g) pieces salmon fillet

Method:

1) Cut the carrots and swede into thin sticks, about 1½ inch (4cm) long.
2) Heat the oil in a frying pan or large saucepan. Add the leeks and stir-fry for 2-3 minutes then add the carrots, swede and fennel. Stir all the vegetables together then cover and leave over a low heat for 15 minutes or until the vegetables have half cooked.
3) Pour the wine over the vegetables, stir well then lay the salmon on top, cover and leave to cook over a low heat for about 12 minutes.
4) Carefully transfer the vegetables and salmon to a warm serving plate.

Illustrated opposite

Selections per serving:
½ Fat, 3 Protein, 1½ Vegetable, 50 Optional Calories

315 Calories per serving

LENTIL LASAGNE

Serves 8

Ingredients:

2 tablespoons margarine
6oz (180g) green lentils
1-2 cloves garlic, finely chopped
2 onions, roughly chopped
1 carrot diced
1-2 sticks celery, chopped
6oz (180g) split red lentils
1 teaspoon oregano
½-1 teaspoon chilli powder
14oz (440g) can chopped tomatoes
2 tablespoons tomato pureé
salt
6-7oz (180-210g) tiny broccoli florets
6-7oz (180-210g) tiny cauliflower florets
¼ teaspoon powdered mustard
2oz cornflour
1¼ pints (750ml) skimmed milk
6oz (180g) mature Cheddar cheese, finely grated
8oz (240g) lasagne

Method:

1) Grease a rectangular dish approximately 14 × 8½ inch (35 × 21.25cm) with 1-2 teaspoons margarine.
2) Place the green lentils in a saucepan, cover with cold water, bring to the boil. Boil rapidly for 10 minutes, drain.
3) Melt the remaining margarine in a large saucepan, add the garlic and onions and stir-fry for 5 minutes until the onions are soft.
4) Stir the carrot, celery, red lentils, oregano, chilli powder, tomatoes, tomato purée, salt and 1 pint (600ml) water into the onion mixture. Bring to the boil. Stir vegetable mixture add drained green lentils, cover and leave to simmer for 30 minutes. Stir to prevent sticking, if necessary add a little more water.
5) Plunge the broccoli and cauliflower into boiling water, return to the boil and cook for 4 minutes, drain.
6) Blend the mustard and cornflour with milk, bring to the boil stirring. Remove from heat, stir about 5oz (150g) cheese into sauce. Reserve half sauce and stir remainder together with the broccoli and cauliflower.
7) Plunge lasagne in boiling, lightly salted water, cook until 'al dente'. Drain pasta and leave over the sides of a colander to prevent sheets sticking.
8) Arrange one quarter of the lasagne in greased dish, spread half the lentil mixture over, cover with a second quarter of lasagne. Pour cheese and broccoli sauce evenly on top, cover with half the remaining lasagne. Spoon remaining lentil mixture evenly over, cover with remaining lasagne.
9) Pour cheese sauce over assembled dish, sprinkle with grated cheese. Bake at 190C, 375F, Gas Mark 5 for 30 minutes.

Selections per serving:
1 Bread, ½ Fat, ¼ Milk, 2 Protein, 2 Vegetable, 55 Optional Calories

450 Calories per serving

TRADITIONAL SWISS FONDUE

Serves 6

Ingredients:

1 clove of garlic
4fl oz (120ml) dry white wine
6oz (180g) Emmental cheese, finely grated
6oz (180g) Gruyere cheese, finely grated
½ teaspoon lemon juice
1 teaspoon cornflour
1½ tablespoons kirsch
pepper
freshly grated nutmeg
9oz (270g) French bread
selection of vegetables e.g. cauliflower, carrots, peppers

Method:

1) Peel the garlic and rub all round the inside of a flameproof dish.
2) Pour the wine into the dish and bring to the boil. Stir about one-third of the cheese into the wine and reduce the heat. Add the lemon juice and a second third of the cheese, stir well and then add the remaining cheese.
3) Stir the cheese continuously until it has melted.
4) Blend the cornflour together with the kirsch. Stir into the melted cheese and cook over a low heat for 2 minutes until thick and smooth. Season to taste with pepper and nutmeg – do not add salt – the cheese provides sufficient.
5) Cut the French bread into cubes and arrange on a plate with small florets of cauliflower, sticks of carrots and peppers. If possible the dish should be kept warm over a low burner while the guests dip the bread and the prepared vegetables into the fondue.

Variation: 1oz (30g) prawns per person may be served for dipping into the fondue but allow 1 extra Protein Selection.

Selections per serving:
1½ Bread, 2 Protein, 1-2 Vegetable, 25 Optional Calories

415 Calories per serving

PORK IN ORANGE AND MADIERA SAUCE

Serves 6

Ingredients:

4 teaspoons oil
12oz (360g) onions, thinly sliced
6 × 4oz (120g) lean, boned pork chops (4½oz (135g) if with bone)
1 tablespoon flour
8fl oz (240ml) orange juice
5 tablespoons Madiera
1 medium orange
few sprigs of parsley (optional)

Method

1) Heat the oil in a large flameproof casserole or saucepan. Add the onions and stir-fry for 12-15 minutes until beginning to turn golden brown, do not let them burn.

2) While the onions are cooking lay the pork chops on the rack of a grill and cook under a moderate heat, turning once, until the fat has stopped dripping from them.

3) Sprinkle the flour over the onions and stir well then gradually stir in the orange juice. Bring to the boil stirring all the time.

4) Reduce the heat so the orange is barely simmering then stir in the Madiera and lay the pork chops on top. Cover tightly and leave for 25 minutes.

5) Cut the peel and white pith from the orange then cut into six slices. Arrange the orange slices on top of the pork. Cover once again and continue cooking for a further 10 minutes.

6) Spoon the onions evenly over a warm serving plate, arrange the pork chops and orange slices on top. Garnish with sprigs of parsley.

Illustrated on page 40

Selections per serving:
½ Fat, ½ Fruit, ½ Vegetable, 3 Protein, 25 Optional Calories

250 Calories per serving

MINTY LAMB

Serves 4

Ingredients:

1lb (480g) lean lamb e.g. leg
¾ pint (450ml) stock
bouquet garni
1 tablespoon margarine
1 bunch spring onions, chopped
1oz (30g) flour
2½-3 tablespoons chopped mint
approximately 1 teaspoon vinegar
salt and pepper
6 tablespoons soured cream

Method:

1) Cut the lamb into cubes, about 1½ inch (4cm) in size.

2) Place the lamb in a saucepan, add the stock and bouquet garni then cover and bring to the boil, reduce the heat and simmer for 15-20 minutes. Place the lamb and stock in a bowl standing in cold water to chill.

3) Heat the margarine in a saucepan, add the onions and stir-fry for 1 minute then add the flour and stir well and remove from the heat.

4) Skim the fat which has risen to the top of the bowl containing the lamb and stock. Remove and discard the bouquet garni.

5) Gradually blend the stock into the saucepan then stir in the lamb and mint. Bring to the boil, stirring all the time. Reduce the heat and simmer for 20-30 minutes until the meat is tender.

6) Remove the saucepan from the heat. Add vinegar and salt and pepper to taste, stir in the soured cream and serve.

Selections per serving:
½ Fat, 3 Protein, ¼ Vegetable, 105 Optional Calories

305 Calories per serving

SMOKED CHICKEN AND MANGO SALAD

Serves 6

Ingredients:

12oz (360g) boneless smoked cooked chicken
3oz (90g) mangetout
1 small red pepper
3oz (90g) bean sprouts
1½ tablespoons chopped chives
1 medium mango
8 medium kumquats
mixture of salad leaves

Method:

1) Cut the chicken into 1 inch (2.5cm) pieces and place in a bowl.
2) Top and tail the mangetout then plunge in boiling water and cook for 2 minutes, drain and place under running cold water to cool.
3) Cut the red pepper into thin strips.
4) Mix the chicken together with the mangetout, red pepper, bean sprouts and chives.
5) Cut the mango into ½ inch (1.25cm) cubes and cut the kumquats lengthways into quarters then mix the fruit into the chicken mixture.
6) Arrange the salad leaves round a bowl or on a serving plate and pile the salad into the centre.

Illustrated opposite

Selections per serving:
½ Fruit, 2 Protein, ½ Vegetable

130 Calories per serving

SEAFOOD SAUCE

Serves 4

Ingredients:

1oz (30g) cornflour
½ pint (300ml) skimmed milk
1 tablespoon margarine
3oz (90g) spring onions, thinly sliced
1 × 3 inch (7.5cm) strip lemon zest
12oz (360g) skinned cod fillet, about ¾ inch (2cm) thick
3oz (90g) young courgettes, sliced
3oz (90g) peeled prawns
lemon juice
salt and pepper
chopped dill or parsley
4 × 3oz (90g) baked potatoes

Method:

1) Blend the cornflour to a smooth paste with a little milk.
2) Heat the margarine in a saucepan, add the spring onions and stir-fry for 4 minutes then add the reserved milk and lemon zest.
3) Cut the cod into four pieces and place in the saucepan, cover and cook over a very low heat for 7-8 minutes or until the fish is just cooked. Remove the fish with a slotted slice and keep warm whilst completing the recipe.
4) Stir the reserved milk and courgettes into the saucepan and bring to the boil stirring all the time. Boil for 2 minutes then add the prawns and allow them to heat through. Season to taste with a little lemon juice, salt and pepper.
5) Remove the lemon zest from the sauce and pour over the cod, sprinkle with the dill or parsley and serve with the baked potatoes and a selection of brightly coloured vegetables.

Selections per serving:
1 Bread, ½ Fat, ¼ Milk, 3 Protein, ¼ Vegetable, 30 Optional Calories
185 Calories per serving

SALMON CHEESECAKE

Serves 8

Ingredients:

8 cream crackers
2oz (60g) margarine
7oz (198g) can salmon in brine
4oz (120g) curd cheese
4oz (120g) fromage frais
½ pint (300ml) skimmed milk
1½ tablespoons gelatine
1½ tablespoons chopped chives, plus a few extra for garnish
pepper sauce
lemon juice
1 large egg white
salt
slices of cucumber

Method:

1) Crush the cream crackers. Melt the margarine then stir in the cream crackers. Press the cracker mixture into the base of a 7½ inch (18cm) springform cake tin.
2) Drain the salmon, reserve the brine. Place the salmon, curd cheese, fromage frais and milk into a food processor or liquidiser, process to a purée.
3) Place the reserved brine into a cup or small basin. Sprinkle the gelatine into the brine then stand the cup or bowl in a saucepan of simmering water, leave until dissolved.
4) Pour the dissolved gelatine into the salmon and cheese mixture and process once again.
5) Pour the purée into a bowl, stir in the chives and leave until beginning to set, stir well then leave once again until thick and almost set. Season to taste with a little pepper sauce and lemon juice.
6) Whisk the egg white together with the salt until peaking, carefully fold into the salmon and cheese mixture. Spoon the mixture on top of the cracker base, chill for several hours until set.
7) To serve, remove the sides of the tin then slide the Salmon Cheesecake onto a flat serving plate. Garnish with slices of cucumber and chopped chives.

Selections per serving:
½ Bread, 1½ Fat, 1 Protein, 40 Optional Calories
180 Calories per serving

ALMOND AND PEPPER TAGLIATELLE

Serves 4

Ingredients:

3 large red peppers
2oz (60g) ground almonds
5 tablespoons double cream
3 eggs
1 tablespoon margarine
1 onion, finely chopped
8oz (240g) tagliatelle
salt and pepper
lemon juice
1oz (30g) Parmesan cheese, finely grated

Method

1) Lay the peppers on the rack of a grill pan and cook under a high heat, turning occasionally until black and charred all over.
2) Cool the peppers under running cold water then peel off the black skins.
3) Cut the peppers in half and remove the cores and seeds. Dab the peppers with a piece of kitchen paper then roughly chop and place in a food processor. Process to a purée. Add the ground almonds, cream and eggs, process once again.
4) Melt the margarine in a saucepan add the onion and stir-fry for about 6 minutes until cooked.
5) Cook the tagliatelle in boiling salted water until just cooked. Drain well.
6) Pour the red pepper and almond purée into the saucepan with the onion, add the hot drained tagliatelle and stir well. Cook very gently over a low heat, stirring all the time, until the sauce has thickened.
7) Adjust the seasoning with salt, pepper and lemon juice. Add about half of the cheese then serve sprinkled with the remaining cheese.

Selections per serving:
2 Bread, 1 Fat, 2 Protein,
1¾ Vegetable, 75 Optional Calories
510 Calories per serving

CHEESE AND WALNUT PANCAKES

Serves 4

Ingredients:

4oz (120g) plain flour
salt
1 egg
½ pint (300ml) skimmed milk
1 tablespoon oil

For the filling:
1½lb (720g) cauliflower florets
4fl oz (120ml) skimmed milk
7oz (210g) well flavoured blue cheese e.g. blue Cheshire, Stilton or Danish blue
1oz (30g) Parmesan cheese
1 teaspoon Dijon mustard
1½oz (45g) walnuts
tomato slices

Method:

1) Make the pancakes. Sieve the flour and a pinch of salt into a bowl, make a dip in the centre and break the egg into it. Gradually whisk or beat in the milk.
2) Use a 7 inch (18cm) non-stick frying pan or prove another pan to prevent sticking and reduce the amount of oil which would otherwise be necessary by generously sprinkling salt over the base of the frying pan, heat gently, tip out the salt, then wipe thoroughly with a pad of kitchen paper. Heat a small amount of oil in the pan and wipe around.
3) Heat a little oil in the non-stick or proved pan. Pour a little batter in the pan whilst turning so it thinly coats the base. Cook over a moderate heat until the underside is golden, toss or turn over and cook the other side.
4) Transfer the cooked pancakes to a plate and keep warm in a low oven while repeating the procedure to make twelve thin pancakes and making the filling.
5) Divide the cauliflower into very small florets, place in a saucepan, cover with boiling water add a little salt and cook until tender. Drain very thoroughly.
6) Reserve about 4oz (120g) cauliflower, place the remainder in a liquidiser, add the milk and process to a purée. Add the cheese and mustard to the hot puree and process once again.
7) Roughly chop the nuts and the remaining cauliflower then stir into the cheese and cauliflower purée.
8) Spread a little of the filling over each pancake, roll up and place on a warm serving plate. Continue until all the pancakes have been filled then garnish with tomato slices and serve.

Illustrated on page 40

Selections per serving:
1 Bread, 1 Fat, ¼ Milk, 3 Protein,
2 Vegetable, 15 Optional Calories
560 Calories per serving

CURRIED FISH

Serves 4

Ingredients:

1 tablespoon margarine
1 clove garlic, chopped
1 chilli, seeded and finely chopped
1 teaspoon finely chopped fresh ginger
½ teaspoon ground cumin
½ teaspoon ground coriander
½ teaspoon turmeric
2 medium onions, chopped
1 can (8oz/227g) chopped tomatoes
6fl oz (180ml) vegetable stock
1 medium cooking apple
1oz (30g) sultanas
10oz (300g) skinned white fish e.g. haddock, monkfish, or red mullet fillet
4oz (120g) prawns

Method:

1) Melt the margarine in a saucepan, add the garlic and stir-fry for 1-2 minutes. Add the chilli (use less chilli if you prefer a mild curry) ginger and spices, stir well.
2) Stir the onions, tomatoes and stock into the saucepan.
3) Peel, quarter, core and chop the apple, add to the mixture with the sultanas, partially cover and simmer for 25 minutes.
4) Cut the fish fillet across the grain into 1½ inch (4cm) strips. Add the fish strips to the curry sauce, cover and simmer gently for 6-7 minutes.
5) Add the prawns to the curry and simmer for 4 minutes.

Selections per serving:
½ Fat, ½ Fruit, 3 Protein,
1½ Vegetable, 10 Optional Calories
170 Calories per serving

VEGETARIAN RISOTTO

Serves 8

Ingredients:

8oz (240g) long grain rice
salt
6oz green lentils
1 large clove garlic
1 large onion
2 leeks
1 large yellow pepper
3oz (90g) mushrooms
1½ tablespoons margarine
3oz (90g) watercress
10oz (300g) smoked tofu
2½oz (75g) roasted peanuts or cashew nuts
pepper

Method:

1) Cook the rice in boiling salted water according to the packaging instructions until the grains are fluffy and seperate.
2) Place the lentils in a saucepan, cover with cold water and bring to the boil, boil rapidly for 10 minutes then cover the saucepan and simmer for about 20 minutes until cooked – do not allow to boil dry.
3) Finely chop the garlic and onion. Thinly slice the leeks. Remove the core and seeds from the yellow pepper then dice. Chop or slice the mushrooms.
4) Melt the margarine in a large saucepan, add the garlic, onion, leeks and yellow pepper and stir round, then cover the saucepan and leave over a low heat for 6-7 minutes until the vegetables are almost cooked.
5) Reserve a few sprigs of watercress for garnish, chop the remainder. Cut the tofu into ¼ inch (5mm) dice. Add the mushrooms, chopped watercress and tofu to the saucepan and stir-fry for 4 minutes.
6) Drain the cooked lentils then add the lentils and hot cooked rice to the saucepan. Stir in the nuts and mix all the ingredients together well. Season to taste with salt and pepper. Spoon the risotto onto a warm serving dish and garnish with the reserved watercress.

Illustrated opposite

Selections per serving:
1 Bread, ½ Fat, 2 Protein,
1 Vegetable, 15 Optional Calories
300 Calories per serving

BEEF MARSALA

Serves 4

Ingredients:

4 × 4½oz (135g) rump or fillet steaks
3 kiwi fruit
2 teaspoons margarine
1 small onion, finely chopped
½ chilli, seeded and finely chopped
4fl oz (120ml) Marsala
3 tablespoons single cream
salt and pepper

Method:

1) Wipe the steaks and pierce a few times with a fork.
2) Peel and mash two kiwi fruit. Spread the purée on both sides of each steak, place in a non-metallic container, cover and leave in the cool to marinate for 3-4 hours.
3) Melt the margarine in a saucepan, add the onion and chilli and stir-fry for 4-5 minutes. Set aside.
4) Remove the steaks from the marinade, leaving any purée which sticks on to the steak. Transfer to the rack of a grill and cook for 5-6 minutes, turning once, or until the fat has stopped dripping from the meat.
5) Stir the remaining marinade into the onion and chilli, add the Marsala and bring to the boil. Boil for 1-2 minutes, stir in the cream and season to taste with salt and pepper.
6) Peel the remaining kiwi fruit and slice thinly. Place two slices on top of each steak, pour over the Marsala sauce and serve.

Selections per serving:
½ Fat, ½ Fruit, 3½ Protein, ¼ Vegetable, 75 Optional Calories
315 Calories per serving

CREAMY PORK AND PEPPERS

Serves 4

Ingredients:

1lb (480g) pork fillet or tenderloin
4 teaspoons oil
1 onion, thinly sliced
1 green pepper, cut in strips
1 yellow pepper cut in strips
4oz (120g) mushrooms, sliced or chopped
5fl oz (150ml) soured cream
dash pepper sauce
salt

Method:

1) Lay the pork on the rack of a grill pan and cook under a moderate heat, turning once, until the fat stops dripping from the meat.
2) Heat the oil in a saucepan. Add the onion and stir-fry for 2 minutes. Add the peppers and stir-fry for 2 minutes.
3) Cut the pork into strips and add to the saucepan, stir-fry for 2-3 minutes.
4) Add the mushrooms to the saucepan, cover and cook over a low heat for 2-3 minutes. Continue stir-frying until the pork is thoroughly cooked and only 2-3 tablespoons liquid remains.
5) Stir the soured cream with a dash of pepper sauce and season with salt. Stir the soured cream into the pork and vegetables.

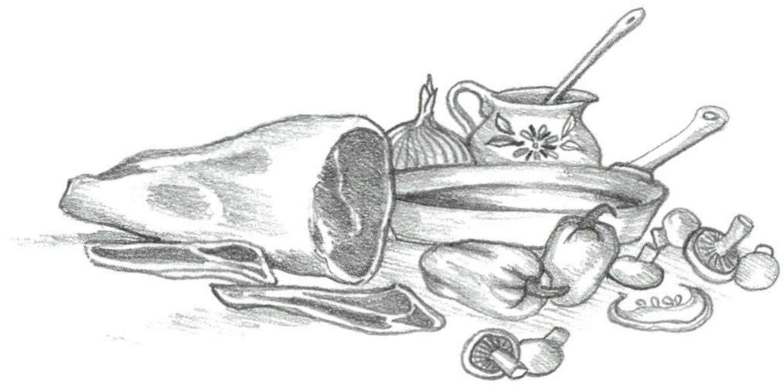

Selections per serving:
1 Fat, 3½ Protein, 1½ Vegetable, 125 Optional Calories
330 Calories per serving

RIB OF BEEF WITH YORKSHIRE POPOVERS

Serves 8

Ingredients:

rib of beef on bone 6lb (3kg)
powdered mustard
pepper
4oz (120g) plain flour
¼ teaspoon salt
1 egg
½ pint (300ml) skimmed milk
4 teaspoons oil
To serve: English mustard and horseradish sauce

Method

1) Weigh the beef, sprinkle with powdered mustard and pepper – do not add salt, it will toughen the meat. Lay the joint on a rack resting in a roasting pan.
2) Place the joint in a preheated oven, 180C, 350F, Gas Mark 4 allowing 20 minutes per lb (450g) plus 20 minutes over. To achieve the result you require; rare, medium or well-done use a cooking thermometer. Insert thermometer in thickest part of the joint, not next to bone, cook according to taste.
3) To make Popovers, sieve flour and salt into a bowl. Make a well in centre, break the egg into it. Add half the milk and gradually work in flour drawing from the edge towards the centre. Stir in remaining milk. Set aside.
4) About 10 minutes before the end of the cooking time, transfer the joint to the lowest shelf in the oven and increase the heat to 210C, 375F, Gas Mark 7.
5) Spoon oil into eight muffin or twelve deep patty tins, preferably non-stick and place in hot oven.
6) When oil is very hot and oven has reached temperature, remove joint from oven pour batter into tins, bake for 20 minutes until golden brown and well risen. Transfer joint to a warm serving plate, wrap in foil. Pour juices and fat from roasting tin into a chilled bowl.
7) Carve the meat allowing 3oz (90g) per person and arrange the Popovers round the meat. Skim fat from the meat juices and heat with juices which will have run from the joint during standing time. Serve with mustard and horseradish sauce but remember to add the extra Optional Calories.

Selections per serving:
½ Bread, ½ Fat, 3 Protein,
20 Optional Calories

230 Calories per serving

CHICKEN STROGANOFF

Serves 6

Ingredients:

1lb 6oz (660g) boned skinless chicken breast
8oz button mushrooms
4½ tablespoons margarine
1 onion, chopped
4fl oz (120ml) soured cream
2 tablespoons skimmed milk
salt and pepper
lemon juice
chopped parsley

Method:

1) Cut the chicken into 2½ × ½ inch (6.25 × 1.25cm) strips.
2) Slice the button mushrooms.
3) Heat ½ tablespoon margarine in a saucepan, stir-fry the onion for 1-2 minutes then reduce the heat, cover the saucepan and leave for 3-4 minutes until translucent.
4) Stir ½ tablespoon margarine into the saucepan, add the mushrooms and stir-fry for 3 minutes, stirring continuously until cooked.
5) Melt half the remaining margarine in a large saucepan or frying pan, add half the chicken and stir-fry until the chicken has lost its pink colour. Remove the chicken and keep warm then add the remaining margarine and cook the remaining chicken.
6) Return all the chicken to the large saucepan or frying pan, add the onion and mushrooms, cream and milk and stir over a moderate heat. Season to taste with salt, pepper and lemon juice. Transfer the Chicken Stroganoff to a warm serving plate, sprinkle over the parsley and serve.

Selections per serving:
2 Fat, 3 Protein, 1 Vegetable,
80 Optional Calories

260 Calories per serving

NAUGHTY BUT NICE!

Many of the following recipes are suitable for celebration tea or coffee parties. The majority can be included in dinner or luncheon parties. If you plan to serve a dessert which is high in Optional Calories or particular Selections choose your main course to allow for them. A simple, yet tasty grilled steak served with a crisp mixed salad and spiced rice or baked potato could easily be served at the same meal as the Creamy Fruit Ring (page 63) or the Raspberry and Hazelnut Meringue (page 56). However if you want to serve a glass of Celebration Coffee (page 67) it may be more sensible to serve a dessert such as Fruit Sundae (page 64) which contains fewer Optional Calories. As always it is planning which is essential to following the Programme.

Many celebrations are synonymous with special cakes for example a wedding, Christening, or Christmas cake. We have included a recipe for a rich fruit cake which is ideal for serving at these occasions (page 55). It has icing which covers the top of the cake, not the sides. If you wish to cover the sides with marzipan and icing you may do so but remember the Selections would only be correct for one of the middle pieces.

Illustration: Chocolate Apricot Cheesecake (see page 54)

CHOCOLATE APRICOT CHEESECAKE

Serves 12

Ingredients:

- **3oz (90g) margarine**
- **1½oz (45g) chocolate**
- **2 teaspoons cocoa**
- **12 large digestive biscuits**
- **10oz (300g) curd cheese**
- **6oz (180g) fromage frais**
- **8oz (240g) drained canned apricots, 6 tablespoons juice reserved**
- **2 tablespoons frozen concentrated orange juice, thawed**
- **1½ tablespoons sugar**
- **1 sachet gelatine**
- **2 egg whites**
- **pinch of cream of tartar**

Method:

1) Melt the margarine in a small saucepan. Break half the chocolate into a cup and stand in a saucepan of simmering water.
2) Stir the cocoa into the melted margarine, add the chocolate and stir well. Break the remaining chocolate into the cup and set aside.
3) Crush the biscuits into crumbs then stir into the margarine and chocolate. Spoon the crumb mixture into an 8 inch (20cm) springform tin and spread firmly over the base.
4) Place the curd cheese, fromage frais, apricots and half of the reserved juice, orange juice and sugar into a food processor, process to a purée.
5) Pour the remaining juice into a cup, sprinkle in the gelatine, stir then place in a saucepan of simmering water until the gelatine has dissolved.
6) Add the dissolved gelatine to the purée and process once again then pour into a bowl and chill until thick and beginning to set.
7) Whisk the egg whites together with the cream of tartar until peaking. Gently fold into the purée.
8) Stand the cup of chocolate in a saucepan of simmering water and leave until melted. Using a fork drizzle the chocolate unvenly over the top of the cheesecake and swirl to make an attractive design. Chill well until completely set.
9) To serve remove the side of the tin and slide the cheesecake onto a flat serving plate.

Illustrated on page 52

Selections per serving:
1 Bread, 1½ Fat,
95 Optional Calories
200 Calories per serving

SWIRLED SANDWICH CAKE

Serves 12

Ingredients:

- **6oz (180g) plain flour**
- **1 tablespoon baking powder**
- **4oz (120g) caster sugar plus 1 tablespoon**
- **4 teaspoons cocoa**
- **4oz (120g) margarine**
- **2 large eggs**
- **1 tablespoon water**
- **4oz (120g) curd cheese**
- **1 tablespoon icing sugar**
- **1oz (30g) chocolate**

Method:

1) Line two non-stick 7 inch (17.5cm) sandwich tins with non-stick baking parchment.
2) Sieve the flour and baking powder into a bowl. Add 4oz (120g) caster sugar then mix the remaining tablespoon sugar with the cocoa and set aside.
3) Add the margarine, eggs and water to the flour mixture and, using an electric whisk, mix all the ingredients together for 1-2 minutes.
4) Spoon about half the mixture into the prepared baking tins leaving gaps between each spoonful.
5) Stir the cocoa and sugar into the remaining cake mixture then spoon it into the gaps between the white mixture. Gently spread the mixtures together then bake at 180C, 350F, Gas Mark 4 for about 30 minutes until well-risen and beginning to shrink from the edge of the tins.
6) Leave the cakes in the tins for 3-4 minutes then turn onto a wire rack and leave until cold.
7) Beat the curd cheese until smooth then beat all but about ¼ teaspoon of the icing sugar into the cheese.
8) Break the chocolate into small pieces and place in a cup. Stand the cup in a saucepan of simmering water and leave until melted. Stir the melted chocolate into the curd cheese mixture then spread evenly over one of the cold cakes and sandwich the two cakes together. Dust with the remaining icing sugar.

If the cake is to be stored more than two days place it in a suitable container and keep in the refrigerator.

Selections per serving:
½ Bread, 2 Fat,
90 Optional Calories
225 Calories per serving

CHRISTMAS CAKE

Serves 50

Ingredients:

8oz (240g) margarine
7½oz (225g) soft brown sugar
1 tablespoon treacle
zest of 2 lemons
4 eggs
8oz (240g) plain flour
¾ teaspoon mixed spice
2oz (60g) almonds, chopped
1lb 14oz (900g) mixed dried fruit
1 x 250g packet marzipan
1 teaspoon icing sugar
1 tablespoon sieved apricot jam
10½oz (315g) ready made white icing

Method:

1) Line a 7-7½ inch (17.5-19cm) square cake tin with a double layer of non-stick baking parchment.
2) Cream the margarine, sugar, treacle and lemon zest until light and fluffy.
3) Lightly beat the eggs then add them, a little at a time, to the creamed mixture beating well after each addition.
4) Sieve the flour and mixed spice together. Stir the nuts and fruit into the flour and, using a metal spoon, fold into the creamed mixture.
5) Spoon the cake mixture into the prepared tin, level the surface and make a slight dip in the centre.
6) Tie a piece of brown or newspaper round the tin. Cut a piece of greaseproof paper a little larger than the tin then cut a 2 inch (5cm) hole in the centre.
7) Place the cake in the preheated oven 140C, 275F, Gas Mark 1 then lay the greaseproof paper over the top. Cook for about 4 hours 30 minutes, leave to cool in the tin. When completely cold turn the cake out of the tin and wrap in foil until ready to decorate.
8) Cut two pieces of non-stick baking parchment the same size as the cake.
9) Knead the marzipan until smooth then cut off about 1½oz (45g) and wrap in clingfilm or a plastic bag. Shape the remainder into a cylinder and place in the centre of one square of paper. Dust the rolling pin with about ¼ teaspoon icing sugar and roll the marzipan out thinly until the paper is completely covered, if necessary use a little more sugar.
10) Spoon the sieved apricot jam into a cup or small basin and place in a saucepan of simmering water until warm. Brush the jam over the top of the cake.
11 Trim any marizpan which overhangs the paper and store with the reserved 1½oz (45g). Transfer the marzipan to the cake, peel off the paper and gently press onto the cake with the palms of your hand. Place the cake on the centre of a cake board or plate.
12) Knead the icing until smooth then roll out, using a little of the remaining icing sugar to dust the rolling pin, and the second piece of paper. Roll the icing thinly until the square is completely covered.
13) Brush the marzipan with a little boiled and cooled water then carefully life the icing upside down onto the cake and remove the paper. If the cake is to be decorated and eaten within a few weeks the icing may be 'polished' by lightly smoothing about ¼ teaspoon cornflour over the cake; dust the palm of your hand with the cornflour and briskly with sharp but light movements brush across the cake to give a slightly glossy appearance – do not press the cake merely brush the top.
14) Colour the remaining marzipan with food colourings and use to decorate the cake – shape into flowers or mould into other shapes to suit the occasion.

Variation:
Without Marzipan and Icing:
1 Fat, ½ Fruit,
50 Optional Calories
115 Calories per Serving

Selections per serving:
1 Fat, ½ Fruit,
95 Optional Calories
160 Calories per serving

THREE FRUIT SALAD

Serves 6

Ingredients:

1½ medium galia or ogen melons
10oz (300g) raspberries
juice of 1 medium orange
2 teaspoons caster sugar

Method:

1) Cut the melon into halves and scoop out the seeds.
2) Cut the skin from the melon then cut flesh into 1 inch (2.5cm) pieces.
3) Stir the melon, raspberries, orange juice and sugar together and leave to marinate for 1-2 hours.

Selections per serving:
1 Fruit, 5 Optional Calories

60 Calories per serving

RASPBERRY AND HAZELNUT MERINGUE

Serves 8

Ingredients:

2 large egg whites
pinch of cream of tartar
4oz (120g) caster sugar
1oz (30g) ground hazelnuts – if you are unable to buy ground hazelnuts either liquidise your own or substitute ground almonds
4oz (120g) curd cheese
6oz (180g) fromage frais (8% fat)
1½ tablespoons raspberry jam
15oz (450g) fresh raspberries
½oz (15g) toasted hazelnuts, chopped

Method:

1) Whisk the egg whites together with the cream of tartar until peaking. Gradually add about half the sugar, one tablespoon at a time whisking well after each addition until the mixture peaks.
2) Mix the remaining sugar with the ground nuts and carefully fold into the whisked mixture.
3) Lay a piece of non-stick baking parchment on a baking sheet and spoon the meringue mixture onto it. Carefully spread the meringue into an 8 inch (20cm) circle then make a slight dip in the centre. With a fork or skewer swirl the edge into several peaks.
4) Cook the meringue at 140C, 275F, Gas Mark 1 for 1 hour then turn the oven off and leave for several hours until completely cold.
5) Stir the curd cheese, fromage frais and jam together until smooth. No more than an hour before serving stir the raspberries into the fromage frais mixture and pile on top of the meringue, sprinkle over the chopped nuts and serve.

Opposite:
Raspberry and Hazelnut Meringue
Black Forest Gateau
Devonshire Tea (page 58)
Ginger Lace Biscuits (page 58)
Chocolate Eclairs (page 66)

Illustrated opposite

Selections per serving:
1 Protein,
105 Optional Calories
165 Calories per serving

BLACK FOREST GATEAU

Serves 12

Ingredients:

1 teaspoon oil
4 large eggs (size 1 or 2)
3½oz (105g) caster sugar plus 1 teaspoon
1oz (30g) plain flour
4 tablespoons cocoa
1 tablespoon kirsch
5fl oz (150ml) double cream
4oz (120g) fromage frais (8% fat)
12oz (360g) fresh cherries
1oz (30g) chocolate

Method:

1) Line the base of two 7 inch (17.5cm) round sandwich tins with non-stick baking parchment, lightly grease the sides with the oil.
2) Separate the eggs and place the yolks in a bowl with 3½oz (105g) caster sugar, place the whites in a separate bowl.
3) Whisk the egg yolks together with the sugar until pale in colour. Stir in 1 tablespoon warm water. Sieve the flour and cocoa and stir into the egg yolk mixture – it will be fairly thick.
4) Whisk the egg whites until peaking. Fold 2-3 tablespoons of the whisked egg whites into the chocolate mixture then fold in the remainder.
5) Divide the mixture between the two prepared tins and bake at 180C, 350F, Gas Mark 4 for 20-25 minutes until just firm to touch. Leave for 10 minutes then turn out and remove the paper bases, leave on a wire rack until cold.
6) Sprinkle ½ tablespoon kirsch over the base of each cake.
7) Whisk the double cream until it holds its own shape. Place about one-third of the cream into a piping bag fitted with a ½ inch (1.25cm) fluted nozzle. Stir the remainder into the fromage frais and stir in the remaining caster sugar.
8) Stone the cherries and roughly chop about half of them.
9) Spread one-third of the fromage frais and cream mixture over one cake, arrange the chopped cherries on top and sandwich together with the remaining cake.
10) Spread the remaining cream and fromage frais mixture all over the top and sides of the cake.
11) Finely grate the chocolate and press round the edge of the cake. Arrange the remaining cherries on top of the cake and pipe rosettes around the edge.

Illustrated opposite, and on front cover

Selections per serving:
½ Protein,
150 Optional Calories
175 Calories per serving

DEVONSHIRE TEA

Serves 8

Ingredients:

8oz (240g) plus 1 tablespoon plain flour
1 tablespoon baking powder
¼ teaspoon salt
1½oz (45g) margarine
¼ pint (150ml) skimmed milk
8 tablespoons strawberry jam
8 tablespoons clotted cream

Method:

1) Sieve 8oz (240g) flour, baking powder and salt into bowl.
2) Rub the margarine, if possible margarine which has been stored in the freezer, into the flour until the mixture resembles fresh breadcrumbs.
3) Make a well in the centre of the flour. Reserve 1-2 tablespoons milk pour the remainder into the well and mix with a round-bladed knife to form a soft dough, adding more milk if necessary.
4) Sprinkle the working surface and rolling pin with the remaining flour and roll out the dough to ½-¾ inch (1.25-2cm) thick. Using a 2½ inch (6.25cm) round cutter cut out eight scones.
5) Lay a sheet of non-stick paper on a baking sheet and arrange the scones on top. Leave to stand 15 minutes, if desired brush tops of the scones with the remaining milk.
6) Bake the scones at 230C, 450F, Gas Mark 8 for about 10 minutes. Transfer to a cooling rack. Serve warm if possible.
7) Serve each scone with 1 tablespoon strawberry jam and 1 tablespoon clotted cream.

Illustrated on page 56

Selections per serving:
1 Bread, 1 Fat,
115 Optional Calories

270 Calories per serving

GINGER LACE BISCUITS

Serves 12

Ingredients:

1½oz (45g) caster sugar
1oz (30g) golden syrup
1½oz (45g) margarine
1½oz (45g) plain flour, sieved
¼ teaspoon finely grated lemon zest
½ teaspoon ground ginger

Method:

1) Place the caster sugar in a small saucepan.
2) Spoon the golden syrup into the saucepan – the easiest way I have found to do this is to put the saucepan on the scales, weigh the saucepan then add on the weight of the syrup – spoon the syrup into the saucepan using a lightly greased spoon, this will enable it to slide off easily.
3) Add the margarine to the saucepan and heat gently until the margarine has melted and the sugar dissolved, remove from the heat.
4) Stir the flour, lemon zest and ginger into the margarine mixture.
5) Line two baking sheets with non-stick baking parchment. Spoon teaspoons of the mixture about 5 inch (12.5cm) apart on the baking sheets and cook in a preheated oven 180C, 350F, Gas Mark 4 for 19-20 minutes until golden brown. Allow to cool for 1-2 minutes then loosen the edges of each biscuit and roll loosely round the handle of a wooden spoon with the upper side on the outside. Continue cooking the remaining mixture. If the biscuits harden before rolling round the wooden spoon return the baking tray to the oven for a minute until the mixture softens. Leave the biscuits on the wooden spoon until cold.

Variation: Just before serving, measure 6 tablespoons double cream into a small basin or cup and whisk with a fork until it holds its own shape. Using a ½ inch (1.25cm) fluted nozzle pipe a rosette each end of all the biscuits.

Illustrated on page 56

Variation:
½ Fat, 70 Optional Calories

100 Calories per serving

Selections per serving:
½ Fat, 45 Optional Calories

65 Calories per serving

COCONUT AND FRUIT BARS

Serves 16

Ingredients:

6oz (180g) self raising flour
¼ teaspoon ground ginger
¼ teaspoon ground cinnamon
¼ teaspoon baking powder
3oz (90g) caster suger
2oz (60g) raisins
2oz (60g) dried apricots, chopped
2oz (60g) desiccated coconut
3oz (90g) margarine
2 large eggs
Approx 2 tablespoons skimmed milk
½ teaspoon icing sugar

Method:

1) Line a 7 x 11 inch (17.5 x 27.5cm) tin with non-stick baking parchment.
2) Sieve the flour together with the ginger, cinnamon and baking powder into a bowl, stir in the sugar, raisins, apricots and coconut.
3) Make a well in the middle of the dry ingredients then place the margarine, eggs and 1 tablespoon milk in the centre. Using a wooden spoon mix all the ingredients well to form a mixture which just drops from the spoon when tapped very sharply against the side of the bowl – add a little more milk if necessary.
4) Spoon the mixture into the prepared tin, level the surface then bake at 180C, 350F, Gas Mark 4 for 25-30 minutes until golden brown and firm to touch.
5) Remove the tin from the oven and leave until cool then turn out, remove the lining paper and leave on a wire rack until cold. Sprinkle over a little icing sugar then cut into 16 bars.

Illustrated on page 60

Selections per serving:
1 Fat,
90 Optional Calories
150 Calories per serving

GOOSEBERRY DREAM

Serves 4

Ingredients:

1lb 4oz (600g) gooseberries
6 tablespoons water
artificial sweetener
4 teaspoons margarine
½oz (15g) flour
¼ pint (150ml) whole milk
1 egg yolk

Method:

1) Top and tail the gooseberries then place in a saucepan and add the water. Cover the saucepan and leave over a low heat for 8-10 minutes or until the gooseberries are cooked but remain whole. Sweeten to taste with artificial sweetener.
2) Melt the margarine in a small saucepan, add the flour and stir round then remove from the heat and gradually blend in the milk.
3) Bring the sauce to the boil, stirring all the time, boil for 2 minutes until thick then remove from the heat and stir in the egg yolk.
4) Using a slotted spoon remove about 4-5oz (120-150g) gooseberries from the saucepan and divide between two serving glasses or dishes.
5) Transfer the remaining gooseberries and their cooking liquid to a liquidiser, add the sauce and process to a purée.
6) Add a little more sweetener to the gooseberry purée if desired then pour over the whole gooseberries and leave until cool, serve chilled.

Note: If desired the gooseberry purée may be sieved before pouring over each serving.

Selections per serving:
1 Fat, 1 Fruit, ¼ Milk,
35 Optional Calories
145 Calories per serving

ALMOND COOKIES

Serves 10

Ingredients:

2½oz (75g) margarine
1oz (30g) caster sugar
few drops almond essence
½oz (15g) ground almonds
½oz (15g) almonds, chopped
3½oz (105g) plain flour, sieved

Method:

1) Lay a sheet of non-stick baking parchment on a baking sheet.
2) Cream the margarine together with the caster sugar and almond essence.
3) Mix the ground and chopped almonds into the creamed mixture.
4) Stir the flour into the mixture.
5) Take heaped teaspoons of the mixture and roll into balls in your hands. Place the balls on the lined baking sheet and press out with the prongs of a fork to form biscuits about 2 inch (5cm) in size.
6) Bake at 190C, 375F, Gas Mark 5 for 15 minutes or until a pale golden colour. Leave to cool 2-3 minutes then transfer to a wire rack.

Opposite:
Almond Cookies
Raisin Flapjacks (page 64)
Coconut and Fruit Bars (page 59)
Cinnamon Sorties (page 62)

Illustrated opposite

Selections per serving:
1½ Fat,
60 Optional Calories
110 Calories per serving

CINNAMON SORTIES

Serves 12

Ingredients:

2oz (60g) margarine
1oz (30g) caster sugar plus 1 teaspoon
½oz (15g) ground rice
½oz (15g) cornflour
2oz (60g) self raising flour
½ teaspoon ground cinnamon

Method:

1) Cream the margarine together with 1oz (30g) sugar.
2) Gradually work in the rice and flours.
3) Separate dough into 12 walnut sized pieces, roll into balls, place on a baking sheet lined with a piece of non-stick baking parchment and flatten slightly with the palm of your hand. Bake at 180C, 350F, Gas Mark 4 for 20-30 minutes, allow to cool.
4) Mix the remaining sugar together with the cinnamon and sprinkle over the cool biscuits.

Illustrated on page 60

Selections per serving:
1 Fat,
35 Optional Calories
75 Calories per serving

TRINIDADIAN BANANAS

Serves 6

Ingredients:

6 medium bananas
6fl oz (180ml) orange juice
4 tablespoons dark rum
9oz (270g) fromage frais (8% fat)

Method:

1) Peel the bananas and cut into 1 inch (2.5cm) thick diagonal slices.
2) Place the bananas in an ovenproof dish and pour over the orange juice and rum.
3) Cover the dish with foil and bake at 200C, 400F, Gas Mark 6 for 25-30 minutes. Stir the bananas half way through the cooking time.
4) Spoon the hot bananas into six serving dishes, top with the fromage frais and serve.

Selections per serving:
2 Fruit, ½ Protein,
60 Optional Calories
60 Calories per serving

LEMON AND MANDARIN FLAN

Serves 8

Ingredients:

1 x 8 inch (20cm) cooked pastry flan case
2 lemons
1oz (30g) cornflour
8 tablespoons water or juice from the can of mandarins
8oz (240g) drained canned mandarins
artifical sweetener
2 eggs, separated
3oz (90g) caster sugar

Method:

1) Finely grate the zest from one lemon then squeeze the juice from both of the lemons.
2) Blend the cornflour together with the lemon juice, add the water or juice from the can of mandarins and bring to the boil over a low heat. Boil for 1 minute, the mixture will be extremely thick.
3) Stir the mandarins and egg yolks into the lemon sauce and return to the heat. Cook for 1 minute over a low heat then remove and sweeten to taste with artificial sweetener.
4) Spoon the lemon and mandarin mixture into the pastry flan case.
5) Whisk the egg whites until peaking, add about half the sugar and whisk again until peaking. Fold in the remaining sugar. Pile the meringue on top of the flan and bake at 150C, 300F, Gas Mark 2 for about 40 minutes until crisp and pale brown. Serve cold.

Selections per serving:
½ Bread,
140 Optional Calories
235 Calories per serving

CREAMY FRUIT RING

Serves 8

Ingredients:

2oz (60g) margarine
¼ pint (150ml) water
2½oz (75g) plain flour, preferably strong breadmaking flour, sieved
2 eggs, lightly beaten
For the filling:
4oz (120g) curd cheese
4oz (120g) fromage frais (8% fat)
½ tablespoon sugar
5fl oz (150ml) double cream
1 medium mango
10oz (300g) strawberries
½ teaspoon icing sugar to dust

Method:

1) Place margarine in a saucepan, add water, heat gently until margarine has dissolved, increase the heat, bring to a rolling boil.
2) Tip the flour into the saucepan, remove from heat. Beat well until the mixture forms a ball which leaves side of saucepan. Leave 3-4 minutes to cool.
3) Gradually beat in eggs. When all the egg has been added, beat well until glossy.
4) Lay a piece of non-stick baking parchment on a baking sheet and using ½ inch (1.25cm) plain nozzle, pipe a circle 7 inch (17.5cm) on it.
5) Place in preheated oven, 200C, 400F, Gas Mark 6, immediately increase temperature to 210C, 425F, Gas Mark 7. Cook for 30 minutes until well risen and golden brown. Using a sharp knife make several slits in the ring to allow steam to escape, return to oven for 5 minutes. Remove from the oven, transfer to a cooling rack, make a few more cuts in the ring to release more steam. Leave to cool.
6) Mix curd cheese and fromage frais together in a large basin. Stir in sugar. Whisk double cream until thick then carefully fold into cheese mixture.
7) Cut the mango into ½ inch (1.25cm) cubes, leave small strawberries whole, halve any larger berries.
8) Fold the fruit into the creamy cheese mixture.
9) Assemble the ring no more than 3 hours before it is to be served. Cut horizontally all round the ring. Place bottom half on a large serving plate, spoon the fruit and cream evenly over. Place the top ring over, dust with sieved icing sugar.

Selections per serving:
1½ Fat, ½ Fruit, ½ Protein,
110 Optional Calories,
250 Calories per serving

RAISIN FLAPJACKS

Serves 15

Ingredients:

3½oz (105g) margarine
2 tablespoons golden syrup
1½oz (45g) soft brown sugar
1½oz (45g) raisins, roughly chopped
8oz (240g) porridge oats

Method:

1) Line a tin about 7 x 10 inch (17.5 x 25cm) with non-stick baking parchment.
2) Place the margarine, syrup and sugar in a saucepan and heat gently until the margarine has melted and the sugar dissolved.
3) Stir the raisins into the melted mixture then mix in the oats.
4) Spoon the mixture into the prepared tin and press evenly all over. Bake at 190C, 375F, Gas Mark 5 for 35 minutes or until golden brown.
5) Leave in the tin and allow to cool for 5 minutes then mark into fifteen and leave until cold.

Illustrated on page 60

Selections per serving:
½ Bread, 1 Fat,
45 Optional Calories
145 Calories per serving

FRUIT SUNDAE

Serves 8

Ingredients:

2 medium mangoes
1 medium banana
juice of 1 lime
9oz (270g) curd cheese
artificial sweetener
10fl oz (300ml) low-fat natural yogurt
1 teaspoon clear honey
¾oz (20g) chocolate
5oz (150g) raspberries
5oz (150g) strawberries

Method:

1) Cut the mango lengthways about ½ inch (1.25cm) off centre. Cut through the other side about the same distance from the centre. Scoop the flesh out of each and cut the flesh attached to the stone. Place in a liquidiser.
2) Thickly slice the banana and add to the mango together with the lime juice and 8oz (240g) curd cheese. Blend to a purée.
3) Sweeten the purée to taste with artificial sweetener.
4) Mix the remaining curd cheese with about 4 tablespoons yogurt to make a thick creamy consistency, set aside. Sweeten the remaining yogurt with the honey.
5) Break the chocolate into small pieces and place in a cup or small basin. Transfer the cup to a saucepan of simmering water and leave until melted.
6) Using a small paint brush, brush the chocolate on the back of eight rose leaves. Allow to set then carefully peel off the leaves.
7) Spoon the raspberries into eight tall sundae glasses. Halve the mango and banana purée and the sweetened yogurt. Divide one half of the purée evenly between the sundae glasses then top with half the sweetened yogurt. Arrange the strawberries on top of the yogurt then cover with the remaining purée and lastly the remaining yogurt.
8) Spoon a little of the cheese and yogurt mixture on top of each serving and decorate with a chocolate leaf.

Illustrated opposite

Selections per serving:
1 Fruit, ¼ Milk,
55 Optional Calories
180 Calories per serving

TROPICAL SALAD

Serves 8

Ingredients:

1 lime
½ lemon
3 tablespons sugar
1 teaspoon orange flower water
6fl oz (180ml) water
½ medium papaya
½ medium mango
1 medium banana
3 lychees, halved and stoned
3oz (90g) grapes, halved and seeded
4 medium kumquats, halved
8 fresh dates, quartered and stoned
2 kiwi fruit, sliced
5fl oz (150ml) soured cream
6 tablespoons low-fat natural yogurt
1 teaspoon caster sugar
1 teaspoon clear honey

Method:

1) Remove the zest from the lime and lemon with a zester, reserve a few strips and wrap in foil or clingfilm. Squeeze the juice from the lime and place in a saucepan together with the sugar, orange flower water and water. Heat gently until the sugar has dissolved then increase the heat and boil fiercely for 2 minutes, leave to cool.
2) Squeeze the juice from the lemon and pour into a saucer.
3) Scoop out the seeds from the papaya then remove the fruit with a melon baller or peel the skin and cut into cubes. Cube the mango.
4) Thickly slice the banana and turn in the lemon juice.
5) Mix all the fruit together in a decorative bowl, pour over the cool syrup and leave for 2-3 hours, sprinkle over the reserved lime and lemon zest.
6) Stir the soured cream, yogurt, caster sugar and honey together and serve with the fruit salad.

Selections per serving:
1½ Fruit,
100 Optional Calories
150 Calories per serving

CHOCOLATE ECLAIRS

Serves 12

Ingredients:

2oz (60g) margarine
¼ pint (150ml) water
2½oz (75g) plain flour, preferably strong breadmaking flour
2 eggs, beaten
8fl oz (240ml) double cream
8oz (240g) fromage frais (8% fat)
4 teaspoons cocoa
4 tablespoons icing sugar

Method:

1) Place the margarine and water in a saucepan, heat gradually until the margarine has melted then increase the heat and bring to a rolling boil.
2) Sieve the flour and tip into the boiling water. Remove from the heat and beat until the mixture forms a ball and leaves the side of the saucepan. Leave for 3-4 minutes to cool.
3) Gradually beat in the eggs when they have been added beat the mixture well.
4) Line a baking sheet with a piece of non-stick baking parchment. Using a piping bag fitted with a plain ½ inch (1.25cm) nozzle pipe into twelve eclairs.
5) Place the baking sheet in a preheated oven set at 200C, 400F, Gas Mark 6. Bake for 25-30 minutes until well risen and golden brown. Using the tip of a knife make a slit in each eclair to release the steam and return to oven for a further 3-5 minutes. Leave to cool on a wire rack.
6) Whisk the cream until peaking then fold in the fromage frais. Spoon the creamy fromage frais into the eclairs.
7) Place the cocoa and icing sugar in a small bowl or cup and mix with a little more than 2 teapsoons hot water to form the chocolate icing. Spoon a little of the icing on top of each eclair and spread with a damp knife.

Illustrated on page 56

Selections per serving:
1 Fat, ½ Protein,
175 Optional Calories
200 Calories per serving

CELEBRATION COFFEE

Serves 4

Ingredients:

16fl oz (480ml) hot strong black coffee
6 tablespoons Grand Marnier
artificial sweetener (optional)
3fl oz (90ml) double cream

Method:

1) Pour the hot coffee into a jug, stir in the Grand Marnier and sweeten to taste with artificial sweetener if desired.
2) To avoid the glasses cracking pour a little hot water in them for 1-2 minutes then discard the water and pour in the coffee – if possible use glasses which aren't very wide.
3) Pour the cream over the back of a teaspoon so it sits on the surface.

Selections per serving:
150 Optional Calories

150 Calories per serving

FRUIT ICE CREAM SODA

Serves 4

Ingredients:

2 medium oranges
2 lemons
artificial sweetener
8fl oz (240ml) boiling water
1 pint (600ml) soda water, chilled
8oz (240g) vanilla ice cream
slices of orange and lemon

Method:

1) Using a potato peeler remove the zest from the oranges and lemons. Place the zest and artificial sweetener equivalent to 3 tablespoons sugar in a bowl. Pour the boiling water into the bowl and leave until cold.
2) Strain the zest from the liquid and pour into a liquidiser.
3) Add the chilled soda water, squeezed juice from the fruit and ice cream to the liquidiser and process for 1 minute until very frothy.
4) Pour the frothy drink into four glasses and decorate each glass with a slice of orange or lemon, serve immediately.

Selections per serving:
½ Fruit, 100 Optional Calories

130 Calories per serving

JAMAICAN COFFEE

Serves 4

Ingredients:

16fl oz (480ml) hot strong black coffee
2 tablespoons sugar
4fl oz (120ml) dark rum
5 tablespoons double cream

Method:

1) Pour the coffee into a jug, add the sugar and stir until dissolved. Stir in the rum.
2) To prevent the glasses cracking pour hot water into four glasses – if possible glasses which aren't too wide. Leave 1-2 minutes then tip out the water.
3) Pour the coffee into the warm glasses and pour the cream over the back of a spoon so it sits on the top of the coffee.

Selections per serving:
170 Optional Calories

170 Calories per serving

STRAWBERRY FOAM

Serves 4

Ingredients:

10oz (300g) strawberries
4oz (120g) strawberry ice cream
½ pint (300ml) whole milk
1 tablespoon caster sugar

Method:

1) Place all the ingredients in a liquidiser and process to a purée then continue processing until very frothy.
2) Pour into four chilled glasses and serve.

Selections per serving:
½ Fruit, ½ Milk,
90 Optional Calories

145 Calories per serving

BUFFET AND COCKTAIL PARTIES

The table at a buffet or a cocktail party is usually full of different foods which are not usually divided into portions. Guests are able to help themselves and this can prove very difficult for people trying to maintain or lose weight. It is easy to choose a wide variety of food which may seem small and not very substantial but, in fact, can be extremely high in calories. A handful of roasted peanuts or spiced hazelnuts provides a large number of calories. One hazelnut, for example, contains 5 Calories so when you pick up a handful imagine how many calories you are holding. When the food is delicious it is all too easy to fall into the trap of making several trips to the table with the excuse that you aren't sure how many calories and Selections recipes contain.

If you are planning a fork or table buffet where guests will be able to sit at a table and eat, you might like to serve a more substantial meal including a selection of cold meats and a variety of salad recipes. Make use of recipes in other sections of the book for example, recipes in the Starters and Side Dishes chapter may be suitable as well as several of the salads in the Al Fresco Entertaining and desserts from the Naughty but Nice! section.

Illustration: Mexican Dip *(See page 70)*

MEXICAN DIP

Serves 12

Ingredients:

3oz (90g) canned chopped tomatoes
4oz (120g) curd cheese
4oz (120g) avocado
pepper sauce
salt
1-2 teaspoons chopped coriander (optional)
Melba Toast (serve only the quantity given for six on page 29)
Selection of vegetables – carrots, cucumber, radishes, cauliflower and peppers

Method:

1) Place the chopped tomatoes in a liquidiser.
2) Add the curd cheese and avocado to the liquidiser and process to a purée.
3) Spoon the purée into a bowl and season generously with pepper sauce and a little salt.
4) Stir the coriander into the dip and transfer to a serving bowl.
5) Arrange slices of Melba Toast round the bowl.
6) Prepare the vegetables: Peel the carrots, cut into small sticks. Cut the cucumber into 2 inch (5cm) sticks. Halve the radishes or cut to make rosettes, divide the cauliflower into small florets and core the peppers then cut into strips.
7) Arrange the vegetables round the Mexican Dip and serve.

Illustrated on Page 68

Selections per serving:
65 Optional Calories

65 Calories per serving

CAYENNE NIBBLES

Makes approx 100

Ingredients:

6oz (180g) plain flour plus ½ tablespoon
½ teaspoon cayenne
salt
3oz (90g) margarine
1 tablespoon sesame seeds

Method:

1) Sieve 6oz (180g) flour together with the cayenne and a good pinch of salt.
2) Rub in the margarine, if possible margarine which has been stored in the freezer, until the mixture resembles fresh breadcrumbs.
3) Mix sufficient ice cold water into the flour mixture until it forms a dough.
4) Dust the working surface and a rolling pin with the remaining flour and roll out to just under ¼ inch (5mm) thick.
5) Sprinkle the sesame seeds evenly over the surface and roll lightly with the rolling pin. Using a ½ inch (1.25cm) fluted cutter cut 95-100 small Nibbles out of the dough, re-rolling the mixture as necessary.
6) Line a large baking sheet with non-stick baking parchment, transfer the nibbles to the baking sheet and cook at 190C, 375F, Gas Mark 5 for about 12-15 minutes until golden.
7) Remove from the oven and sprinkle with a little salt.

Selections per nibble:
15 Optional Calories

15 Calories per serving

TUNA PINWHEELS

Makes 64

Ingredients:

4 × 1½oz (45g) thin slices white bread, 2 days old (see method)
2½ tablespoons margarine
4oz (120g) well-drained canned tuna
4oz (120g) quark
2 tablespoons mayonnaise
1 teaspoon lemon juice
salt and pepper

Method

1) Take a large farmhouse or split tin loaf. Place the loaf on its side and cut along the length of the base to remove the crust – keep the crust and all the remaining bread to make breadcrumbs.
2) Cut four thin slices of bread along the length of the loaf to make four slices measuring approximately 7½ × 4½ inch (18 × 11cm). Remove the crusts from each slice, each trimmed slice should weigh about 1¼oz (40g).
3) Lay one slice on a piece of clingfilm and spread it with a quarter of the margarine.
4) Mix the tuna, quark, mayonnaise and lemon juice well together, season with salt and pepper.
5) Carefully spread one quarter of the tuna filling over the slice then roll the slice up to form a tight roll 7½ inch (18cm) long. Wrap securely in the clingfilm and refrigerate for about 3 hours or overnight. Repeat this procedure with the remaining bread and filling.
6) Remove the clingfilm and place each roll on a chopping board. Cut each sandwich into 16 thin pinwheels.

Illustrated on Page 76

Selections per Pinwheel:
20 Optional Calories

20 Calories per serving

SMOKED SALMON PINWHEELS

Makes 64

Ingredients:

4 x 1½oz (45g) thin slices wholemeal bread, 2 days old (see method)
2½ tablespoons margarine
3oz (90g) smoked salmon
lemon juice

Method:

1) Take a large farmhouse wholemeal loaf. Place the loaf on its side and cut along the length of the base to remove the crust – this can be kept to make into breadcrumbs.
2) Cut four thin slices of bread along the length of the loaf to make four slices about 7½ × 4½ (18 × 11cm) in size. Remove the crusts from each slice, each trimmed slice should weigh about 1½oz (45g).
3) Lay one slice on a piece of clingfilm. Spread about a quarter of the margarine thinly over the bread then cover with smoked salmon.
4) Squeeze a little lemon juice over the salmon then roll the bread up across its width to make a 7½ inch (18cm) roll. Draw the clingfilm firmly round the roll and place in the refrigerator for 3 hours or overnight. Repeat this procedure with the remaining bread, margarine and smoked salmon.
5) Remove the clingfilm and place each sandwich roll on a chopping board. Cut each roll into 16 thin pinwheels.

Illustrated on Page 76

Selections per Pinwheel:
15 Optional Calories

15 Calories per serving

AUBERGINE DIP

Serves 12

Ingredients:

1 × 1lb (480g) aubergine
1 small clove of garlic, crushed
3oz (90g) curd cheese
1½ oz (45g) smoked cheese, finely grated
salt and pepper
4 × 1oz (30g) pitta bread
Selection of vegetables – carrots, cucumber, radishes, cauliflower, peppers

Method:

1) Place the aubergine under a hot grill and cook until collapsed.
2) When cool enough to handle. Scoop the pulp from the aubergine and place in a liquidiser with the garlic. Process to a purée then add the cheeses and process once again.
3) Spoon the aubergine purée into a serving bowl and season well with salt and pepper. Cover the bowl and leave until cold and ready to serve.
4) Cut each pitta bread into six strips.
5) Prepare the vegetables: Peel the carrots, cut into small sticks. Cut the cucumber into 2 inch (5cm) sticks. Halve the radishes or cut to make rosettes, divide the cauliflower into florets and core the peppers then cut into thin strips.
6) Place the bowl in the centre of the serving plate and arrange the vegetables round the bowl. Arrange pitta bread separately.

Illustrated on Page 76

Selections per serving:
1 Vegetable,
45 Optional Calories
70 Calories per serving

SAVOURY PUFFS

Makes 50

Ingredients:

2½oz (75g) plain flour – if possible strong bread flour
2oz (60g) margarine
¼ pint (150ml) water
2 eggs, beaten

For the filling:

2oz (60g) asparagus
2oz (60g) curd cheese
2oz (60g) fromage frais
1 tablespoon Thousand Island dressing
3oz (90g) peeled prawns, chopped
pepper sauce
paprika
6 prawns in shell to garnish

Method:

1) Sieve the flour onto a piece of greasproof or non-stick paper.
2) Place the margarine and water into a saucepan and heat gently until the margarine has melted. Increase the heat and bring to a fast rolling boil. Tip the flour into the boiling water and remove from the heat. Beat the mixture until it forms a smooth ball then allow to cool for about 3 minutes.
3) Gradually beat the eggs, a little at a time, into the flour mixture.
4) Lay sheets of non-stick baking parchment over three baking sheets. Using a teaspoon place spoonfuls of the mixture 1½ inch (4cm) apart on the baking sheets and cook at 210C, 425F, Gas Mark 7. Bake for 25 minutes then remove one baking sheet at a time and make a small slit in the side of each puff to allow the steam to escape, return to the oven for 4-5 minutes – if necessary cook two baking sheets of the puffs together then bake the remaining puffs when the first batch are cooked.
5) Place the puffs on a wire rack and leave until cold.
6) Steam the asparagus then drain and chop into ½ inch (1.25cm) pieces.
7) Mix the curd cheese, fromage frais and salad dressing together then stir in the chopped asparagus and prawns. Season with a litle pepper sauce.
8) A short while before serving fill each puff with the prawn and asparagus mixture and pile onto two serving plates, sprinkle over a little paprika and garnish with the whole prawns.

Illustrated on Page 76

Selections per puff:
25 Optional Calories

25 Calories per serving

CHEESE STRAWS

Makes 32

Ingredients:

6oz (180g) plain flour plus ½ tablespoon
salt and pepper
good pinch powdered mustard
3oz (90g) margarine
1oz (30g) freshly grated Parmesan cheese plus 2 teaspoons
½ teaspoon skimmed milk

Method:

1) Line a large baking sheet with non-stick baking parchment.
2) Sieve 6oz (180g) flour, a little salt and pepper and the mustard into a bowl.
3) Rub the margarine, if possible margarine which has been stored in the freezer, into the flour mixture. Stir in 1oz (30g) cheese.
4) Mix to form a dough with about 2 tablespoons ice cold water.
5) Dust the work surface and a rolling pin with the remaining flour. Roll the pastry out to form a rectangle about 4 × 12 inch (10 × 30cm). Brush the rectangle with the milk and sprinkle over the remaining cheese,.
6) Cut a thin strip along the length of the rectangle, divide into two then shape into two rings. Place the rings onto the baking sheets.
7) Cut along the width of the rectangle to make 30 Cheese Straws. Transfer the Cheese Straws to the baking sheet and cook at 190C, 375F, Gas Mark 5 for 15 minutes, until light golden brown.

Illustrated on Page 76

Selections per Cheese Straw:
40 Optional Calories

40 Calories per serving

STUFFED MUSHROOMS

Serves 14

Ingredients:

14 button mushrooms – about 6oz (180g)
1½oz (45g) smoked ham
1oz (30g) quark
1 tablespoon mayonnaise
½ teaspoon Dijon mustard

Method:

1) Wash the mushrooms well then remove their stalks and chop as finely as possible.
2) Mince the ham or chop it very finely.
3) Mix the quark, mayonnaise and mustard well together then stir in the chopped mushrooms and ham.
4) Arrange the mushroom caps on a serving plate then pipe or spoon the stuffing on top of each mushroom.

Illustrated on Page 76

Selections per mushroom:
20 Optional Calories

20 Calories per serving

SESAME DRUMSTICKS

Serves 12

Ingredients:

12 × 3½oz (105g) chicken drumsticks
1 egg
1 tablespoon skimmed milk
2 tablespoons flour
salt and pepper
10 tablespoons sesame seeds
3 tablespoons oil

Method:

1) Hold each drumstick by its bone then, with a piece of kitchen paper, pull the skin off the meat from the meaty end of the drumstick towards the bony end.
2) Beat the egg together with the milk then pour the mixture onto a small plate.
3) Spoon the flour onto a second plate and season with a little salt and pepper.
4) Sprinkle about 2 tablespoons sesame seeds onto a third plate.
5) Lay a piece of foil over a baking sheet, large enough to hold the drumsticks, then brush the foil with ½ tablespoon oil.
6) Hold one drumstick by its bone then roll it in the flour, then the egg mixture and lastly the seeds. Lay the coated chicken on the greased foil then continue with the remaining drumsticks adding the remaining sesame seeds as necessary.
7) When all the chicken has been coated drizzle the remaining oil over and cook at 200C, 400F, Gas Mark 6 for 25 minutes then transfer the baking sheet to a moderately hot grill and cook for a further 2 minutes or until golden. Serve hot or cold.

Selections per serving:
½ Fat, 1½ Protein,
75 Optional Calories

190 Calories per serving

CHICKEN BITES

Serves 10

Ingredients:

4oz (120g) boned skinless chicken
2 tablespoons tomato ketchup
½ teaspoon vinegar
1 teaspoon soy sauce
1½ teaspoons oil

Method:

1) Cut the chicken into 20 pieces.
2) Mix the tomato ketchup, vinegar, soy sauce and 1 teaspoon oil together.
3) Line the base of a grill pan with a piece of foil, brush the foil with the remaining oil.
4) Stir the chicken into the ketchup mixture then using a fork transfer the coated chicken to the greased foil.
5) Cook the chicken under a preheated grill for 4–5 minutes until the chicken is cooked and the coating dry. Serve hot or cold with cocktail sticks either placed in each bite or with cocktail sticks beside them.

Selections per serving:
25 Optional Calories

25 Calories per serving

SAVOURY APRICOTS

Serves 6

Ingredients:

1 tablespoon cream cheese
2oz (60g) curd cheese
2 teaspoons chopped chives
pepper sauce
few salad leaves
12 drained canned apricot halves

Method:

1) Mix the cream and curd cheeses together, add the chives.
2) Season the cheese mixture well with pepper sauce.
3) Arrange the lettuce leaves on the serving plate.
4) Place the apricot halves on the lettuce, spoon or pipe the cheese mixture on top of each apricot half.

Selections per serving:
½ Fruit, 30 Optional Calories

40 Calories per serving

SPICED HAZELNUTS

Approx 122

Ingredients:

1 teaspoon oil
4oz (120g) hazelnut kernels
¼ teaspoon ground cumin
¾ teaspoon ground coriander
¼ teaspoon hot chilli powder
¼ teaspoon turmeric
good pinch cinnamon
salt

Method:

1) Heat the oil in a saucepan, add the hazelnuts and stir over a moderate heat until the nuts have turned golden brown.
2) Mix all the spices together in a bowl.
3) Tip the hot nuts into the spices and stir well to coat as evenly as possible.
4) Sprinkle a little salt over the nuts and mix once again.

Selections per serving:
5 Optional Calories

5 Calories per hazelnut

CORONATION CHICKEN

Serves 6

Ingredients:

1 × 3¼ – 3½lb (1.6-1.7kg) chicken or chicken pieces of the same weight
1 small carrot
1 stick celery
1 slice onion
bouquet garni
3 tablespoons low-fat natural yogurt
1 tablespoon apricot jam
2 tablespoons mayonnaise
1-2 teaspoons lemon juice
few lettuce leaves

Method:

1) Quarter the chicken and place in a large saucepan.
2) Finely chop the carrot, celery and onion, add to the saucepan together with the herbs.
3) Cover the pan and place over a low heat for about 40 minutes or until the chicken is cooked. Remove the chicken from the stock then increase the heat and boil fiercely until the stock has reduced to about ¼ pint (150ml). Strain the stock then leave until cold. Skim the fat from the surface of the cold stock which will be a cloudy jelly consistency.
4) Remove the skin from the pieces of chicken then cut into small pieces, 1 inch (2.5cm) in size.
5) Whisk the jellied stock, add the yogurt, jam and mayonnaise then whisk again. Add a little lemon juice to taste.
6) Weigh 15oz (450g) chicken for use in this recipe, reserve any remaining chicken for future use.
7) Stir the chicken into the mayonnaise sauce, adjust the seasoning then serve on a bed of lettuce.

Selections per serving:
1 Fat, 2½ Protein,
15 Optional Calories

295 Calories per serving

GRAPE SANDWICHES

Makes 24

Ingredients:

- 24 large grapes, 7-8oz (210-240g)
- 2oz (60g) curd cheese
- ½oz (15g) walnuts or toasted hazelnuts, finely chopped
- 1½ teaspoons low-fat natural yogurt

Method:

1) Cut each grape in half and scoop out the pips with the tip of a sharp knife.
2) Mix the curd cheese, nuts and yogurt together and sandwich the halves of each grape with the nutty mixture.

Selections per grape:
15 Optional Calories

15 Calories per serving

Opposite:
Tuna Pinwheels (Page 71)
Smoked Salmon Pinwheels (Page 71)
Aubergine Dip (Page 72)
Savoury Puffs (Page 72)
Cheese Straws (Page 73)
Stuffed Mushrooms (Page 73)
Bloody Mary (Page 80)
Cheese Cubes (Page 81)

TEQUILA SUNRISE

Serves 1

Ingredients:

- 5 or 6 ice cubes
- 4 tablespoons tequila
- 4fl oz (120ml) orange juice
- 1 teaspoon grenadine

Method:

Stir the ice, tequila and orange juice together then pour into a glass and add the grenadine.

Selections per serving:
1 Fruit,
170 Optional Calories

180 Calories per serving

NURSERY FIZZ

Serves 1

Ingredients:

- 4fl oz (120ml) orange juice
- 4fl oz (120ml) low calorie ginger ale
- ice cubes

Method:

Pour the orange juice and ginger ale together in a tall glass, add a few ice cubes.

Selections per serving:
1 Fruit

60 Calories per serving

PASTA SALAD

Serves 12

Ingredients:

15oz (450g) pasta bows, spirals or penne
salt
4 eggs
5fl oz (150ml) soured cream
4 tablespoons mayonnaise
pepper
7-8oz (210-240g) carrots
5-6oz (150g-180g) Brussels sprouts
4-5 tablespoons chopped spring onions
9oz (270g) drained canned kidney beans or a mixture of beans and chick peas
5oz (150g) hard cheese, e.g. Danish blue, Double Gloucester, Cheddar or a mixture of cheeses
selection of salad leaves

Method:

1) Cook the pasta in boiling salted water according to the packaging instructions.
2) Place the eggs in a saucepan of cold water, bring to the boil and boil for 10 minutes. Drain the eggs immediately, cool under running cold water then remove the shells.
3) Stir the soured cream together with the mayonnaise, season with a little salt and pepper.
4) Drain the pasta and mix it into the soured cream mixture while hot. Leave to cool.
5) Cut the carrots into fine sticks about 1½ inch (4cm) long.
6) Quarter the Brussels sprouts.
7) Plunge the carrots and Brussel sprouts into boiling water, return to the boil and cook for 4 minutes then drain well and refresh under running cold water. Reserve a few of the carrots for garnish stir the remainder into the bowl of pasta.
8) Chop the eggs. Reserve a little spring onion then stir the onions, eggs, and beans into the pasta.
9) Dice or crumble the cheese into the pasta.
10) Arrange the salad leaves round the edge of the serving bowl or plate spoon the pasta mixture in the middle and garnish with the reserved carrot and spring onion.

Selections per serving:
1½ Bread, 1 Fat, 1 Protein,
½ Vegetable, 40 Optional Calories

310 Calories per serving

CHEESY PINEAPPLE BALLS

Makes 12

Ingredients:

3oz (90g) fresh pineapple
4oz (120g) Danish blue cheese
4oz (120g) curd cheese
approximately 2 tablespoons chopped chives

Method:

1) Cut the pineapple into twelve cubes.
2) Crumble the Danish blue cheese into a bowl and mash with a fork. Gradually mix in the curd cheese. If time allows chill the mixture before continuing with the recipe, it will make shaping the balls easier.
3) Divide the cheese mixture into twelve and roll each cube of pineapple in the cheese mixture to form small balls.
4) Roll six of the pineapple balls in the chopped chives and leave the remainder plain. Arrange the balls alternately on a serving plate. Chill well before serving.

Selections per ball:
½ Protein, 5 Optional Calories

50 Calories per ball

STUFFED DATES

Makes 20

Ingredients:

4oz (120g) curd cheese
3 tablespoons peanut butter, smooth or crunchy
¾oz (20g) raisins
2 tablespoons low-fat natural yogurt
1½ teaspoons finely grated orange zest
20 fresh dates

Method:

1) Beat the curd cheese together with the peanut butter.
2) Roughly chop the raisins and add to the cheese mixture with the yogurt and orange zest.
3) Slice each date lengthways and remove the stone.
4) Spoon a little of the stuffing into each date.

Selections per date:
½ Fruit, 25 Optional Calories

50 Calories per date

DAMN THE WEATHER

Serves 1

Ingredients:

4 tablespoons port
2 tablespoons pineapple juice
2 tablespoons orange juice
dash of lemon juice
4 ice cubes
low calorie soda water

Method:

Shake all the ingredients together, except the ice. Pour the port mixture into a tall glass and top up with low calorie soda water.

Selections per serving:
½ Fruit, 90 Optional Calories

115 Calories per serving

ROSY PIPPIN

Serves 1

Ingredients:

4fl oz (120ml) apple juice
dash grenadine
dash lemon juice
ice
low calorie ginger ale

Method:

Mix the apple juice grenadine and lemon juice together. Half fill a tall glass with ice, pour over the apple juice mixture and top up with ginger ale.

Selections per serving:
1 Fruit

60 Calories per serving

ST CLEMENTS

Serves 1

Ingredients:

4fl oz (120ml) orange juice
4fl oz (120ml) low calorie bitter lemon
ice

Method:

Mix the orange juice and bitter lemon together. Half fill a tall glass with ice then pour the St Clements over.

Selections per serving:
1 Fruit

60 Calories per serving

MARTINI

Serves 1

Ingredients:

3 tablespoons gin
3 tablespoons dry vermouth
3 or 4 ice cubes

Method:

Shake all the ingredients together then pour into a cocktail glass.

Selections per serving:
150 Optional Calories

150 Calories per serving

PINEAPPLE COOLER

Serves 1

Ingredients:

4oz (120g) pineapple
4fl oz (120ml) white wine
dash lemon juice
3-4 ice cubes
soda water

Method:

Place the pineapple, wine, lemon juice and ice cubes in a liquidiser and process until smooth. Pour the pineapple mixture into a tall glass and top up with the soda water.

Selections per serving:
1 Fruit, 100 Optional Calories

140 Calories per serving

BLOODY MARY

Serves 1

Ingredients:

3 tablespoons vodka
4fl oz (120ml) tomato juice
dash of Worcestershire sauce
dash of lemon juice
pinch of celery salt
ice

Method:

Place all the ingredients except the ice in a jug, stir well. Half fill a tall glass with ice then pour over the Bloody Mary.

Illustrated on Page 76

Selections per serving:
½ Fruit, 110 Optional Calories

130 Calories per serving

CANAPÉS

Makes 16

Ingredients:

8 × ½oz (15g) slices pumpernickel
8 × ½oz (15g) slices French bread
4 tablespoons margarine
12oz (360g) mixture thin slices cooked ham, turkey, cheese
selection of tomatoes, radishes, salad leaves, cucumber, gherkins and herb garnishes

Method:

1) Spread the pumpernickel and French bread with margarine. Set aside.
2) Cut the ham, turkey and cheese into ¼oz (10g) and ½oz (15g) pieces.
3) Arrange a mixture of turkey, cheese and ham weighing a total of ¾oz (20g) on each slice of bread.
4) Thinly slice tomatoes or half and quarter cherry tomatoes, slice radishes and shred salad leaves.
5) Arrange the prepared tomatoes, radish and salad leaves together with slices of cucumber and baby gherkins on the canapés. Garnish with fresh herbs.

Selections per serving:
½ Bread, ½ Fat, ½ Protein, 25 Optional Calories

115 Calories per serving

CHEESE CUBES

Serves 12

Ingredients:

4oz (120g) Cheddar cheese
4oz (120g) Red Leicester or Double Gloucester
4oz (120g) Sage Derby
selection of radishes, cherry tomatoes, cucumber, gherkins and silverskin onions

Method:

1) Cut each cheese into twelve even-sized cubes.
2) Cut the radishes into thick slices, quarter the tomatoes. Slice the cucumber then cut into wedges. Slice or halve the gherkins and onions.
3) Secure each cube of cheese on a cocktail stick with a piece of a prepared vegetable.

Illustrated on Page 76

Variation: Halve small, stoned black olives and large grapes and serve with the Cheese Cubes but remember to add the additional Selections and Optional Calories.

Selections per serving:
1 Protein

70 Calories per serving

SARDINE APPETISERS

Serves 6

Ingredients:

2oz (60g) curd cheese
2oz (60g) canned sardines, well-drained
10 capers, chopped
2 teaspoons lemon juice
1 teaspoon tomato ketchup
salt and pepper
3 × 1oz (30g) slices of toast
lemon slices

Method:

1) Mash the curd cheese and sardines together.
2) Mix the capers, lemon juice and tomato ketchup into the sardine mixture and season with salt and pepper.
3) Spread the sardine mixture over the toast then cut each slice into four triangles. Garnish with lemon slices.

Selections per serving:
½ Bread, ½ Protein,
5 Optional Calories

75 Calories per serving

AL FRESCO ENTERTAINING

With our climate any meal out-of-doors can be a celebration! We cannot rely on warm sunny weather but when the weather is good, al fresco entertaining can be one of the most successful and enjoyable events. Picnics and barbecues in the country, by the sea or in your own garden, require just as much preparation as any other meal.

By using the following recipes there can be no excuse for taking unappetising doorstep sized sandwiches to satisfy hunger on a picnic or for cooking plain frozen mass-produced burgers on the barbecue. There are suggestions for making nutritious baguette sandwiches, unusual savoury flans and a variety of salads which can be wrapped in clingfilm or transported in food flasks to make far more interesting picnics. Sweet ideas may be found in the Naughty but Nice! chapter. Choose fruit salads which can be transported in insulated food flasks or cakes or biscuits which can be easily packed and transported.

Illustration: Barbecued Sardines (see page 94)
Tomato Bread (see page 92)
Vegetarian Kebabs (see page 84)

SAVOURY PEAR SALAD

Serves 4

Ingredients:

3oz (90g) watercress
6oz (180g) Edam cheese
4 tablespoons chopped spring onions
12oz (360g) freshly cooked beetroot – do not use beetroot which has been stored in vinegar
2 medium pears
2½ tablespoons lemon juice
1½ tablespoons olive or walnut oil
½ teaspoon Dijon mustard
salt and pepper

Method:

1) Break the sprigs of leaves off the top of the watercress and roughly chop the coarse stalk.
2) Cut the cheese into strips measuring about ¼ × 1½ inch (5mm × 4cm).
3) Mix together watercress, cheese and spring onions.
4) Remove the skin from the beetroot and cut into pieces about the same size as the cheese.
5) Peel and quarter the pears then remove the cores and cut into pieces about the same size as the cheese and beetroot. Toss the pears in about ½ tablespoon lemon juice, this will help prevent discolouring.
6) Mix all the prepared ingredients together in a salad bowl.
7) Place the remaining lemon juice together with the oil, mustard and a little salt and pepper in a small bowl and whisk together or place in a screw-top jar and shake to mix.
8) Pour the dressing over the salad and serve.

Selections per serving:
½ Bread, 1 Fat, ½ Fruit,
1½ Protein, 1 Vegetable,
5 Optional Calories

265 Calories per serving

VEGETARIAN KEBABS

Serves 4

Ingredients:

1 red pepper
1 green pepper
1 yellow pepper
1 orange pepper
1lb 8oz (720g) smoked tofu
6oz (180g) mushrooms
16 bulbous spring onions
1 or 2 cloves garlic, crushed
4 tablespoons lemon juice
2 tablespoons oil
salt and pepper

Method:

1) Cut the peppers into 1 inch (2.5cm) squares. Plunge the pepper squares into boiling water, return to the boil and cook for 4 minutes then drain.
2) Cut the tofu into 1 inch (2.5cm) cubes.
3) Halve the mushrooms.
4) Thread the peppers, tofu, mushrooms and spring onions onto eight skewers.
5) Whisk the garlic, lemon juice and oil together with a little salt and pepper.
6) Brush the kebabs thoroughly with the oil mixture and transfer to the barbecue. Cook for about 12 minutes turning occasionally and brushing with the oil mixture.

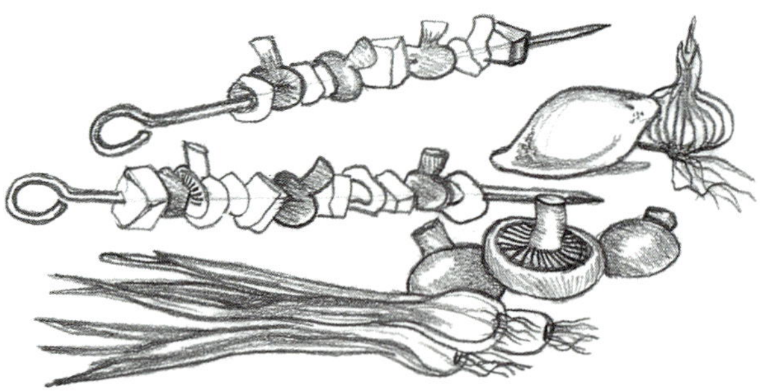

Illustrated on page 82

Selections per serving:
1½ Fat, 3 Protein, 2 Vegetable

275 Calories per serving

TURKEY LOAF

Serves 8

Ingredients:

2 teaspoons margarine
1lb 6oz (660g) boned skinless turkey or chicken
2 eggs
2oz (60g) fresh breadcrumbs
3oz (90g) mushrooms
1 onion
grated zest of ½ lemon
1 teaspoon tarragon
salt and pepper

Method:

1) Grease a loaf tin about 8½ × 4 inch (22 × 10cm) with the margarine.
2) Roughly chop 4-5oz (120-150g) turkey, place the remainder in a food processor and process for a few seconds. Alternatively mince the turkey in a mincer.
3) Mix the minced and chopped turkey together, lightly beat the eggs and stir into the turkey together with the breadcrumbs.
4) Chop the mushrooms and finely chop the onion.
5) Mix the mushrooms, onion, lemon zest and tarragon into the turkey mixture, season well with salt and pepper.
6) Spoon the mixture into the greased tin, level the surface and lay a piece of foil loosely over, then bake at 160C, 325F, Gas Mark 3 for 1 hour until the loaf has begun to shrink from the sides of the tin. Either turn the loaf out of the tin and serve hot or leave until cold then cut into 16 thin or 8 large slices.

Selections per serving:
2 Protein, ¼ Vegetable, 50 Optional Calories
145 Calories per serving

CORNED BEEF ROLLS

Serves 8

Ingredients:

1 large split tin loaf
8 teaspoons low-fat spread
1lb 4oz (600g) corned beef
7 tablespoons mango chutney
3 tomatoes
salt and pepper

Method:

1) Place the loaf on its side and cut along the length of the base to remove the crust – keep the crust and all the remaining bread to make breadcrumbs.
2) Cut four thin slices along the base of the loaf then trim off all the crusts, each slice should weigh 1½oz (45g). Spread with the low-fat spread then cut the bread in half across its width and lay each half on a piece of clingfilm.
3) Mash the corned beef together with the mango chutney.
4) Place the tomatoes in a small bowl, cover with boiling water and leave for 40 seconds then drain and remove the skins. Cut the tomatoes in half and scoop out and discard the seeds, chop the flesh.
5) Spread the corned beef mixture over the slices of bread then scatter the chopped tomato on top and season with a little salt and pepper.
6) Using the clingfilm as a support, roll the bread, Swiss-roll fashion, from one shorter end to the other then wrap the clingfilm tightly round the roll. Leave the rolls 3 hours before eating so they retain their shape. Carry them to the picnic in the clingfilm.

Selections per serving:
½ Bread, ½ Fat, 2½ Protein, ¼ Vegetable, 65 Optional Calories
250 Calories per serving

CUCUMBER FRUIT SALAD

Serves 4

Ingredients:

½ medium galia melon
5oz (150g) wedge of watermelon
3oz (90g) large black grapes
6oz (180g) cucumber
1 tablespoon olive oil
2 tablespoons wine or cider vinegar
1 tablespoon chopped chives
salt and pepper

Method:

1) Remove the seeds from the galia melon, peel off the skin and cut the flesh into cubes approximately ¾inch (2cm) in size.
2) Remove the skin from the watermelon then cut into cubes about the same size as the galia melon.
3) Halve the grapes and remove the seeds. Cut the cucumber into ¾ inch (2cm) cubes. Mix both the melons together with the grapes and cucumber.
4) Place the olive oil, vinegar, chives and a little salt and pepper in a small basin and whisk to combine. Alternatively, place them in a screw-top jar and shake to mix.
5) Pour the dressing over the salad and toss well.

Selections per serving:
½ Fat, ½ Fruit, ½ Vegetable,
25 Optional Calories

60 Calories per serving

Opposite:
Watercress and Pecan Flan
Peppered Potato Salad (page 88)
Baguette Sandwiches (pages 88, 89, 92)

WATERCRESS AND PECAN FLAN

Serves 8

Ingredients:

8 inch (20cm) cooked pastry flan case
8oz (240g) ricotta cheese
2½oz (75g) watercress
1 teaspoon grated onion
3 large eggs (size 1 or 2)
1oz (30g) pecans, roughly chopped
salt and pepper

Method:

1) Place the pastry case on a baking sheet.
2) Process the ricotta cheese together with the watercress and onion in a liquidiser or food processor. Add the eggs to the watercress purée and process once again.
3) Sprinkle the chopped nuts over the pastry flan case.
4) Season the watercress mixture well then pour over the pecans. Bake at 180C, 350F, Gas Mark 4 for 35-40 minutes.

Selections per serving:
½ Bread, 1 Protein, ¼ Vegetable,
65 Optional Calories

250 Calories per serving

SMOKY QUICHE

Serves 8

Ingredients:

8 inch (20cm) cooked pastry flan case
2 teaspoons margarine
4oz (120g) onion, finely chopped
1oz (30g) lean back bacon, grilled and chopped
4oz (120g) curd cheese
2oz (60g) smoked cheese, grated
2 eggs beaten

Method:

1) Place the flan case on a baking sheet.
2) Heat the margarine in a small saucepan, add onion and stir-fry for 2 minutes, cover and leave over a low heat for 5 minutes until cooked.
3) Mix together the bacon, onion and curd cheese. Add the smoked cheese and eggs.
4) Spoon the egg and cheese mixture into the flan case, bake at 190C, 375F, Gas Mark 5 for 25-30 minutes or until set. Serve hot or leave until cold and cut into wedges.

Selections per serving:
½ Bread, 1 Protein, ¼ Vegetable,
60 Optional Calories

230 Calories per serving

PLOUGHMANS BAGUETTE SANDWICHES

Serves 2

Ingredients:

2 x 2oz (60g) wedges French bread or baguette
1 tablespoon low-fat spread
4 teaspoons pickle
4oz (120g) Cheddar or Stilton cheese
6 slices of tomato

Method:

1) Cut almost through each wedge of bread leaving the crust of one side holding the wedge in one piece.
2) Spread the cut sides of bread with the low-fat spread then with the pickle.
3) Thickly slice the cheese and lay on top of the pickle.
4) Lay the slices of tomato on top of the cheese then fold the bread together.
5) Wrap each sandwich in clingfilm.

Selections per serving:
2 Bread, ½ Fat, 2 Protein,
30 Optional Calories
455 Calories per serving

CELERY AND BEAN SALAD

Serves 4

Ingredients:

4oz (120g) celery
6oz (180g) drained canned kidney beans
8 anchovy fillets plus 2 teaspoons oil from the can
4 teaspoons wine vinegar
¼ teaspoon Dijon mustard
pepper

Method:

1) Finely slice the celery and place in a bowl, stir in the kidney beans.
2) Finely chop the anchovy fillets and place in a small bowl.
3) Stir the oil from the anchovies together with the vinegar and mustard into the bowl with the chopped anchovies and season with a little pepper. Whisk the mixture until evenly combined.
4) Pour the anchovy dresing over the celery and beans and stir well.

Selections per serving:
½ Bread, ½ Fat, ¼ Vegetable,
10 Optional Calories
75 Calories per serving

PEPPERED POTATO SALAD

Serves 6

Ingredients:

1lb 2oz (540g) waxy potatoes
salt
1 large red pepper
1oz (30g) quark
1oz (30g) curd cheese
3 tablespoons mayonnaise

Method:

1) Scrub the potatoes then cook in boiling salted water.
2) Place the pepper under a hot grill and cook, turning three or four times, until black and charred all over. Plunge into cold water and, when cool enough to handle, peel off the skin.
3) Place the quark, curd cheese, mayonnaise and the red pepper in a liqudiser and process to a purée.
4) Drain the potatoes – if necessary remove any of their skins, then cut into even-sized slices.
5) Stir the warm potato slices into the pepper mayonnaise and leave until completely cold.

Illustrated on page 86

Selections per serving:
1 Bread, 1½ Fat, ¼ Vegetable,
10 Optional Calories
120 Calories per serving

GREEN AND ORANGE SALAD

Serves 4

Ingredients:

2oz (60g) very young spinach leaves, stalks removed
3 large Chinese leaves
1 medium orange
1 tablespoon chopped spring onion

Method:

1) Place the spinach leaves in a salad bowl.
2) Finely shred the stalk ends of the Chinese leaves, tear or roughly chop the leafy ends.
3) Using a sharp knife remove the peel from the orange, catching any juice which drips from the fruit. Cut between the membranes to separate the segments. Cut each segment in half and place in the bowl with the spinach.
4) Toss the Chinese leaves and spring onions with the spinach and orange and pour over any orange juice which escaped during segmenting the orange.

Selections per serving:
3/4 Vegetable, 15 Optional Calories

20 Calories per serving

TUNA BAGUETTE SANDWICHES

Serves 2

Ingredients:

2 x 2oz (60g) wedges French bread or baguette
1½oz (45g) well-drained canned tuna
1 tablespoon cream cheese
vinegar
salt and pepper
1 tablespoon low-fat spread
2 lettuce leaves
4 slices cucumber

Method:

1) Cut almost through each wedge of bread so the crust holds the bread in one piece.
2) Mash the tuna together with the cream cheese. Add a little vinegar, salt and pepper to taste.
3) Spread the cut sides of bread with the low-fat spread.
4) Lay a lettuce leaf on the bottom piece of each wedge of bread.
5) Spoon the tuna mixture on top then top with the cucumber. Gently press the top piece of bread over the cucumber.
6) Wrap in clingfilm.

Illustrated on page 86

Selections per serving:
2 Bread, ½ Fat, ½ Protein,
¼ Vegetable, 80 Optional Calories
250 Calories per serving

PEPPER AND FRISSE SALAD

Serves 6

Ingredients:

1 head frisse
2 large or 3 small peppers – choose different colours
6 spring onions
3 tablespons olive or safflower oil
1½ tablespoons wine vinegar
½ teaspoon Dijon mustard
1 teaspoon soy sauce
salt and pepper

Method:

1) Tear the leaves of frisse off the head.
2) Core then thinly slice the pepper.
3) Slice the spring onions then mix with the frisse and peppers.
4) Spoon the oil, vinegar, mustard and soy sauce into a small jar or bowl add a little salt and pepper and shake or whisk well until mixed.
5) Pour the dressing over the salad and toss well.

Note: If the salad is to be taken on a picnic it would be preferable to transport the salad in a cool box or thermos food flask and pack the dressing separately. If the salad is to be served at a barbecue complete just before serving.

Illustrated opposite

Opposite:
Pepper and Frisse Salad
Barbecued Sardines (page 94)

Selections per serving:
1½ Fat, 1 Vegetable

90 Calories per serving

PRAWN BAGUETTE SANDWICHES

Serves 2

Ingredients:

2 x 2oz (60g) wedges French bread or baguette
3oz (90g) peeled prawns
2oz (60g) ricotta cheese or a mixture of curd and cottage cheeses
1-1½ teaspoons chopped chives
2 teaspoons mayonnaise
salt and pepper
1 tablespoon low-fat spread
2 or 3 lettuce leaves

Method:

1) Cut almost through each wedge of bread so the crust of one side just holds the bread in one piece.
2) Mix the prawns together with the ricotta (or curd and cottage cheese), chives and mayonnaise. Season with a little salt and pepper.
3) Spread the cut sides of each with the low-fat spread.
4) Arrange a lettuce leaf on the bottom pieces of bread then spoon the prawn mixture on top and lay the remaining lettuce over. Gently press each top slice of bread on top – don't worry if it remains partially open.
5) Wrap the sandwiches in clingfilm.

Illustrated on page 86

Selections per serving:
2 Bread, 1½ Fat, 2 Protein,
¼ Vegetable, 10 Optional Calories
325 Calories per serving

NUTTY CHEESE BAGUETTE SANDWICHES

Serves 2

Ingredients:

2 x 2oz (60g) wedges French bread or baguette
½oz (15g) walnut kernels
2oz (60g) curd cheese
finely grated zest of ¼ medium orange
½oz (15g) raisins
1 tablespoon double cream
salt and pepper

Method:

1) Cut almost through each wedge of bread leaving the crust of one side holding the bread together.
2) Chop the walnuts.
3) Mix the walnuts together with the curd cheese and orange zest. Add the raisins and cream and mix well then season to taste with salt and pepper.
4) Spread the curd cheese mixture evenly over the bottom slices of bread then press the top pieces over.
5) Wrap each sandwich firmly in clingfilm.

Selections per serving:
2 Bread, 1 Protein,
50 Optional Calories
305 Calories per serving

TOMATO BREAD

Serves 8

Ingredients:

1 x 8oz (240g) baguette or baton
3 tablespoons margarine
1 tablespoon tomato purée
2½ tablespoons very finely chopped spring onion
dash pepper sauce (optional)

Method:

1) Make seven cuts almost through the loaf so about ½ inch (1.25cm) of bread holds the slices together.
2) Mix the margarine together with the tomato purée, spring onion and pepper sauce.
3) Spread the tomato mixure over the cut sides of bread then wrap in foil with the shiny side inside.
4) Lay the bread on the grid of the barbecue and cook for 15-20 minutes turning once or twice.

Illustrated on page 82

Selections per serving:
1 Bread, 1 Fat,
5 Optional Calories
110 Calories per serving

BEAN SALAD

Serves 4

Ingredients:

4oz (120g) frozen or podded fresh broad beans
salt
4oz (120g) dwarf beans
6oz (180g) drained canned cannellini beans
6oz (120g) smoked tofu
3-4 tablespoons chopped spring onions
3 tablespoons olive oil
2 tablespoons red wine vinegar
½ teaspoon Dijon mustard
1 large clove garlic, crushed
2 teaspoons finely chopped basil
pepper

Method:

1) Cook the broad beans in boiling, slightly salted water for 3 minutes if frozen, 10 minutes if fresh. Drain and plunge into cold water. When cool enough to handle slip the beans out of their waxy skins.
2) Cut the dwarf beans into 1 inch (2.5cm) lengths and cook in boiling slightly salted water for 5 minutes then drain.
3) Mix together the broad, dwarf and cannellini beans.
4) Dice the tofu and stir into the beans together with the spring onions.
5) Place the olive oil, vinegar, mustard, garlic, basil and a little salt and pepper in a small bowl and whisk to combine.
6) Pour the dressing over the beans and toss well to coat.

Selections per serving:
½ Bread, 2 Fat, ½ Protein,
½ Vegetable, 50 Optional Calories
185 Calories per serving

PORK KEBABS

Serves 4

Ingredients:

1lb (480g) pork fillet or tenderloin
5fl oz (150ml) low-fat natural yogurt
2 or 3 onion slices
finely grated zest of ¼ lemon
1½ teaspoons chopped sage
2 teaspoons oil
1 medium onion
1 small red or green pepper – or half of each
12 small button mushrooms
1½ tablespoons oil

Method:

1) Cut the pork into 1-1½ inch (2.5-4cm) cubes and lay in a non-metallic dish.
2) Mix the yogurt together with the onion slices, lemon zest, sage and oil. Pour the yogurt marinade over the pork, stir so all the pork is coated then cover and place in the refrigerator for several hours or, if possible, overnight.
3) Cut the onion into eight wedges and the pepper into 1-1½ inch (2.5-4cm) cubes.
4) Remove the onion rings from the marinade then skew the pork and vegetables alternately on four skewers.
5) Brush the pork with the remaining yogurt marinade and brush the vegetables with the oil.
6) Cook the kebabs on a moderately hot barbecue or under a grill. Brush the meat with any remaining marinade then continue to cook brushing the remaining oil over the meat and vegetables.

Selections per serving:
1½ Fat, ¼ Milk, 3½ Protein,
1 Vegetable, 5 Optional Calories,
295 Calories per serving

BARBECUED SARDINES

Serves 4

Ingredients:

4 x 5oz (150g) sardines
1 tablespoon light soy sauce
1 tablespoon clear honey
1 tablespoon wine or cider vinegar
1 tablespoon tomato ketchup
1 tablespoon oil
chilli sauce (optional)

Method:

1) Clean the sardines and remove any scales but leave the heads on.
2) Place the soy sauce in a bowl, stir in the honey then add the vinegar, tomato ketchup and oil. Mix all the ingredients well then add a little chilli sauce if desired.
3) Make three or four slashes each side of the fish.
4) Spoon a little of the sauce in the cavity left after cleaning the fish. Brush a little of the sauce in the slashes – the sauce will not be thick enough to stick to the fish.
5) Lay the sardines on the barbecue and cook until crisp and dark brown, turning carefully only once. Transfer the sardines to warm serving plates and pour a little of the sauce over each fish.

Illustrated on page 82

Selections per serving:
½ Fat, 3½ Protein,
30 Optional Calories

230 Calories per serving

BLUE CHEESE BURGERS

Serves 6

Ingredients:

1lb 6oz (660g) minced beef
3oz (90g) blue Stilton or Danish blue cheese
1 tablespoon Dijon mustard
1 egg, beaten
salt and pepper

Method:

1) Place the beef in a bowl and grate or crumble in the blue cheese, mix well.
2) Add the mustard and egg to the blue cheese and beef. Season with salt and pepper and mix once again until all the ingredients bind together.
3) Divide the mixture into six then shape each sixth into a thick round burger.
4) Grill or barbecue the burgers until thoroughly cooked, turning at least once during cooking. The cooking time will vary according to the heat of the barbecue but allow 15-20 minutes then cut one burger in half to check it is completely cooked. Serve with a mixed salad or sandwiched in a burger bun but remember to add the additional Selections.

Selections per serving:
3½ Protein, 10 Optional Calories

275 Calories per serving

INDEX

INDEX

Recipes in heavy type are illustrated